LA

GRANDE GUERRE

(1915-1918)

———

1ʳᵉ SÉRIE IN-4°

Nº 1135

Au sommet de l'Hartmannswillerkopp. — Dessin de Lucien Jonas (d'après *l'Illustration*).

ALPHONSE NICOT

LA
GRANDE GUERRE
(1915-1918)

TOURS

MAISON ALFRED MAME ET FILS

LA

GRANDE GUERRE

(1915-1918)

CHAPITRE I

LA GUERRE DE POSITIONS

Après l'Yser. — L'artillerie lourde. — La guerre de tranchées. — Les oscillations du front. — La guerre de mines. — Fourneaux et « camouflets ». — Héroïsme de nos sapeurs. — Le rôle des places fortes. — La défense mobile.

Nous avons, à la fin du premier volume, laissé l'armée française victorieuse dans les Flandres.

La bataille de l'Yser, où les Germains subirent les pertes sanglantes que l'on peut évaluer sans crainte à plus de trois cent mille hommes, avait ruiné à jamais, chez nos ennemis, tout espoir de « faire un coup », soit sur Paris, soit sur Calais, pour terroriser la France ou l'Angleterre.

Aussi, après les terribles hécatombes qui avaient marqué leur insuccès sur la Marne et sur l'Yser, semblèrent-ils renoncer, au moins d'une manière provisoire, au système des grandes attaques, à effectifs nombreux et massifs, et se cantonnèrent-ils de plus en plus dans cette forme de la guerre, forme renouvelée du siège de Sébastopol, qui constitue ce que l'on nomme la « lutte de tranchées » et que l'on pourrait appeler plus justement encore la « lutte souterraine ».

Une nouvelle forme de la bataille gigantesque allait naître : à la guerre de « mouvements » allait succéder la guerre de « positions ».

Chacun des deux adversaires, retranché aussi solidement que possible derrière ses lignes redoutablement fortifiées, cherche à bouleverser celles de l'ennemi d'en face, et, à l'aide de sa grosse artillerie à longue portée, à détruire, loin à l'arrière, les approvisionnements et les réserves.

Le rôle du canon de campagne, de notre célèbre « 75 », devient donc moindre. La pièce merveilleuse, qui triompha sur la Marne, s'efface devant la fameuse « artillerie lourde ».

A ce dernier point de vue, il faut reconnaître que les Allemands s'étaient supérieurement organisés et avaient réalisé, à longue échéance, une préparation remarquable. Leurs gros canons de 155 millimètres, de 305 et même de 420, étaient très nombreux ; leurs approvisionnements en obus étaient formidables, et leur permettaient de faire subir à nos ouvrages et à nos abris, à un moment donné, un véritable « arrosage » de projectiles d'une grande puissance dévastatrice.

De notre côté, il faut constater également qu'au point de vue de l'artillerie lourde, notre préparation était absolument insuffisante.

En vain, plusieurs années avant la guerre, des soldats éminents, des patriotes éclairés, avaient signalé aux Chambres l'importance de cette grande question. Mais ces dernières, tout à l'anticléricalisme et à l'antimilitarisme, étaient restées sourdes à ces appels.

La guerre éclata, et sa déclaration nous trouva à peu près dépourvus d'artillerie lourde.

Heureusement que, si nos ennemis ont le génie de l'*organisation* patiente, nous avons, nous, le génie de l'*improvisation*, et ce sont de véritables tours de force que la France a réalisés pour la fabrication rapide et intensive du matériel de guerre.

*
* *

Donnons maintenant quelques détails sur la guerre de tranchées, qui est la première phase de la « guerre souterraine ».

Évidemment, les grandes lois générales qui régissent l'art de la guerre subsistent toujours et demeurent intactes. La « stratégie », c'est-à-dire la science de combiner, dans une conception d'ensemble, les mouvements des troupes qui constituent une ou plusieurs armées, reste la forme la plus haute de l'art militaire : c'est celle que Napoléon avait poussée à son plus fort degré de perfection, celle qu'il a si admirablement appliquée sur les champs de bataille d'Austerlitz, de Wagram et d'Iéna, où furent défaites les armées prussiennes il y a un siècle.

Mais quand la lutte s'immobilise dans des fortifications, quand à la guerre de mouvement succède la guerre de siège, le temps n'est plus où, à la

veille d'une grande bataille, le chef suprême, réalisant par le mouvement
de ses armées sa conception stratégique, avait toute liberté de fixer, par
des manœuvres savantes et de large envergure, le lieu qu'il avait choisi
pour y livrer la bataille, de contraindre l'adversaire à y venir combattre
et de pouvoir, grâce à la valeur militaire de ses officiers et au courage
de ses soldats, avoir raison de la résistance de l'ennemi en forçant le
centre de ses lignes et en débordant ses deux ailes.

Un guetteur dans une tranchée de première ligne.

Toutes ces méthodes « classiques » de la grande guerre deviennent inu-
til sables quand on se trouve en face d'un adversaire qui s'est « terré »
comme l'ont fait les Allemands, sur l'Aisne d'abord, puis sur tout leur
front, après leur défaite de la Marne.

Il n'y a alors d'autre ressource que d'agir de même et de se « terrer »
également, en usant du maximum des ressources de la « fortification de
campagne ».

Déjà, au cours de la guerre russo-japonaise, si féconde en enseignements
de toutes sortes, on avait reconnu l'importance que prend la fortification
de campagne sur le champ de bataille même, et le rôle capital qu'elle
y joue.

Elle permet d'économiser le « matériel humain » en laissant, pour la
manœuvre proprement dite, un plus grand nombre d'hommes disponibles ; elle fournit aux combattants qui l'utilisent une protection contre

les effets des projectiles ennemis, protection d'autant plus précieuse que les effets de ceux-ci deviennent plus meurtriers à mesure que progresse la puissance des bouches à feu de l'artillerie lourde actuelle.

Aussi l'entrée en jeu de la fortification de campagne a-t-elle modifié du tout au tout les conditions mêmes de la guerre. Il a fallu entraîner les hommes à devenir des terrassiers, et les munir de pelles et de pioches, outils devenus, pour eux, aussi utiles et même aussi nécessaires que la baïonnette et le fusil.

La dernière guerre, depuis la bataille de la Marne, fut donc une nouvelle guerre de tranchées. C'est le retour aux traditions de Sébastopol ; c'est la guerre de siège, étendue à un front de huit cents kilomètres, avec cette différence, comme l'a judicieusement fait observer le général de Lacroix, que « dans ce siège il n'y a pas de places fortes ».

La notion élémentaire que l'on se fait d'un siège implique, en effet, l'idée d'une forteresse, que l'assaillant doit d'abord cerner de tous côtés, dont il doit démolir les défenses et qu'il doit, finalement, enlever à l'assaut de ses troupes, lancées en trombe sur les ruines des fortifications détruites par l'artillerie.

La guerre d'aujourd'hui présente ce même caractère : mais, au lieu d'une place forte, c'est un pays entier qui se trouve assiégé. Les deux armées en présence sont fortifiées de façon égale, et, suivant les vicissitudes de la fortune des armes, l'une ou l'autre peut, selon les circonstances, être envisagée comme l'armée assiégée ou comme l'armée assiégeante.

*
* *

Il suffit, pour se pénétrer de cette vérité, de regarder une carte du front.

Ce front est à peu près le même, du côté des alliés et du côté allemand. Ce n'est pas, à proprement parler, une *ligne de défense* dans le sens rigoureux du mot « ligne ». C'est bien plutôt une *zone de défense*, dans l'étendue de laquelle la résistance est organisée, non seulement suivant la direction du front, mais encore en profondeur. Cette résistance est réalisée par une série de tranchées dont chacune est pourvue de ses organes propres et de ses moyens individuels de défense : parapets, meurtrières, réseaux de fils de fer barbelés, trous-de-loup, etc.

Ce qu'on entend couramment sous le nom de *ligne de tranchées* est, en réalité, une suite de retranchements successifs qui constituent respectivement : les *tranchées avancées*, les *tranchées de première ligne*, les *tranchées de soutien*, les *tranchées intermédiaires* et un *réduit*.

Suivant les mêmes principes qui ont servi à l'établissement de cette zone fortifiée, d'autres zones sont établies en arrière de la première, constituant ainsi une véritable « cascade » de positions fortifiées.

Les tranchées avancées et les tranchées de première ligne doivent permettre à l'armée de défense d'utiliser le maximum de ses forces de résistance et, par les obstacles qu'elles présentent, d'affaiblir, d'épuiser l'ennemi suffisamment pour qu'il ne puisse préparer avec fruit la *contre-attaque*.

Le tracé de ces tranchées, que l'on se figurerait volontiers former une ligne droite de grande longueur, est, au contraire, loin d'être rectiligne.

Il est déterminé par toutes sortes de considérations, par la proximité plus ou moins grande de l'ennemi, par les effectifs qui doivent occuper les tranchées, et surtout par les formes du terrain. L'officier, ou, pour mieux dire, « l'ingénieur » qui trace les tranchées doit être, tout d'abord, un topographe dans toute l'acception du mot. Il doit savoir, d'un coup d'œil, reconnaître la capacité défensive du terrain qu'il va remuer ; il doit embrasser d'un seul regard les positions que commanderont les ouvrages qu'il va édifier, et, inversement, éviter que la position qu'il a choisie ne soit « commandée » par des positions occupées par l'ennemi.

La topographie du terrain impose donc le tracé des tranchées, qui est formé avec des brisures dont l'alternance constitue des « saillants » et des « rentrants ».

Les « saillants » s'avancent en cornes, en éperons, en avant du front principal : ils y constituent, par leur saillie même, des centres de résistance. Par leurs deux côtés, ils peuvent battre facilement, et de la meilleure manière, le terrain situé en avant du front, et ils possèdent en outre, ce qui est le point capital de leur établissement, des feux de flanquement, feux de mousqueterie et feux de mitrailleuses.

Par contre, en vertu même de leur position avancée, les saillants seront les objectifs naturels vers lesquels tendront les principales attaques de l'adversaire. Les saillants sont donc des points tout spécialement exposés aux assauts de l'ennemi et doivent avoir, de ce fait, des défenses particulièrement renforcées. On n'a pas oublié l'attaque dont fut l'objet le « saillant d'Ypres » au cours de la campagne des Flandres, saillant qui fut si héroïquement défendu par l'armée anglaise.

Comment installe-t-on ces « saillants »?

Ils sont, d'abord, fournis par des unités géographiques existantes, en particulier par les bouquets de bois ou par les villages. Ce n'est que lorsque ces unités font défaut que les saillants sont construits de toutes pièces par le génie, en utilisant toutes les ressources que peut fournir la fortification de campagne dans ce but.

Au cours des événements qui se sont déroulés depuis février 1915 jusqu'à ce moment, les villages ont joué et continuent à jouer un rôle capital : les « communiqués » de chaque jour en apportaient la preuve quotidienne. Ce rôle varie, d'ailleurs, suivant les conditions où ils se trouvent, selon leur position dans la topographie de la région environnante.

Quand ils sont construits au sommet des collines, quand ils occupent des positions élevées qui « commandent » les environs, leur situation les désigne impérieusement pour faire partie de la ligne des tranchées et pour constituer des centres de résistance.

Ces villages « de hauteur » sont, il est vrai, appelés par leur importance même à servir de but à l'artillerie ennemie ; ils sont destinés à être inondés de projectiles, d'obus, et à ne plus former, au bout de quelques jours et souvent de quelques heures, que des monceaux de ruines ou des amas de pierres et de plâtras.

Mais, malgré cette démolition à laquelle leur situation dominante les expose fatalement, ils n'en gardent pas moins une grande valeur *défensive*.

Cette valeur, ils la doivent aux abris qu'ils continuent à fournir, alors même qu'ils sont en ruines ; mais ils ont aussi une valeur *offensive* importante, grâce aux emplacements, où le défenseur a pu organiser, à l'épreuve des projectiles ennemis, les postes de ses mitrailleuses et de ses engins spéciaux, « crapouillots » ou obusiers de tranchées. Ainsi les villages ont, dans cette guerre, un rôle de premier ordre. Leurs défenseurs doivent y tenir jusqu'au bout et y épuiser tous les moyens de résistance.

A l'inverse des villages situés sur des hauteurs, on en rencontre d'autres situés dans des creux, dans les fonds de vallées, ou au bas des pentes sur lesquelles est installée la défense de première ligne. Alors ces villages sont utilisés, au point de vue de la défense, d'une façon toute différente. Ils forment ce que l'on pourrait appeler des « ouvrages avancés », comparables aux anciens ouvrages extérieurs des fortifications classiques de Vauban.

C'est ce rôle d'ouvrages avancés qui détermine l'occupation de ces villages. Cette occupation est indispensable pour arrêter l'ennemi, pour l'empêcher le plus longtemps possible de déboucher par les routes qui aboutissent à ces localités. On arrive ainsi à le retarder, à paralyser les efforts qu'il fait pour aborder la position principale qui se trouve en arrière, sur les hauteurs : le cas s'est présenté d'une façon caractéristique au cours des attaques contre le fort de Douaumont, devant Verdun, fort qui domine une butte au pied de laquelle se trouve le village du même nom.

Toutefois, la défense ne doit pas oublier que ces villages « de bas-fond » ne forment que des ouvrages avancés et non la défense principale, située plus haut et en arrière. Il ne faudra donc pas s'entêter à y résister « à tout prix », comme on le ferait dans l'ouvrage dominant. Le devoir du commandant de la défense sera de « savoir les évacuer en temps voulu ». C'est là que gît le secret d'une défense habile. Souvent, en lisant les « communiqués », en voyant que nos troupes ont évacué un village, on avait le sentiment d'un échec : rien n'était plus inexact. Ce village ainsi évacué était un simple « organe de défense ». Quand il n'avait plus à intervenir, il devait donc, légitimement, cesser d'exister.

*
* *

Comment se fait la défense de l'ensemble de la ligne de tranchées?

Cette défense dépend, avant tout, du travail effectif de ses organes de « flanquement », organes qui sont placés dans les « saillants », comme nous l'avons dit tout à l'heure. Il en résulte que, si le bombardement de l'artillerie ennemie est arrivé à détruire ces organes, la défense ne peut plus se tenir dans les intervalles de la première ligne. Elle est dès lors contrainte de se replier en arrière, sur une autre ligne, encadrée elle-même par des saillants défensifs préparés dans ce but et que le premier bombardement aura laissés intacts.

.On comprend donc aisément une chose qu'il est essentiel de se rappeler quand on lit les communiqués relatifs aux opérations du front.

Dans une suite ininterrompue d'opérations, comme celles qui se font journellement sur toute l'étendue de la ligne de bataille, il *peut* et il *doit* se produire forcément des *incidents* qui rendent naturel et même *néces-saire* un mouvement de repli en arrière, une *rectification* (pour employer le mot technique) du front de défense, sans que, de ce fait, la force résis-tante de l'ensemble se trouve le moins du monde diminuée.

Dans la guerre de positions, l'art du commandement consiste surtout à préparer d'avance le champ de bataille, de façon que la défense puisse être assurée de trouver partout l'abri, le « couvert » nécessaire, l'obstacle qu'elle a besoin de pouvoir opposer à l'assaillant pour l'arrêter ou du moins pour ralentir son attaque.

Or une propriété essentielle de la fortification de campagne est de pouvoir se prêter, à chaque moment, aux exigences commandées par les péripéties du combat, et de s'y prêter avec une facilité que ne peut pas présenter un ouvrage de fortification élevé d'une façon permanente.

Dans cette guerre de positions, qui s'éloigne tant de l'ancienne guerre de mouvements, il y a cependant des règles, tout comme dans la guerre classique. Il faut savoir substituer à une fortification abandonnée une fortification nouvelle dont on improvise la construction, et le « terrasse-ment de campagne » est, pour le soldat, une œuvre véritable dont il trouve, sur le lieu de la bataille, les matériaux, et qu'il peut réaliser lui-même avec sa pelle et sa pioche.

Il faut, quand c'est nécessaire, savoir abandonner un terrain pour en occuper un autre plus avantageux, et pour pouvoir attirer l'ennemi dans une position qui lui soit nettement défavorable. Ainsi la guerre de positions, comme l'autre guerre, a aussi sa manœuvre : manœuvre lente, il

Construction d'un abri blindé.

est vrai, mais cependant très réelle. C'est, dans toute l'acception du mot, une « guerre d'usure » ; mais c'est aussi une guerre d'action offensive.

Ces choses étaient à dire pour l'intelligence des faits dont nous allons, plus loin, faire le récit, et pour expliquer les inévitables « fluctuations » de la ligne de bataille.

La victoire définitive revient donc à celui des deux adversaires qui parvient à briser, à détruire les éléments essentiels de la ligne de résistance de l'autre. Comment se fait cette destruction? Par des assauts d'infanterie? Non pas. Quelle que soit la valeur des soldats, elle serait impuissante contre les tirs de barrage lancés par la ligne de défense. Les hécatombes d'Allemands devant l'Yser en sont la preuve.

On n'arrivera à rompre la ligne ennemie que par la mise en action d'une artillerie lourde nombreuse et puissante, approvisionnée d'obus jus-

qu'à en permettre, en quelque sorte, le gaspillage. Avec le tir de ces
grosses pièces, on pourra démolir les ouvrages de l'adversaire, ravager ses
tranchées, faire effondrer ses abris à quelque profondeur qu'ils se trouvent,
atteindre ses réserves de l'arrière et faire exploser ses dépôts de munitions, enfin bouleverser et démonter son artillerie.

Abri souterrain. — La toiture est protégée par une tôle ondulée.

Mais, pour cela, il faut des canons, des obus! Jusqu'à la guerre, on ne
l'avait pas compris dans les milieux législatifs. La situation est admirablement résumée par ce couplet d'un chansonnier de Montmartre :

Les bons discours
Sont les plus courts ;
Les bons canons
Sont les plus longs.
En France, on faisait des discours ;
En Allemagne, des canons !

Oui, il faut des canons et encore des canons. C'est là le moderne cri
de guerre. C'est l'entrée en ligne, nécessaire, de l'*armée industrielle*, qui
doit fournir sans discontinuer à l'*armée combattante* les moyens de lutter
avec succès, et par conséquent de vaincre.

La supériorité individuelle de nos soldats sur les soldats allemands est
un fait qui n'est plus discutable ; mais il faut qu'ils puissent les combattre à armes égales. La bravoure exaltée jusqu'à l'héroïsme ne peut

rien contre l'artillerie lourde ; il faut qu'elle soit soutenue, elle aussi, par une artillerie lourde au moins équivalente.

Dans ces conditions seulement, elle peut faire éclater sa supériorité.

*
* *

Mais la guerre de tranchées n'est pas le seul aspect de la lutte de positions : il en est un autre, encore plus « souterrain », si l'on peut ainsi s'exprimer : c'est la « guerre de mines ».

La guerre de mines est un des plus anciens moyens mis en œuvre par l'art militaire.

Dès que la guerre cessa d'être une suite de corps à corps, dès que sa pratique devint une doctrine entre les mains de généraux éminents, la guerre souterraine montra son importance. Dans les siècles passés, au moyen âge notamment, elle fournissait à l'assiégeant le moyen de s'avancer sans être vu jusque sous les murs, jusqu'au cœur même de la place investie, dans laquelle, en débordant brusquement des galeries qu'il avait creusées, il pouvait ainsi faire irruption.

De son côté, l'assiégé cherchait, par des moyens analogues, agissant en sens contraire, à s'opposer aux progrès de l'assaillant, et pour cela il l'attaquait par des « contre-mines ». Quand il pouvait atteindre l'extrémité des galeries de l'attaque, il s'efforçait de les rendre intenables en les enfumant, en y lançant à profusion des matières incendiaires qui en brûlaient les supports de bois et en amenaient ainsi l'effondrement.

Quand la poudre à canon fut inventée, les galeries creusées par l'assaillant autant que par l'assiégé furent utilisées, non seulement pour faire progresser des soldats, mais encore pour accumuler, sous des points déterminés, des charges considérables de poudre dont l'explosion devait ruiner, en les faisant sauter, les obstacles construits par la défense ou par l'attaque.

A partir de ce moment, la guerre souterraine devint une branche très spéciale de l'art militaire ; son étude théorique, sa mise en application dans les conditions des opérations d'un siège, furent des opérations qui passionnèrent les officiers du génie.

Dans quelques sièges historiques, la guerre de mines a même pris une importance prépondérante. On peut citer, entre autres, le siège de Bologne au xve siècle, le siège d'Arras au xvie, le siège de Turin au xviiie ; sous les guerres de Napoléon, le siège de Saragosse, et enfin, plus récemment, sous le second empire, le siège mémorable de Sébastopol.

En 1870, la guerre de mines joua un rôle tout à fait effacé.

A cette époque venait d'éclore une nouvelle forme de la guerre, con-
sistant à mettre en ligne des effectifs formidables, à faire appel, par des
réserves, à la « nation armée ». De plus, les armements étaient devenus
plus puissants ; le tir des canons et des fusils avait augmenté de rapi-

Entrée d'une galerie de mines exécutée par des sapeurs du génie
pour l'attaque d'une tranchée allemande.

dité autant que de portée. Aussi, en présence de cette guerre de mouvements où la rapidité semblait être la condition essentielle du succès,
les lenteurs forcées de la guerre de mines la firent-elle reléguer au second
plan, la firent-elles considérer comme un moyen archaïque de combat,
bon à remiser sur les rayons de l'histoire passée.

Mais la guerre russo-japonaise vint redonner de l'activité à la guerre
souterraine, principalement avec le siège de Port-Arthur ; cette actualité
est devenue plus grande encore au cours de la dernière guerre.

2

Dès que la grande rencontre des nations eut pris la forme de la guerre de tranchées, les opérations de mines furent commencées. Ce furent d'abord des débuts timides, limités à quelques points du front. Mais, petit à petit, leur usage fut étendu à tous les endroits où la proximité des lignes ennemies en rendit l'usage efficacement possible.

Et dès lors ce fut la renaissance de cet « art des mineurs », art qui se développe sous la double forme de la science de nos officiers du génie, et du courage indomptable de nos sapeurs.

*
* *

Une galerie de mine, ou « cheminement », se compose d'un conduit souterrain dont le point de départ est toujours dans un abri : tranchée ou réduit couvert. Les sapeurs travaillent dans les positions les plus pénibles, à cause de l'étroitesse du boyau creusé, qu'il faut étayer à l'aide de madriers à mesure qu'il avance vers l'ennemi. De plus, l'atmosphère de ce boyau est vite irrespirable, et il faut prendre des mesures spéciales pour la renouveler par une ventilation énergique.

A l'extrémité des galeries, sous les ouvrages ennemis, on creuse un *fourneau*, cavité où l'on accumule la charge d'explosifs destinée à opérer son œuvre de destruction. On appelle *entonnoirs* les cavités que ces explosions font naître à la surface du sol.

Les charges mises dans les fourneaux peuvent être calculées de manière à produire des entonnoirs dont le rayon soit égal à la profondeur de la charge au-dessous de la surface. On dit que ce sont des fourneaux « ordinaires ». Les fourneaux sont appelés fourneaux « surchargés » quand la charge d'explosifs qu'ils renferment a été calculée pour produire un entonnoir de rayon plus grand que la profondeur de la charge. Ce rayon doit-il, au contraire, être plus petit que cette profondeur, le fourneau est dit fourneau « sous-chargé ».

Une variété de mines est constituée par les « camouflets ». On appelle ainsi des fourneaux sous-chargés, dont la charge a été calculée de telle sorte que leur effet demeure interne et ne produise pas d'entonnoir à l'extérieur : le camouflet a donc pour effet d'ébranler la solidité du terrain où il fait explosion.

La technique de la guerre souterraine est empruntée à celle de la guerre ordinaire.

Ainsi elle a, comme la guerre de surface, ses services de *reconnaissance*. Ces services sont réalisés par les *écouteurs*, mettant à profit, par le téléphone et le microphone, toutes les ressources de la science moderne, toutes les conquêtes de l'électricité, afin de pouvoir déceler à distance les travaux opposés de l'ennemi.

Elle dirige ses attaques, soit de front, soit par une manœuvre enveloppante qui déborde les ailes de la contre-mine de l'adversaire. Des rameaux auxiliaires sont branchés sur les boyaux d'attaque directs : sur ces rameaux sont installés les « flanc-gardes ». Enfin elle connaît les contre-

Entonnoir produit par l'explosion d'une mine en Champagne.

attaques, comme dans les tranchées ; elle pratique les retours offensifs et construit des lignes successives de défenses, tout comme on le fait dans la guerre à ciel ouvert. Seulement, toutes ces opérations se font avec une lenteur que l'on s'expliquera facilement.

La forme la plus courante de l'attaque par mines est celle qui consiste à détruire un organe important du front de l'ennemi : par exemple, un abri blindé, un poste de mitrailleuses, un dépôt de munitions. L'ennemi, comme il faut s'y attendre, ne demeure pas inactif et opère sa défense par l'établissement de contre-mines. La lutte des deux partis se poursuit donc sous terre, chacun des deux adversaires cherchant à paralyser l'avance de l'autre en détruisant ses travaux.

D'autre part, l'expérience a montré que les effets explosifs des fourneaux de mines sont plus redoutables dans le sens de la hauteur que dans celui de la profondeur. Chacun des deux partis s'efforcera donc de « prendre le dessous », afin de faire sauter, par l'explosion d'un camouflet, les travaux du parti adverse.

C'est en se basant sur les renseignements qui lui sont fournis par ses postes d'écouteurs, que l'ingénieur-officier peut diriger efficacement ses travaux. C'est ainsi qu'il peut voir et décider ce qu'il est possible de faire dans une circonstance déterminée, sur un terrain et dans un temps donnés, pour tâcher de surprendre l'adversaire tout en évitant de se laisser surprendre soi-même.

Souvent, des boyaux du système de contre-mines viennent s'infiltrer à travers les galeries creusées par l'assaillant ; souvent, au cours de la guerre actuelle, on a vu nos sapeurs rencontrer ainsi des galeries creusées par les Allemands. Alors ils se sont emparés des poudres de l'ennemi, pour en faire plus tard, contre lui, le meilleur usage possible.

Il est à peine besoin d'insister sur le courage, l'abnégation de soi-même, le sang-froid à toute épreuve qui sont nécessaires à nos héroïques sapeurs pour conduire à bien leurs périlleuses opérations. Il faut un moral solidement trempé à ces hommes, qui, méprisant le danger, sans souci de la mort qui peut les guetter à chaque instant, et quelle mort ! la mort par ensevelissement vivant, sous la terre éboulée ! travaillent dans un air vicié, accroupis ou courbés, à plusieurs douzaines de mètres de l'entrée de leurs galeries, à quinze ou vingt mètres de profondeur, et parfois à quelques pieds de distance du mineur ennemi qui guette leur approche pour les faire sauter et les étouffer sous les éboulements du terrain miné.

Ces qualités, nos sapeurs du génie les possèdent à un degré exceptionnel. Nous admirons, et c'est justice, l'audace de nos aviateurs qui s'en vont, en plein ciel, livrer aux avions boches des combats dont l'issue est toujours mortelle pour l'un des combattants. Mais gardons une admiration égale pour ces courageux pionniers qui font la guerre dans les entrailles de la terre, comme il nous en faut garder pour les marins au cœur d'acier qui composent les équipages de nos sous-marins. Nos sapeurs, devant Verdun en particulier, se sont montrés les dignes successeurs de leurs ancêtres de Sébastopol ; ils les ont même dépassés par la grandeur et la durée de leurs généreux efforts.

La Patrie leur en est reconnaissante : ils ont bien mérité de la France.

*
* *

Ces quelques lignes nous ont paru nécessaires pour préciser les caractères essentiels de la guerre de positions dont nous allons parler.

Elles expliquent, en particulier, la lenteur des opérations sur nos fronts de bataille. On peut s'irriter de cette lenteur quand on en ignore les

motifs ; mais on la comprend aussitôt qu'on descend un peu au fond des
choses.

Cette lenteur fait partie du plan même du commandement. On laisse
l'ennemi s'user en attaques qui lui coûtent des pertes énormes. Les sta-
tistiques des dix-huit premiers mois de la guerre ont établi que, pour un
allié mort sur le front occidental, de la mer du Nord aux Vosges, il y
avait à peu près trois Allemands tués.

On voit donc que cette guerre d'usure nous était favorable : nos
forces augmentaient sans cesse, tandis que celles de l'ennemi diminuaient,
et en même temps nos moyens matériels de combat, constamment amé-
liorés, devenaient égaux à ceux des Allemands.

Avant de terminer cet aperçu général sur les nouvelles conditions de
la guerre moderne, il est un dernier point sur lequel il n'est peut-être pas
inutile d'insister.

Ce point, c'est la valeur militaire des villes fortifiées et des forts.

La courte résistance qu'ont offerte aux assiégeants des places très
défendues, comme Liége, Namur, Maubeuge, surtout comme Anvers,
réputée inexpugnable, a provoqué à l'adresse des fortifications permanentes de nombreuses critiques, et l'on a été jusqu'à parler de la « fail-
lite des forteresses ».

Il est certain que, sous la pluie des projectiles énormes et d'une puissance exceptionnelle, comme ceux que les canons de 305 et les mortiers
de 420 ont fait pleuvoir sur leurs forteresses, ces villes ne pouvaient résister. Aucun bétonnage, aucune coupole cuirassée ne peut survivre à l'effet brisant de pareils obus, surtout tirés avec une précision extraordinaire, réglée par les observations des aviateurs.

Aussi semble-t-il bien que la guerre actuelle ait donné une leçon pratique à la fortification : la seule manière possible de tirer parti des forteresses est d'adopter pour celles-ci, comme on le fait aujourd'hui pour les
troupes en campagne, l'ordre dispersé.

L'effort de la défense d'une place de guerre doit consister à empêcher
à tout prix l'artillerie ennemie de mettre en batterie ses gros canons :
on peut arriver à cela par l'organisation d'une ou plusieurs lignes de
défense avancées. Il faut disposer, à cet effet, non plus d'une simple « garnison », mais bien d'une véritable « armée ».

Il faut que cette armée possède à son tour des points d'appui pour
les différentes armes qu'elle comprend, en particulier pour l'artillerie
mobile, dont elle doit user abondamment. Et ainsi, la seule différence
qu'il y aura entre un *siège* et une *bataille*, c'est que, dans le cas du siège,
le lieu de la lutte est imposé par la situation même de la place assiégée,
centre forcé de lignes de chemin de fer et de routes de toutes sortes.

Il sera donc nécessaire, si l'on veut soustraire le centre fortifié proprement dit à l'action du bombardement, de reporter au moins à vingt-cinq ou trente kilomètres en avant toutes les défenses mobiles qui doivent l'abriter. On peut même dire, depuis l'apparition des « Berthas », qui bombardèrent Paris à cent vingt kilomètres de distance, qu'il faudrait les reporter à des centaines de kilomètrss du noyau défensif. Et dès lors c'est, comme nous le disions plus haut, une véritable armée qui est nécessaire pour la défense de la forteresse, et non plus, comme dans les sièges d'autrefois, une simple garnison.

Cela se vérifie d'une façon remarquable dans les opérations tentées par les Allemands pour emporter la place de Verdun, défendue par une armée constituant une merveilleuse défense mobile sous la direction d'un chef remarquable : la place a résisté victorieusement pendant plus de dix mois à des assauts qui, dans l'idée de l'ennemi, devaient l'emporter en quatre jours.

CHAPITRE II

DANS LES FLANDRES ET EN ARTOIS

La ligne de front. — Les forces allemandes opposées à nos armées. — Les succès des Anglais : la bataille de Neuve-Chapelle. — L'éperon de Notre-Dame-de-Lorette. — Les exploits du 158e. — La prise de Carency. — Les succès de Neuville-Saint-Waast et d'Ablain-Saint-Nazaire.

Au début de février 1915, les forces allemandes qui attaquaient le front des troupes franco-britanniques comprenaient le chiffre énorme de *quarante-sept corps d'armée !* Nos ennemis avaient donc encore augmenté de quelques régiments les effectifs qu'ils avaient en janvier.

C'est cette formidable armée contre laquelle nous avons à lutter. Elle représente, en chiffres ronds, 2 400 000 hommes pour un front de 800 kilomètres au maximum, ce qui fait une moyenne de *trois hommes par mètre de terrain !*

L'armée anglaise, avec l'armée belge, occupe toute la gauche du front, dans les Flandres et en Artois ; puis notre armée se raccorde avec elle pour former une ligne ininterrompue jusqu'aux Vosges.

C'est sur la partie gauche du front, comprise entre la mer du Nord et Reims, que se déroulèrent les événements que nous allons retracer en premier lieu.

Après de nombreuses escarmouches qui avaient marqué la fin du mois de janvier et le début de février 1915, les Allemands manifestèrent tout à coup une certaine activité dans le secteur d'Arras. L'ennemi pensait trouver un point faible à l'endroit où nos troupes se soudaient aux troupes britanniques.

L'effort de l'artillerie se montra principalement énergique entre la Bassée et Arras. Les canons allemands s'acharnèrent sur nos tranchées. Mais notre artillerie lourde, déjà bien accrue, puissamment secondée par celle des Anglais, répondit à ces tirs et réussit à empêcher les travailleurs ennemis de réparer leurs tranchées, qu'avaient démolies nos projectiles, très bien dirigés.

Le 1er février, à 5 heures et demie du matin, les Allemands lancèrent trois attaques sur le point de jonction des lignes anglaises et françaises : à un quart d'heure d'intervalle, trois vagues d'infanterie furent jetées contre nos tranchées. Grâce au croisement de nos feux, tant de mousqueterie que de mitrailleuses, nous pûmes arrêter net les deux premières. Mais notre réseau protecteur de fils de fer barbelés avait été littéralement déchiqueté par le tir des canons allemands, de sorte que la troisième vague d'attaque, ne trouvant plus devant elle ce redoutable obstacle, put pénétrer dans notre tranchée avancée.

Alors nos officiers, voyant cela, donnèrent immédiatement l'ordre de contre-attaquer, ce qui fut fait aussitôt. Nos soldats se précipitèrent sur les deux ailes de la force allemande et, à la baïonnette, où ils sont irrésistibles, nettoyèrent en quelques minutes la tranchée de ses intrus.

Cette contre-attaque brillante fut exécutée si rapidement, que les Boches en furent ahuris : très peu d'entre eux réussirent à rejoindre leur point de départ, malgré l'empressement qu'ils avaient mis à s'enfuir à l'arrivée des nôtres. Plus de deux cents cadavres restèrent sur le terrain, et l'on peut estimer, d'après cela, que tant en tués que blessés, l'ennemi a perdu au moins trois compagnies dans cette affaire. Nos pertes, au contraire, se réduisirent au minimum : sept morts et six blessés.

Le 4 février, nous pûmes réussir encore un coup heureux.

Grâce au travail acharné de nos héroïques sapeurs, nous avions poussé cinq galeries de mines jusque sous les tranchées allemandes ; les sapeurs y creusèrent cinq fourneaux surchargés et préparèrent l'explosion, qui fut lancée à 3 heures du matin, bouleversant ainsi tous les ouvrages de l'ennemi à l'ouest de la route qui va de Lille à Arras.

Ces cinq explosions déterminèrent cinq vastes entonnoirs ; il fallait les occuper au plus vite.

Alors deux colonnes de zouaves, une colonne d'infanterie légère d'Afrique, se portent en avant avec un élan merveilleux, et réussissent à occuper entièrement les cinq cavités avant que les Boches eussent pu faire la moindre tentative pour s'y réinstaller.

Leurs tranchées, démolies de la sorte, ont été aussitôt réparées par nos hommes ; la position nouvelle, ainsi conquise, a été reliée à celle de l'arrière par un boyau rapidement établi. Nous l'avons alors solidement occupée, sans y subir de nouvelles attaques.

Cette opération, toute locale d'ailleurs, avait l'avantage de détruire une tranchée adverse et des abris de mitrailleuses qui prenaient de flanc nos ouvrages avancés. C'était donc un moyen d'assurer la sécurité de nos tranchées de première ligne, et nous y avons pleinement réussi.

Pendant le reste du mois de février, la lutte se borna à un duel d'artillerie. Le 18, nos trou-
pes enlevèrent, au nord
d'Arras, deux lignes de
tranchées aux Allemands
en leur infligeant de très
graves pertes; en particulier, de nombreux officiers
y furent tués.

Au début du mois de
mars, se produisit un dou-
loureux événement.

Le général Maunoury,
commandant d'armée, ac-
compagné du général de
Villaret, commandant d'un
des corps d'armée du
front, inspectait une tranchée de première ligne.

Pour mieux apercevoir
les travaux de l'ennemi,
ils élevèrent la tête au-
dessus du retranchement
qui les protégeait. Aussitôt deux coups de feu
partirent de la tranchée

Église de Saint-Éloi.

allemande en face et blessèrent grièvement les deux officiers généraux. Le
général Maunoury, en particulier, y perdit complètement la vue.

* * *

C'est pendant le mois de mars que les Anglais firent preuve d'une activité considérable.

Déjà, dans les premiers jours de ce mois, nos alliés avaient remporté
une importante série de petits succès locaux, supprimant les francs-tireurs
ennemis notamment, et réduisant ainsi leurs propres pertes dans une proportion considérable. Le 5, ils avaient enlevé une tranchée avancée à
Notre-Dame-de-Lorette et fait de nombreux prisonniers.

A partir du 10 mars, l'armée du maréchal French remporta une véritable victoire sur les Allemands, à l'attaque de Neuve-Chapelle, où, en

s'emparant de cette localité, elle mit les Allemands en pleine déroute en leur faisant mille prisonniers.

Le 11, ils progressent encore, pendant qu'à côté d'eux, les Belges font, sur le front de l'Yser, un bond en avant de cinq cents mètres. Le 12, les Anglais occupent l'Epinette. Le 15, Saint-Eloi, un instant occupé par les Allemands, est repris par nos alliés.

La bataille de Neuve-Chapelle mérite qu'on en fasse une relation détaillée.

La possession de l'Épinette avait porté la ligne anglaise de deux cents à trois cents mètres en avant, sur une étendue de front longue de huit cents mètres. Les Allemands avaient défendu le village avec un grand acharnement ; ils y amenèrent des troupes de réserve nombreuses, mais celles-ci furent décimées par le feu très précis des soldats anglais. Une forte contre-attaque allemande ainsi conduite fut brisée avec des pertes énormes, et les troupes britanniques firent six cent douze prisonniers.

Les Allemands ne se tinrent pas pour battus.

Avec l'entêtement qui les caractérise, ils revinrent trois fois à la charge ; ils ne réussirent qu'à augmenter le chiffre de leurs pertes, qui, tant en tués qu'en blessés, atteignirent mille huit cents hommes. Le nombre des prisonniers que leur firent les Anglais fut de mille sept cents, parmi lesquels trente officiers.

Dans la nuit du 14 mars, l'ennemi, après un bombardement d'une extrême violence, avait réussi à enlever d'assaut plusieurs tranchées anglaises au sud de Saint-Éloi ; mais, le lendemain matin, nos valeureux alliés reprenaient aux Boches leur conquête éphémère et se réinstallaient dans leurs tranchées reconquises.

*
* *

Le 15 mars et les jours suivants, nous avons remporté un très grand succès militaire dans la région de Notre-Dame-de-Lorette. La plus grande part du mérite de ce succès revient au 158e régiment d'infanterie.

Voici le récit de ce combat glorieux.

Le 15 mars, dans l'après-midi, notre artillerie ouvrit sur les positions allemandes un feu à la fois très violent et très précis. Quand il jugea les effets de ce tir suffisants, le commandant Dupont fit sortir ses hommes des tranchées.

La compagnie du capitaine Maire avait été chargée de l'attaque de front. Deux pelotons gravirent successivement, par des échelles, le parapet de la tranchée et vinrent s'aligner, dans un ordre parfait, sur les glacis. La ligne s'avança alors de soixante mètres, puis, sur le signal du commandant, qui accompagnait l'attaque, se coucha devant le rideau de feu et de fumée créé par nos obus, qui éclataient sur les ouvrages allemands en face de nous.

Ce tir d'artillerie bouleverse complètement les tranchées ennemies ; les hommes qui les défendaient, épouvantés par ce déluge de fer, se retirent en désordre ; il ne reste plus que quelques défenseurs.

Alors la compagnie se rue sur la tranchée boche ; elle s'élance impétueusement au milieu des entonnoirs creusés par nos obus ; elle dépasse la deuxième tranchée et parvient jusqu'à la troisième et la quatrième ligne, à travers un terrain ravagé par l'explosion des obus.

Quand la fumée de la canonnade fut une fois dissipée, un détachement du 158e explora, avec la plus grande méthode et dans un calme parfait, les abords de la position et l'organisa défensivement, malgré la fusillade nourrie dont l'arrosaient les Allemands.

Debout, hors des tranchées, impassible sous les balles qui sifflaient autour de lui, le capitaine Maire encourageait ses hommes, surveillant lui-même leur travail. A ce moment il tomba, mortellement atteint. Cet héroïque officier avait fait toute la campagne sans avoir reçu la moindre blessure ; il avait été cité à l'ordre de l'armée, à la Bassée, « pour avoir contenu, avec deux compagnies, des forces de cavalerie nettement supérieures en nombre. »

Pendant que la compagnie du capitaine Maire attaquait ainsi de front, deux autres débordaient par la droite et par la gauche ; cette dernière poussait les Allemands, la baïonnette dans les reins, vers la direction d'Ablain-Saint-Nazaire. Dans leur ardeur à les poursuivre, nos braves poilus, emportés par leur irrésistible élan, avaient même dépassé le but.

C'est ainsi que le sous-lieutenant Deroqueville, commandant une section de gauche, s'étant élancé derrière les ennemis qui fuyaient en déroute, arriva jusqu'aux premières maisons du village. Mais là, l'un des fuyards se retourna, fit feu sur lui, et l'héroïque officier tomba, frappé d'une balle.

Le soldat Rousseau fut plus heureux. Parvenu seul devant les maisons d'Ablain-Saint-Nazaire, ce courageux troupier désarma et captura quatre Allemands.

Un groupe de soldats, conduit par le sergent Claude Morel, bien que rappelé par son lieutenant, demeura sur le rebord de la crête, parce que, affirmait le sous-officier, « comme ça, on pouvait mieux tirer sur les Boches qui f...ichaient le camp ! » Cette poignée de soldats fut surprise par la fusillade de l'ennemi, qui s'était ressaisi ; mais ces braves se terrèrent alors en avant des lignes que nous avions conquises, et, malgré les projectiles dont ils furent couverts, y demeurèrent vingt-six heures sous le feu de l'adversaire.

Le résultat de cette attaque fut la prise de tout l'éperon de Notre-Dame-de-Lorette, avec deux mitrailleuses, un poste téléphonique, des armes, des projectiles, cent dix prisonniers, dont trois officiers. Plus de cent Boches, qui n'avaient pu se sauver à temps, restaient sur le terrain.

L'importance de la position que nous venions d'enlever interdisait à l'ennemi de rester sous cet échec : il lui fallait la reprendre coûte que coûte ; aussi revint-il à la charge.

Dans la nuit du 15 au 16, un bataillon du 110e badois et une compagnie de la garde badoise contre-attaquèrent en colonnes par quatre. Une de ces colonnes, reçue à courte distance par le feu de nos mitrailleuses, fut littéralement fauchée. Les autres parvinrent jusqu'aux boyaux que nous occupions sur la pente.

Alors le sergent Blond, enveloppé avec sa section à l'extrémité d'un boyau, engagea un corps à corps et réussit à ramener une partie de ses hommes dans nos lignes en contournant l'éperon.

L'ennemi remontait, par les boyaux, vers la crête. Le sous-lieutenant Bois, avec une section, lui opposa des barrages successifs. Après deux heures de lutte, ce courageux officier et la poignée d'hommes placée sous ses ordres se maintenaient encore sur le rebord du plateau. Ils étaient réduits à une douzaine et n'avaient plus de cartouches à tirer ; l'ennemi lui criait de se rendre, tandis que l'héroïque lieutenant, déchargeant le dernier coup de son revolver, défendait la suprême barricade.

L'arrivée d'une section, sous les ordres du sergent Lyonnet, rétablit la situation en notre faveur. Lyonnet attaqua vigoureusement et obligea la tête de colonne allemande à reculer. Nous conservions toutes les tranchées conquises, et les Boches étaient refoulés dans les boyaux descendant vers le village.

Le 16 mars, l'ennemi bombarda une position perdue. Nos troupes, n'ayant pas eu le temps d'organiser les abris qu'avait bouleversés notre artillerie lors de l'attaque, furent, sous les obus allemands, aussi résolues et aussi calmes qu'elles avaient été, pendant l'assaut, pleines d'audace et d'intrépidité.

Les projectiles ennemis ayant détruit la ligne téléphonique, le soldat Pichon assura toute la journée la transmission des ordres et des renseignements en passant à découvert sur l'éperon balayé par la canonnade et par le feu incessant des mitrailleuses, faisant ainsi preuve d'un courage admirable.

Nous eûmes, cet après-midi-là, des pertes sérieuses, dont le commandant Dupont, qui dirigeait les attaques. Depuis le début de la campagne, ce valeureux officier payait constamment de sa personne ; il était fier de son bataillon, lequel se montrait en toute circonstance digne d'un tel chef. Le bataillon fut relevé à la nuit ; l'ennemi n'avait pas pu attaquer, le tir de nos batteries lui interdisant de sortir de ses tranchées.

Le 18 mars, une compagnie du 158e achevait la conquête de l'éperon et rejetait les Allemands des boyaux de communication creusés entre la crête et Ablain-Saint-Nazaire. La lutte, très âpre, tourna souvent en corps à corps. Le lieutenant Bour reçut à bout portant une balle tirée par un *feldwebel*[1]. Le projectile toucha la cartouchière de l'officier, dont toutes les cartouches firent explosion. Le lieutenant, renversé par le choc, se redressa et tua le sous-officier. Les autres soldats allemands cherchèrent leur salut dans la fuite ; six d'entre eux furent rejoints et levèrent les bras en criant : « Kamerad ! » Le lieutenant délivra ensuite, dans les boyaux, les soldats français blessés ou faits prisonniers l'avant-veille. Les ouvrages allemands furent détruits.

Tel fut le rôle du 158e dans la prise de l'éperon de Notre-Dame-de-Lorette.

Ce rôle valut au lieutenant-colonel Miguet les félicitations de ses chefs pour l'admirable esprit militaire que cet officier d'élite sut inspirer aux hommes placés sous ses ordres.

La conquête de l'éperon de Notre-Dame-de-Lorette fut complétée, le 15 avril, par nos troupes, qui enlevèrent à la baïonnette la partie sud-est ainsi que la totalité des pentes jusqu'à Ablain.

Le 29 avril, la ville de Dunkerque subit un bombardement : vingt personnes furent tuées et quarante-cinq blessées par la chute de dix-neuf obus de gros calibre, tirés de très loin par des pièces de siège allemandes à très longue portée. Ces pièces, rapidement repérées, furent contre-battues. Cependant, les 7 et 8 mai, la ville fut de nouveau bombardée avec une pièce de 380.

Les 9, 10, 11 et 12 mai, nos troupes accomplirent un magnifique exploit en enlevant de haute lutte les positions de Carency et d'Ablain-Saint-Nazaire.

*
* *

La prise de Carency, la capture de près de deux mille prisonniers et d'un nombreux matériel, le progrès de nos troupes vers le nord et leur installation dans le village d'Ablain-Saint-Nazaire comptent parmi les plus beaux succès remportés par nos troupes en Artois.

Le nom de Carency était devenu aussi familier au public qui, à l'ar-

---

[1] Sergent de l'armée allemande.

rière, lisait les communiqués, qu'il était devenu monotone pour les unités qui, depuis des mois, faisaient face à cette position fortifiée.

Le village de Carency est situé dans une cuvette sur la pente de laquelle il étend en pointe la suite de ses maisons. La commune comprend cinq gros îlots d'habitations : un au centre, les quatre autres orientés respectivement dans la direction des quatre points cardinaux.

Le ruisseau de Carency coule au fond de la vallée, que dessert un chemin de fer à voie unique. Au nord, les pentes, assez abruptes, sont couronnées de bois. Vers l'est, se dirige la route de Souchez, bordée au nord par une colline boisée, au sud par des ravins qui la séparent du plateau.

Les maisons sont entourées de vergers qui offrent à l'artillerie de campagne des positions excellentes pour se « défiler » aisément. La forme même du village, comme la nature du terrain ondulé et boisé, permettent d'excellents flanquements. Aussi les Allemands, qui excellent dans l'art d'utiliser au mieux le terrain au point de vue militaire, avaient-ils admirablement tiré parti des ressources de celui-ci.

Une quadruple ligne de tranchées défendait les abords du village, dont chaque rue, chaque maison était fortifiée, avec des passages souterrains de cave en cave. Dans les jardins, toute une variété de canons, depuis le 105 jusqu'au modeste « crapouillot », en passant par le 77, ainsi que des mitrailleuses en grand nombre, assuraient la sécurité du corps de défense, qui comprenait quatre bataillons d'infanterie à gros effectif, renforcés par les hommes de six compagnies du génie.

Toute cette garnison, composée de Saxons, de Badois, de Bavarois, était sous les ordres d'un général de brigade, qui commandait ce point d'appui ainsi que le secteur voisin.

A diverses reprises, depuis l'automne, nous avions tenté d'enlever Carency.

Une première attaque avait eu lieu le 18 décembre ; elle fut arrêtée par les mitrailleuses des Boches. Le 27, nouvel assaut, encore une fois repoussé par le tir de l'ennemi.

Il fallait cependant emporter cette position, qui formait dans nos lignes un saillant menaçant, et toute offensive en Artois devait comporter d'abord la rectification du front.

Par contre, les difficultés de l'attaque, constatées dès le mois de décembre, n'avaient fait que s'accroître avec le temps : nous avions devant nous, non plus seulement un village défendu, mais bien une véritable citadelle, que l'ennemi, nous l'avons su depuis, tenait pour imprenable.

Et cependant, cette citadelle « imprenable », nos soldats l'ont prise !

L'opération s'est effectuée en quatre jours : les 9, 10, 11 et 12 mai.

Elle a été conçue avec une méthode et exécutée avec un héroïsme qui en ont assuré le succès complet.

Notre front, face à l'ouest, entre Ablain et Carency, ne pouvait être que passif, en raison des flanquements qui eussent fauché nos attaques. Restait, pour l'assaut, le front sud du village et le front est, mais à condition de s'emparer d'abord du terrain raviné qui séparait nos tranchées courant vers le sud-est, de la route de Carency-Souchez et des bois qui la bordent au nord.

La première attaque, celle du 9, fut pour nos soldats une véritable fête.

Sortir enfin de leurs trous et de leurs tranchées, « en découdre » à l'arme blanche, charger à la baïonnette, faire « travailler Rosalie », comme dit le langage familier des poilus pour désigner l'arme française par excellence ; ne plus guetter, l'oreille au sol, le sourd cheminement des sapes ennemies : tous ne demandaient que cela !

Mais, une fois hors des abris, une fois à découvert, quel allait être le sort de l'attaque aux lisières de ce village, avec ses maisons crénelées qui étaient autant de bastions dont les feux se croiseraient sur elle?

Sans doute, l'artillerie, par des tirs précis et prolongés, avait puissamment préparé l'assaut. Plus de vingt mille projectiles de tous calibres avaient, pendant trois heures, fait tomber une pluie de fer sur Carency et ses défenses, qu'ils avaient écrasés. Nos nouveaux canons de tranchées avaient démoli les réseaux de fil de fer et les parapets en y faisant éclater des tonnes de mélinite.

Tout cela constituait une préparation qui inspirait pleine confiance à nos fantassins.

Cependant ce fut un rude espace à parcourir que celui qui les séparait des premières maisons, et qu'ils durent traverser d'un seul élan. On les vit courir sur les pentes avec une ardeur furieuse, pousser de l'avant, malgré les vides que les balles ennemies faisaient parmi eux, franchir trois lignes successives de tranchées, atteindre le village et y pénétrer même sur certains points, en dépit des ordres donnés par le commandement, qui avait recommandé aux hommes de ne pas s'y engager.

Sur un seul point, vers la droite, les défenses allemandes, à couvert dans un pli du terrain, tenaient toujours. Entre nos lignes et la route de Carency-Souchez, il restait une sorte de poche qu'il fallait enlever à tout prix pour pouvoir, avec chance de succès, poursuivre l'encerclement du village.

Cette seconde attaque fut réalisée le lendemain lundi, 10 mai.

Elle permit de constater que, malgré leur séjour si prolongé dans les tranchées, nos chasseurs avaient gardé intacte leur haute valeur combattante. Dans ce ravin, encore hérissé de défenses accessoires, les compagnies, avec une souplesse admirable, avec une science complète du terrain, s'avancèrent par petits groupes vers les positions occupées par les troupes allemandes.

Comme la veille, nos poilus, emportés par leur élan offensif, allèrent plus loin que les ordres ne l'avaient prévu. Dépassant la route de Souchez, ils entrèrent dans l'îlot est du village, et là ils eurent à subir, du fait de leur excès d'ardeur, des pertes assez sérieuses.

Ne pouvant s'y maintenir, nos troupes s'établirent en bordure de la route. La poche du sud était vidée d'ennemis ; Carency, cerné par l'ouest et le sud, commençait à l'être par l'est.

Cependant l'ennemi avait conservé le libre usage des boyaux creusés par lui entre Souchez et Ablain. Il pouvait ainsi communiquer en sécurité complète avec ces deux localités.

C'est cette liberté de communication qu'il fallait supprimer. Cela fut fait le mardi 11.

Les ordres qui prévoyaient le resserrement de l'investissement pour ce jour-là furent exécutés à la lettre. Les unités établies en bordure de la route Carency-Souchez se portèrent droit au nord. Elles atteignirent en quelques heures le bois de Carency, à l'est du village, et, après un combat acharné, réussirent à s'y maintenir. Dès ce moment, l'ennemi perdait la liberté de ses communications avec Souchez.

La route d'Ablain-Saint-Nazaire, il est vrai, lui restait. Mais déjà il sentait se resserrer sur ses flancs les deux pinces qui bientôt allaient le couper entre leurs mâchoires.

Nous avions, toutefois, un gros effort à fournir pour fermer notre étreinte.

Notre but final était, par deux attaques convergentes, d'enfermer dans un cercle étroit les défenseurs de Carency. Mais, partant de l'est, nous rencontrions un mamelon boisé que les Allemands avaient fortifié de belle manière, et, partant de l'ouest, nous nous heurtions à une vaste carrière, profonde de quatre-vingts mètres, où les Boches avaient organisé un véritable fort avec abris casematés.

L'affaire promettait donc d'être chaude, et les troupes se battaient depuis trois jours et trois nuits.

Aussi un régiment de renfort fut-il mis à leur disposition.

*
* *

Le mercredi dans l'après-midi 12 mai, l'opération se déclencha.

L'attaque de droite, bien servie par l'artillerie qui anéantit trois compagnies allemandes, put triompher assez rapidement de la résistance opposée par l'adversaire.

L'attaque de gauche, dirigée sur la carrière, rencontra plus de difficultés. Mais les hommes étaient au plus haut point surexcités par la volonté de vaincre. Au prix de pertes sérieuses, mais faibles en comparaison de l'importance du résultat, ils escaladèrent les pentes et envahirent l'îlot ouest, tandis que, dans l'îlot à l'est, nos progrès s'accentuaient également d'une manière très nette.

L'ennemi résistait avec acharnement depuis deux heures. Tout à coup, à 17 heures 30, un cri sort de la tranchée :

« Mon capitaine, ils se rendent ! »

Et, en effet, à trente mètres de là, des mouchoirs s'agitent, et peu à peu, sur le parapet, apparaissent l'une après l'autre des silhouettes d'Allemands.

Peut-être les éléments qui tenaient le nord du village ont-ils pu battre en retraite et se replier sur Ablain ; mais ceux qui tenaient le sud et le centre n'ont pas osé risquer ce mouvement avantureux, et, dans la prairie, toute creusée de trous de « marmites », qui sépare les deux tranchées, les voilà qui descendent, les bras levés, le sourire aux lèvres, en criant : « Kamerad ! Kamerad ! »

Tout à coup, la file s'arrête en position de « fixe ». Ce sont les officiers allemands qui, accompagnés de leurs ordonnances, débouchent à leur tour sous les regards narquois de nos poilus. Et alors le défilé commença. Il dura longtemps à travers les boyaux : plus de mille Allemands s'étaient rendus !

Ils sont introduits dans nos tranchées, qu'ils apprécient en connaisseurs.

Un grand diable de Boche, à tignasse rousse, s'arrête devant un appui de tir et ne résiste pas à la tentation d'esquisser le geste de mettre en joue ; il résume son impression en disant ce seul mot :

Ausgezeichnet ! » (Très chic !)

Ce qu'un de nos chasseurs traduit aussitôt par cette réponse :

« Tu le trouves rien bath, hé ! mon colon ! »

La procession des prisonniers continue. Ces hommes sont fatigués, résignés, mais hostiles quand même ; on leur fait suivre la voie ferrée, et, une heure après, ils sont tous au poste de commandement.

Les officiers se détachent, raides et arrogants : ils passent devant le général.

« Qui est-ce qui vous commandait? » demande un officier français.

Légère hésitation chez les Boches. Finalement, un colonel s'avance. Ses explications sont assez confuses.

Il est arrivé le matin, mais il ne commandait pas. Sans doute ne tient-il pas à attacher son nom à cette aventure fâcheuse pour eux. Il parle de son général d'un air navré.

Alors un autre officier questionne :

« L'a-t-on retrouvé? »

Silence : personne ne peut ou ne veut répondre.

Quelques-uns donnent leur impression sur l'attaque ; elle se résume en deux phrases : « Votre tir a été mathématique, » et : « Vos hommes sont arrivés si vite, qu'on ne pouvait résister ! »

Cet hommage de l'adversaire consacre la gloire de nos poilus, qui ne se lassent pas de contempler le lourd troupeau des prisonniers, autour desquels ils font bonne garde.

*
* *

Cependant la nuit est venue. On pousse en avant, tout droit sur Ablain-Saint-Nazaire. Qu'allons-nous trouver là-bas? Si les Allemands ont un peu de » cran », ils peuvent y tenir encore.

A ce moment, un grand feu éclaire l'obscurité : c'est Ablain qui brûle. Les Boches s'en vont !

Deux heures après, à la suite d'un dernier combat, nous installons tout un régiment dans le village. L'ennemi tient encore, il est vrai, quelques maisons de la lisière est ; possession précaire, d'ailleurs, et qui nous vaudra la capture de nouveaux prisonniers à joindre au premier troupeau.

Au petit jour, l'affaire est terminée. Nous tenons tout Carency et tout Ablain, sauf cinq ou six maisons. Nous occupons le bois de Carency ; le grand saillant allemand est à nous !

Dans cette seule région, en quatre jours, nous avons fait plus de deux mille prisonniers, avec nombre de canons, de fusils, de mitrailleuses, de cartouches, d'obus, de matériel téléphonique. Et dans le gris du matin, malgré la pluie fine qui tombe d'un ciel couleur d'ardoise, la joie fait battre tous les cœurs.

Il faut maintenant visiter notre conquête et explorer Carency.

La veille au soir, nous l'avions traversé au pas de course, en poursuivant les Boches la baïonnette dans le dos. Mais on peut maintenant se livrer à un examen plus tranquille.

Comme destruction, impossible de rêver plus complet. Pas une maison qui ne soit trouée par en haut et par en bas. Les murs sont crevés, les caves sont défoncées. Partout des lits brisés, des fourneaux tordus !

L'ennemi a démoli à la pioche les murs qui avaient survécu au bombardement. Il a ainsi établi à travers tout le village, sur le sol et au-dessous, des communications faciles à couper avec des sacs à terre.

Derrière l'église, nous avons trouvé plusieurs canons que nous emmenons.

Plus loin, c'est l'ambulance al'emande. Comme les Allemands croient quen ous y sommes installés, ils la bombardent de loin, et ils se trouvent ainsi tirer sur leurs blessés qui y sont restés.

Ruines de Carency.

Les tranchées boches sont bien combinées : profondes, étroites, elles forment des abris bien solides. Mais les nôtres sont mieux, car elles ne sont pas, comme celles-ci, envahies par l'eau, grâce au double fond dont elles sont pourvues ; et surtout elles sont plus propres.

Pendant que nos hommes procèdent à l'inventaire de leur butin, les Allemands font pleuvoir sur Carency un déluge de marmites qui n'ont pour effet que d'écraser un peu plus les ruines, sans nous faire grand mal, car le système souterrain creusé par nos ennemis nous abrite à merveille.

Et là-bas, sur la route, défilant au pas de parade à la suite de leur colonel, les Badois, les Saxons et les pionniers passent, de leur allure automatique, devant notre général.

***

Pendant que nous remportions ainsi un brillant succès à Carency, nos troupes en remportaient un non moins éclatant, au nord d'Arras, dans le secteur Carency-Neuville.

Là, l'ensemble de nos attaques entre Loos et Neuville-Saint-Waast a fait tomber entre nos mains plus de trois mille cinq cents hommes, cinquante officiers dont un colonel, une douzaine de canons, plus de soixante mitrailleuses et du matériel en abondance.

Parmi ces attaques, celle qui a été menée du nord de Carency au nord de Neuville a été spécialement heureuse et a valu au corps d'armée qui l'a effectuée une citation à l'ordre de l'armée.

La lutte qui s'est développée du 9 au 15 mai autour de Neuville-Saint-Waast a eu un caractère particulier d'âpreté et de violence.

Nos troupes, qui ont attaqué avec une ardeur et une ténacité magnifiques, ont trouvé en face d'elles un adversaire d'un farouche courage et une organisation défensive d'une grande puissance.

Elles ont triomphé avec le même succès de l'un et de l'autre.

Neuville est un important village disposé surtout en longueur, du sud au nord, sur une route allant des environs d'Arras vers Givenchy et Liévin : à l'ouest, par la grande route de Béthune à Arras, sur laquelle se trouve le village de la Targette ; à l'est de Neuville, par la route d'Arras à Lille.

Dans sa plus grande largeur, à la hauteur de l'église, le village mesure environ sept cents mètres. C'est donc un groupement massif d'habitations, très facile à défendre.

Au moment de l'attaque, nos premières lignes étaient orientées vers le sud-est. Elles étaient séparées de la lisière ouest de Neuville par quatre rangs de tranchées et par le village de la Targette. Il fallait, par conséquent, pour atteindre Neuville, enlever cinq obstacles très forts auxquels s'ajoutaient dans chaque maison isolée, dans chaque pli de terrain, des organisations accessoires.

C'était, au dire de nos hommes, « un rude morceau à avaler ! »

Outre leurs tranchées ordinaires, les Allemands avaient organisé, au delà de la route de Béthune, un ouvrage de près de deux kilomètres de côté, que nous avons appelé le *Labyrinthe*.

Il y avait là, reliés par un réseau de plusieurs kilomètres de boyaux, des ouvrages bétonnés, des canons sous coupoles, des mitrailleuses postées tous les vingt-cinq mètres ; en un mot, c'était pour l'ennemi un point d'appui formidable, dont nos avions nous avaient révélé l'importance.

Le 9 mai, de 6 heures à 10 heures du matin, l'artillerie prépara l'attaque en lançant sur les lignes allemandes des milliers de projectiles de tous calibres, qui tous allèrent au but.

Massée dans les boyaux, notre infanterie était à ce moment magni-

Carency. — Rue centrale.

fique à observer. Elle écoutait la voix des canons, et de temps en temps un poilu murmurait :

« Qu'est-ce qu'ils prennent ! »

Les heures passaient. Les commandants de compagnie regardaient leurs montres, réglées d'avance Tout le monde savait qu'à 10 heures on sortirait.

À 10 heures précises, sur un geste, sans un mot, « tout le monde est sorti ! »

L'attaque était conduite par des régiments appartenant à deux divisions de l'Est.

Pour des braves comme ceux-là, endurcis par dix mois de guerre, cette attaque, minutieusement préparée, était une joie à laquelle ils s'attendaient depuis longtemps.

Notre attaque de gauche, à travers une prairie, atteignit rapidement les premières lignes ennemies, On avait préparé des passerelles pour que nos hommes pussent franchir les tranchées allemandes : ils n'en usèrent pas, sautèrent d'un bond et continuèrent leur marche en avant.

En avant du village de la Targette étaient deux gros ouvrages avec de l'artillerie. Les Boches, effarés de la promptitude de notre assaut, sont médusés dans leurs trous. Seules, mieux protégées, leurs mitrailleuses continuent à nous tuer du monde.

Nos troupes atteignent enfin le village même de la Targette. Comme il n'est pas grand, elles en débordent et, trois cents mètres plus loin, touchent aux premières maisons de Neuville-Saint-Waast.

Au centre, notre attaque, menée avec un élan magnifique, a dépassé la route de Béthune. Elle atteint bientôt les ouvrages ennemis au sud de Neuville, et se prolonge au nord, dans la direction du cimetière.

Là s'engage, sur les tombes mêmes, une lutte formidable.

Deux fois dans la journée, nous fûmes maîtres du cimetière ; deux fois nous l'avons reperdu. Nous nous maintenons à proximité de ses murs, après avoir conquis et conservé cinq grosses tranchées.

Notre droite, elle, est arrêtée dans son essor : elle trouve en face d'elle le fameux *Labyrinthe*, dont nous avons parlé plus haut. Elle l'entame cependant dans sa partie sud, dont elle s'empare. Mais les tirs de flanquement de l'ouvrage nous occasionnent de lourdes pertes.

Nous gardons les positions que nous avons prises. Tout cela s'est passé en une heure et demie. Au milieu du fracas de l'artillerie, se sont déroulés quelques incidents caractéristiques.

Ainsi, tout à coup, on entend des cris : ce sont quelques poilus qui poussent devant eux des officiers de chevau-légers allemands pris, combattant à pied, dans les tranchées. Jamais expression de stupeur plus grande ne put être constatée que celle que reflétaient leurs visages hébétés.

Plus loin, ce sont d'autres fantassins qui font une trouvaille : sept pièces de 77, profondément enfoncées dans une casemate défoncée par notre tir. A côté, plus de cinq cents obus, un dépôt d'habillement très bien garni, deux vaches et une cabane à lapins remplie de ses hôtes.

Dans les chemins creux, dans les boyaux, dans les prairies, des centaines de cadavres allemands sont là pour témoigner de l'importance des pertes ennemies.

Sur certains points, c'est un effroyable amoncellement de corps que, dès le soir, avec un ordre parfait, nous réunissons pour les ensevelir. Notre infanterie avait bien complété l'œuvre admirablement commencée par le tir précis et puissant de notre artillerie.

***

Dans la nuit du 9 au 10 mai, nous organisons notre nouveau front.

Les tranchées allemandes de première ligne nous servent de boyaux, et nous retournons contre l'ennemi les tranchées de troisième ligne.

Dans Neuville même, nous avons pris pied dans l'îlot sud. A l'est, nous sommes tout près du cimetière, où nous n'avons pas pu rester ; de là notre ligne descend au sud, puis à l'est, en tournant le *Labyrinthe*, dont nous conservons un morceau, mais dont le reste est à enlever.

Les journées suivantes se passèrent à conquérir complètement Neuville-Saint-Waast. Nous savions que la lutte de rues, de maison à maison, serait dure ; la réalité a été bien au delà de nos prévisions.

Pour concevoir à quel degré peut atteindre l'art des Allemands pour organiser les positions défensives, il faut avoir visité le sol et surtout le sous-sol de Neuville.

Les caves des maisons, pourtant vastes et profondes, ne leur ont pas suffi.

Ils ont commencé par en recouvrir les voûtes extérieures d'une couche de béton d'un mètre au moins. Puis, partant du fond des caves, ils ont creusé en dessous de nouveaux abris fortement protégés. C'est dans ces abris qu'ils se cachent en se terrant pendant les bombardements.

Entre ces diverses caves ainsi machinées, ils ont établi des communications souterraines qui leur permettaient de circuler d'un bout à l'autre du village, à la façon des taupes, et de surgir tout à coup là où on les attendait le moins. L'un d'eux, muni d'un périscope, a été vu en arrière de nos lignes, et, malgré cela, il a réussi à s'échapper sous terre quand on s'est mis à le poursuivre.

Chaque pâté de maisons est armée de mitrailleuses, placées dans des abris bétonnés. Chose bien caractéristique de l'état moral de leurs hommes : *plusieurs de ces abris étaient munis d'une grille, fermée à clef derrière le mitrailleur*, dont on assurait ainsi le courage par une contrainte matérielle ! Ce n'est pas là un procédé en usage chez nous. Nos hommes demeurent à leur poste jusqu'à la mort, non parce qu'ils y sont enchaînés par un lien matériel, mais parce qu'ils y sont retenus par le sentiment du devoir à accomplir envers la Patrie.

C'est dans ces conditions que nos fantassins, du lundi 10 au mercredi 14 mai, ont continué, sans un instant d'arrêt, la conquête du village.

Chaque groupe de maisons a été assailli successivement par les caves en même temps que par les rues. Dans cette lutte ingrate, il s'est dépensé des trésors de courage, d'abnégation, de patience et d'ingéniosité. Chaque soir, nos poilus pouvaient enregistrer un progrès, jamais un recul.

Le 15 mai, nous tenions la plus grande partie du village, et notre progression à l'intérieur était accompagnée et consolidée encore par notre progression au dehors.

****

Les régiments qui devaient s'avancer au sud et à l'est de Neuville-Saint-Waast avaient à remplir une mission très dure, une bien lourde tâche.

Leur attaque, en effet, devait se développer face aux lignes allemandes, dans une sorte de défilé de moins d'un kilomètre, défilé sur lequel le *Labyrinthe* d'une part, et de l'autre le cimetière de Neuville, encore occupé par les Boches, croisaient des feux convergents.

Le mardi 11 mai, dans une charge héroïque, un de nos régiments réussit à réduire au silence l'un de ces deux flanquements ; traversant, au prix de fortes pertes, la zone balayée par les mitrailleuses ennemies, il atteignit le cimetière, l'enleva et put s'y maintenir.

Dans la nuit du 11 au 12, les Allemands tentèrent de le reprendre en exécutant une contre-attaque violente ; ils n'y ont pas réussi. Nos fantassins, avec un admirable sang-froid, ont laissé les Allemands s'avancer jusqu'à trente mètres de leur ligne, et alors ils les ont fauchés d'un tir rapide et sûr. Après quoi, bondissant comme des lions hors du cimetière, ils se sont jetés sur les Allemands survivants, en ont capturé une centaine, dont quatre officiers et les ont ramenés prisonniers.

A droite et contre le *Labyrinthe*, nos progrès ont été moindres ; l'essentiel était de nous installer solidement dans Neuville-Saint-Waast. Des deux attaques prononcées par notre droite, l'une a pu gagner du terrain, grâce à l'indomptable vaillance de nos soldats : armés de cisailles, ils ont rompu, sous le feu des mitrailleuses ennemies, le réseau de fils de fer barbelés. Les officiers marchaient en tête de leurs hommes et tombaient les premiers, comme ce petit lieutenant qui, le 11, à l'attaque du cimetière, criait, frappé à mort :

« Vive la France ! il nous faut le cimetière ! »

Au cours de ces six journées de combats continus et meurtriers, nos troupes, dans ce secteur, ont enlevé cinq lignes de tranchées, pris deux villages puissamment fortifiés, emporté une partie d'un ouvrage, le *Labyrinthe,* plus fort que le sont bien des forteresses fixes, et infligé à l'ennemi des pertes énormes. Elles ont pris, dans cette seule partie du front, plus de deux mille prisonniers, une quarantaine d'officiers, sept canons, trente mitrailleuses, des obus, des cartouches et un abondant matériel.

L'ennemi, fortement retranché, qu'elles ont trouvé en face d'elles, s'est battu avec férocité. Mais elles lui ont imposé le sentiment désormais indiscutable de leur supériorité entière. Officiers et soldats ont rempli

Défense de la Targette.

leur devoir dans un esprit de sacrifice absolu, en connaissant parfaitement les difficultés et les dangers au-devant desquels ils allaient.

Beaucoup, hélas! ont succombé. Ils reposent sur le flanc des collines qu'ils ont conquises au prix de leur sang, sous les petites croix blanches qui abritent, du signe divin de la Rédemption, leurs sépultures de martyrs! Honneur à leur mémoire! ils ont bien mérité de la Patrie.

*
* *

La fin du mois de mai allait voir s'achever la conquête, par nos troupes, d'Ablain-Saint-Nazaire, dont, on se le rappelle, elles avaient, le 12 mai, occupé une grande partie.

Notre succès du 12 nous avait donné la partie allongée de ce gros bourg ; mais la partie large entourant l'église était aux mains des Allemands, qui tenaient aussi le cimetière.

Le 18, dans l'après-midi, la valeureuse division qui avait mené à bien, le 12, l'investissement et la prise de Carency, jugeait que le moment d'en finir était venu.

Le général qui la commandait [1] n'estima pas que, pour cela, de gros effectifs fussent nécessaires. Il connaissait à fond la position de l'ennemi ; il savait le nombre et l'emplacement des mitrailleuses : cinq dans le cimetière, quatre dans la maison du curé, etc. Après une préparation d'artillerie particulièrement bien faite, il lança ses effectifs à l'attaque d'Ablain-Saint-Nazaire.

Nous avons appris depuis, par les dires de prisonniers, que les trois compagnies allemandes qui tenaient le cimetière et les environs se jugeaient condamnées. Les officiers avaient signalé, paraît-il, l'épuisement de leurs hommes et les difficultés des communications avec l'arrière.

On leur avait prescrit de tenir tout de même. Le moral des défenseurs était donc ébranlé.

Notre infanterie, tout au contraire, enhardie par les succès des jours précédents, où cette division, à elle seule, avait fait deux mille sept cents prisonniers, était pleine d'une ardeur exceptionnelle.

A l'heure dite, tout le monde était couché en avant des tranchées de départ, prêt à sauter sur la première ligne allemande. Nos fantassins bondirent et prirent pied sur le parapet.

Par cette claire journée de printemps, les maisons d'Ablain se détachent, percées d'énormes ouvertures par où l'on aperçoit les terres blanches des éperons de Lorette ou des morceaux de ciel bleu. Le clocher de l'église, aux trois quarts démoli, domine encore les ruines des maisons voisines.

Nos soldats livrent l'assaut avec une véritable furie. Notre artillerie, par son infaillible tir, exécute au delà du cimetière des feux de barrage qui empêchent absolument l'arrivée de tout renfort destiné à venir au secours des défenseurs ; nos hommes étaient dans le cimetière.

Ici, une déception nous attendait : les cinq mitrailleuses boches étaient déménagées!

Alors l'attaque passe comme une trombe et atteint une pente gazonnée au bas de laquelle est un chemin de terre. Par ce chemin, nous remontons vers le nord, et ce mouvement brusque donne à l'ennemi le signal de la déroute.

L'infanterie française, qui suit le chemin en contrebas, ramasse alors

---

[1] On remarquera que nous n'indiquons pas les noms propres de nos héroïques officiers. Ces noms ont, en effet, été soigneusement passés sous silence dans les communiqués « officiels » auxquels nous empruntons la plupart des renseignements relatés ici. Aujourd'hui, la bravoure de nos combattants a reçu par les récits officiels la légitime consécration de la gloire.

les mitrailleuses et abat, à coups de fusil ou de baïonnette, une centaine
d'Allemands.

Au même moment, notre deuxième ligne est fixée sur place par une
étrange apparition :

Une colonne épaisse de gens qui courent débouche sur le talus. On se
demande d'abord si ce n'est pas une contre-attaque. Mais non ! Ces cou-

Charge à la baïonnette à Neuville-Saint-Waast (28 mai 1915).

reurs affolés ont tous les mains levées, et, quelque gênante que soit cette
attitude pour la course, ils font des sauts de chèvre en criant : « Kamerad ! »

Plus de doute : ce sont des Boches qui viennent pour se rendre.

Ils vont vite, d'ailleurs ; car, s'ils ont peur de nos fusils, ils ont encore
plus peur de leur artillerie, qui se montre toujours impitoyable aux fugi-
tifs, qu'elle canonne de loin.

D'un seul élan, ces fuyards traversent le cimetière et arrivent, tout es-
soufflés, à notre tranchée de soutien. Ils sont près de quatre cents, dont
sept officiers, qui déclarent que toute résistance était impossible.

Notre succès a été on ne peut plus rapide, vu que tout cela s'est passé
en un quart d'heure. Nos compagnies continuent la conquête du village
et prennent de nouvelles mitrailleuses. La nuit, qui est venue, ne les
arrête pas ; dans la matinée du 29, elles achevèrent d'enlever le village.
Le presbytère, l'église fortement défendue, tombent entre nos mains.

L'attaque de nos poilus est irrésistible. Les Allemands, au nombre de plusieurs centaines, tombent sous leurs balles et leurs baïonnettes. A peine en reste-t-il une vingtaine vivants : ils sont entourés, désarmés et faits prisonniers.

Ce fait d'armes nous a coûté environ deux cents hommes tués ou blessés, la plupart par des « marmites ».

Dans l'après-midi du 20, Ablain tout entier est en notre pouvoir.

Cinq cents cadavres allemands gisent dans les ruines du village. Plus de cinq cents prisonniers et quatorze mitrailleuses sont tombés entre nos mains.

Telle est la brillante action que le communiqué allemand, mensonger comme de coutume, résume par ces mots :

« Sans que l'ennemi s'en aperçût, nous avons retiré de la partie est d'Ablain la petite garnison que nous y avions, et dont le maintien, sur cette position avancée, nous eût coûté des pertes inutiles. »

« Ils sont trop verts ! » disait le renard de La Fontaine en présence des raisins qu'il ne pouvait atteindre.

CHAPITRE III

SOUCHEZ ET LE LABYRINTHE

Les succès de Souchez. — L'attaque du Labyrinthe. — Les défenses de l'ouvrage. — L'importance de notre succès. — La prise du saillant de Quennevière. — Les tranchées de Touvent. — Loos et Souchez.

Nous avions, au cours des précédentes affaires, occupé une partie de cet ouvrage appelé le *Labyrinthe*, dont les Allemands avaient fait une véritable forteresse. Mais ils en tenaient encore la plus importante position, et cela constituait pour notre front une menace permanente.

D'autre part, ils avaient transformé en une organisation défensive puissante les ruines d'un très important bâtiment, de plus de deux cents mètres de long, « la sucrerie de Souchez. »

Cette sucrerie, vaste ensemble de constructions rangées en quadrilatère, se prêtait admirablement à la défense. A l'est de ces constructions, entre elles et la voie ferrée, s'étend un vaste terrain marécageux, tout à fait inabordable. Au-dessous de la sucrerie, dans une île au milieu d'une petite rivière, le Carency, sont trois maisons démolies, nommées le Moulin-Malon.

La puissance de la position de la sucrerie nous imposait de l'enlever aux Allemands.

Notre offensive pouvait partir de l'ouest, c'est-à-dire d'Ablain, ou du sud-ouest, de Carency. Par l'un ou l'autre côté, nous pouvions nous attendre à essuyer des feux redoutables. Enfin les hauteurs du nord étaient tenues partiellement par les mitrailleuses allemandes.

La préparation fut méthodiquement conduite.

Nous avions pris, le 28, le cimetière d'Ablain-Saint-Nazaire. Notre premier soin fut de nous assurer des communications entre ce point important et le bois de Carency.

En face de notre front s'allongeait une tranchée allemande, organisée en hâte. Nous réussîmes assez facilement à l'emporter : cela fut fait le 31 mai.

Alors nous résolûmes d'attaquer des deux côtés à la fois les positions du Moulin-Malon et de la sucrerie. L'une des deux attaques devait partir de l'ouest, l'autre du sud. Elles furent précédées par une très intense préparation d'artillerie, qui couvrit ces ouvrages de projectiles.

Cependant cette préparation, quelque violente qu'elle fût, ne suffit pas. Les batteries allemandes de 77, placées sur les hauteurs de Souchez, exécutèrent des tirs de barrage, tandis que leurs mitrailleuses, postées sur les hauteurs au nord de la sucrerie, commençaient leur crépitement meurtrier. Il fallut s'arrêter.

Au sud, le succès fut rapide. D'un premier élan, au contraire, nos hommes sautèrent sur le Moulin-Malon, qui ne fit guère de résistance. Quand ils y pénétrèrent, ils le trouvèrent rempli de cadavres boches, dont beaucoup attendaient, depuis plusieurs jours, une sépulture que la violence de notre tir avait empêché de leur donner. Il y en avait dans les cours et dans les caves.

*
* *

Du Moulin-Malon à la sucrerie, s'étendait un long boyau ennemi. Nos troupiers s'y engagèrent résolument, lançant à pleines mains des grenades sur les occupants. Ceux-ci, très démoralisés par notre tir et notre élan, résistèrent quelques instants, puis ils se replièrent.

Aussitôt nos poilus se lancèrent à leur poursuite, les chassant à coups de baïonnette. On atteignit ainsi la sucrerie. Beaucoup de ses défenseurs, avant même que nous y eussions pénétré, levaient déjà les bras en l'air pour se rendre, au cri classique de : *Kamerad !*

En peu de temps nous fîmes le tour du bâtiment, tuant tout ce qui résistait, capturant tout ce qui se rendait, tandis que le tir de barrage de nos 75 interdisait l'arrivée de tout renfort. A la nuit, nous étions maîtres du pâté de maisons. Il s'agissait de le garder en l'organisant. Une compagnie fut chargée de cette mission. Le travail était rude, car la nuit était claire, et, aux rayons de la lune qui brillait, nos travailleurs étaient entièrement exposés aux coups de l'ennemi.

Vers minuit, les Allemands, furieux d'avoir perdu une position qui devait être la base de leurs contre-attaques sur Ablain, tentèrent, pour la reconquérir, un sérieux effort.

Au nombre de plus de trois cents, ils s'avancèrent à l'attaque de la sucrerie, défendue par des soldats bien inférieurs en nombre et fatigués par une journée de bataille.

Après un combat confus, en pleine nuit, nos hommes refluèrent peu
à peu par le boyau au sud de la sucrerie jusqu'à une courte distance du
Moulin-Malon.

Si cette situation se maintenait, la sucrerie était perdue pour nous,
et tout était à recommencer. Mais, heureusement, le commandement
veillait : en quelques minutes, les ordres furent donnés.

Souchez. — Ruines du Moulin-Malon.

A l'artillerie il était prescrit de faire un tir de barrage sur l'est de
l'ouvrage menacé. Aux troupes occupant les lisières d'Ablain était confiée la mission de se porter sans délai sur la sucrerie en suivant le lit
du ruisseau, profond seulement de quatre-vingts centimètres.

En même temps, la compagnie qui avait un moment cédé à la brus-
querie de l'attaque allemande se reformait et, appuyée par de nouveaux
renforts, repartait en avant.

Ces dispositions furent prises avec une si merveilleuse rapidité, le tir
de nos canons fut tellement intense et efficace, que les Boches, craignant
d'avoir la retraite coupée, évacuèrent la sucrerie : ils en étaient déjà partis en grand nombre quand nos hommes y entrèrent.

En un instant, fusils, grenades et baïonnettes eurent parachevé le nettoyage. Avant le jour, la sucrerie était de nouveau à nous, et, cette fois, définitivement.

Une organisation complète de la position conquise fut aussitôt commencée : elle était achevée le soir du 1er juin, et en même temps, en plein jour, des équipes de travailleurs aménageaient les boyaux nécessaires pour assurer la sécurité de nos communications.

Un des sous-officiers de cette équipe resta à son poste huit heures durant, continuant à diriger ses hommes malgré les souffrances que lui causait un éclat d'obus reçu dans la cuisse.

Les soldats qui ont mené à bien cette brillante opération sont les mêmes qui, depuis le 9 mai, avaient conquis Carency et Ablain-Saint-Nazaire. Ce sont des natifs de nos départements de l'Est. Mais leur amour passionné de la terre française leur rend ces campagnes d'Artois, qu'ils reprennent pied à pied à l'ennemi, aussi chères que les leurs propres.

Ils ont, en trois semaines, enterré plus de trois mille Allemands et fait plus de trois mille prisonniers. Quoique menant toujours l'attaque, ils ont perdu quatre fois moins de monde que l'ennemi.

« C'est, disaient-ils, que notre général connaît son métier. »

Il est inutile d'ajouter que le chef retourne ce compliment à ses magnifiques troupiers.

*
* *

Cependant la conquête de la sucrerie de Souchez n'était pas suffisante, tant que nous n'avions pas achevé celle de la forteresse allemande que nous avions baptisée le *Labyrinthe*.

Cet ensemble d'ouvrages et de tranchées formait entre Neuville-Saint-Waast et Favie un saillant de la ligne ennemie, et sa position expliquait sa puissance.

Les Allemands l'avaient renforcé pendant des mois, parce qu'ils le sentaient exposé. Aussi y trouvait-on un dédale de blockhaus, d'abris, de tranchées et de boyaux, dont nos avions nous avaient rapporté des vues photographiques détaillées, prises au cours de leurs vols audacieux.

Orienté de l'ouest vers l'est, dans une sorte de cuvette, le Labyrinthe avait pour axes principaux deux chemins creux profonds, d'où rayonnaient, sur deux kilomètres, des ouvrages de toutes sortes, garnis de mitrailleuses, de lance-bombes et de canons légers.

Notre attaque du 9 mai avait à peine entamé l'extrémité sud.

Les journées suivantes n'avaient pas modifié la situation, et notre offensive, soit au nord, soit au sud, restait toujours exposée aux feux de ce redoutable flanquement.

Aussi, dès la fin de mai, le commandement français résolut-il d'en finir avec cette position. L'ordre fut donc donné d'attaquer et d'enlever le Labyrinthe pied à pied.

L'opération comportait deux phases principales très différentes.

D'abord il fallait, par un assaut bien préparé et vivement enlevé, pénétrer dans l'organisation ennemie. Cela fait, il fallait ensuite progresser à l'intérieur et y refouler l'adversaire pas à pas.

Ces deux opérations ont duré plus de trois semaines et se sont terminées avec un plein succès.

Le débouché devait être dur, car l'artillerie allemande concentrait de tous côtés ses feux sur nous, Elle comprenait non seulement des pièces de 77, mais encore des canons de 150, de 210 et même de 280. Il y en avait à Givenchy, à la Folie, à Thélus, à Beaurains, au sud d'Arras.

Il est vrai que les trois régiments chargés de l'attaque disposaient d'une artillerie nombreuse. Mais si nos canons devaient infliger à l'infanterie ennemie plus de pertes encore que les canons allemands n'en infligeaient à la nôtre, les batteries opposées restaient insaisissables, tandis que, d'un côté comme de l'autre, c'est le fantassin qui recevait les coups, c'est l'infanterie qui « trinquait », pour employer le mot des poilus. Mais nos hommes le savaient : ils en avaient héroïquement pris leur parti.

C'est le 30 mai que l'assaut fut donné sur tous les points.

Un régiment marchait du sud au nord, un autre de l'ouest à l'est, un autre du nord au sud. L'élan fut admirable sur tout le front, et partout, sauf à droite, en enleva la première ligne, que nos engins de tranchées : crapouillots et lance-bombes, avaient écrasée complètement.

Derrière cette première ligne se trouvaient un grand nombre de barricades et de fortins, Nous en emportâmes quelques-uns, mais les autres nous arrêtèrent. Toutefois cent cinquante prisonniers, surpris dans leurs trous par nos attaques, tombèrent entre nos mains.

Dans la nuit du 30 au 31, une contre-attaque allemande nous fit perdre cinquante mètres de notre gain. Mais, à l'aube du lendemain, tout le terrain perdu était reconquis.

Dès ce moment commença une véritable « guerre de boyaux ».

Il y avait le « boyau Von Kluck », le « boyau Von Eulenburg », les « Buissons », la « salle des Fêtes », pour ne citer que les noms des principaux, sans compter d'innombrables ouvrages, simplement désignés par un numéro, dont l'énumération montre les difficultés que nous avions à vaincre.

Sans arrêt, du 30 mai au 17 juin, nos vaillantes troupes se sont battues dans ces terres criblées de trous d'obus et semées de cadavres. Ni jour ni nuit le combat n'a cessé.

Les éléments d'attaque, constamment renouvelés, écrasaient les Boches à coups de grenades, démolissaient les barricades en sacs à terre ; pas un instant de répit.

Les hommes, sous le soleil, si chaud dans les boyaux, se battaient nu-tête et en bras de chemise. Pas un seul n'eût admis l'hypothèse de s'arrêter avant de tenir le Labyrinthe en entier.

On a tout dit de l'ardeur guerrière de notre infanterie. Mais on n'a pas dit assez que sa ténacité égale son élan, et que sa volonté est un des facteurs de ses victoires.

*
* *

Chacune de ces sanglantes journées a vu d'admirables actions d'héroïsme.

Le 1er juin, un lieutenant va, avec un homme, reconnaître, en rampant, la grosse barricade qui barre le chemin creux, centre de la résistance ennemie. L'ouvrage lui semble peu garni ; il saute dedans, appelle la compagnie, et, dix minutes plus tard, deux cent cinquante prisonniers sont cueillis, au sortir de leur abri, par une troupe quatre fois moins nombreuse.

Le même jour, dans la partie sud, cent cinquante Allemands se font prendre et des mitrailleuses nous restent.

Par trois côtés à la fois nous atteignons le chemin creux, où, à dix mètres sous terre, les Boches avaient creusé de redoutables abris. L'artillerie ennemie, sans discontinuer, tire en arrière de notre première ligne, que son contact immédiat avec l'adversaire protège contre les obus.

Nos réserves subissent des pertes dans ce terrain bouleversé. Mais le moral ne fléchit pas. Les hommes ne demandent qu'une chose : aller de l'avant et se battre à la grenade au lieu d'attendre, l'arme au pied, la chute impitoyable des terribles « marmites ».

Ce sont de rudes journées à passer. Aux combattants il faut porter constamment des munitions, des vivres, de l'eau surtout, car ils s'altèrent à lancer sans arrêt leurs grenades, couverts de sueur, de poussière et parfois de sang ! Mais chacun fait de son mieux.

Sous le feu, on pousse en avant les canons de tranchées, dont les énormes bombes, lancées à courte distance, vont jeter dans les rangs ennemis l'épouvante et la mort.

Les sapeurs creusent la terre, pour éventer les mines adverses. L'un d'eux, qui travaillait avec son caporal, est tué : le caporal continue

seul, repousse l'ennemi, et s'en tire sain et sauf, avec la médaille militaire par surcroît, ce qui était justice.

Tout près de la ligne de combat, un bataillon territorial travaille la
terre et fait les corvées. Chacun à sa place, de son mieux, collabore à
l'effort commun.

La continuité du succès est, d'ailleurs, le plus puissant des réconforts.

Souchez. — Entrée de la ville, derrière les arbres du parc de Carleul ; au fond la cote 119.

Après le chemin creux, on atteint la « salle des Fêtes ». Pourquoi les
Boches avaient-ils donné ce nom à cet abri? On a supposé qu'il y avait là
d'anciennes carrières susceptibles d'offrir une protection à toute épreuve.
Nous les avons longuement cherchées, sans parvenir à les trouver.

Durant quarante-huit heures, nos hommes ont vécu dans l'attente
d'une explosion de mines qui ne s'est pas produite. Nous avons alors
enterré les cadavres dans la chaux et continué.

Peu à peu, notre progression nous a conduits à l'extrémité nord du
Labyrinthe.

Nous étions alors face à face à un grand boyau, le boyau « Von Eulenburg ». Le 14 et le 15, nous avons creusé à cent mètres une parallèle
de départ. Le 16, à midi, nos hommes en sont sortis. Ils se sont dressés
sur le talus et ont couru, à travers un champ de coquelicots, jusqu'au

boyau allemand, dans lequel ils se sont élancés : le tout a duré trois minutes.

Avec une belle précision, l'artillerie ennemie a aussitôt lâché ses obus. Mais le fantassin français garde ce qu'il tient. On s'est battu dans les tranchées de ce secteur du 16 au 19.

Finalement, tout cela est à nous, et le Labyrinthe nous appartient en entier.

Les Allemands y ont perdu tout un régiment, le 161e. Nous avons fait plus de mille prisonniers : le reste des défenseurs est mort.

Un régiment bavarois a également été décimé.

Nos pertes se montent à deux mille hommes, dont beaucoup blessés très légèrement.

La résistance a été furieuse, comme l'a été l'attaque. Malgré le terrain propice à la lutte, malgré l'organisation prodigieuse qu'en avaient faite les Boches, malgré leur puissante artillerie et leurs lance-bombes, malgré leurs mines et leurs mitrailleuses, nous sommes cependant restés vainqueurs.

Nos soldats ont gagné, parmi les dures souffrances du combat, la foi absolue dans leur supériorité, la conviction définitive que leur élan est irrésistible.

*
* *

Pendant que s'accomplissaient ces événements heureux, d'autres actions avaient lieu plus à l'est, entre l'Oise et l'Aisne, à droite de la région que recouvre la forêt de Laigue.

Ce pays est de grande culture, avec de vastes horizons. Quelques bouquets de bois marquent l'emplacement des fermes : Ecafaut, Quennevière, Touvent, les Loges, grands bâtiments entourés de groupes de vieux arbres.

Les tranchées s'étendent sur tout le plateau, à travers les champs, où les céréales ont poussé au hasard depuis la récolte dernière. Le plateau est incliné en pente douce de l'ouest vers l'est. Ecafaut et Quennevière sont dans nos lignes ; les Loges et Touvent sont à l'ennemi.

Devant la ferme de Quennevière, le front allemand formait un saillant à la pointe duquel était organisée une manière de fortin, tandis que des ouvrages de flanquement protégeaient les deux extrémités.

La première ligne était renforcée à courte distance par une seconde et, par endroits, par une troisième. A la corde de l'arc formé par le saillant, une tranchée à profil denté constituait le deuxième front de défense.

Toute cette puissante organisation a été prise d'assaut le 6 juin. C'est donc l'ensemble du système défensif ennemi, sur un front de douze cents mètres, qui est tombé entre nos mains.

Les premiers canons allemands étaient installés immédiatement en arrière, à la hauteur d'un ravin qui descend vers la ferme de Touvent.

L'attaque fut précédée d'un bombardement soigné de la position. Nos tirs se poursuivirent pendant toute la journée du 5 juin, interrompus par de longs intervalles pour être repris par violentes rafales. A la fin de la journée, les défenses accessoires étaient bouleversées et brisées.

Le tir fut continué pendant la nuit de façon à interdire aux Boches tout travail ayant pour but de remettre en état les ouvrages démolis pendant le jour.

Le 6 juin, de 5 à 9 heures du matin, le bombardement reprit avec plus de violence encore. Puis il y eut une accalmie jusqu'à 9 heures 45, où un fourneau de mine fit explosion sous le fortin.

A 10 heures 15, l'infanterie sortit des tranchées, s'élançant sur les positions de l'ennemi, qui avait déjà éprouvé de grandes pertes.

Le front allemand de Quennevière était tenu par quatre compagnies du 86e régiment, formé de Hambourgeois et de Prussiens du Sleswig.

Dès le 5, en prévision de notre attaque, le commandement ennemi avait renforcé ces effectifs par des compagnies de soutien placées dans le ravin de Touvent.

Sous le feu de notre bombardement, les Allemands s'étaient terrés par groupes de huit à dix dans leurs abris souterrains. Mais les obus de nos pièces lourdes avaient déformé les ouvertures de plusieurs de ces trous, tuant ou ensevelissant ceux qui s'y tenaient tapis.

A peine l'artillerie eut-elle allongé son tir, que nos troupes donnèrent l'assaut. Elles étaient composées de quatre bataillons : zouaves, tirailleurs et fantassins bretons.

Les hommes étaient sans havresac. Ils avaient chacun trois jours de vivres, deux cent cinquante cartouches, deux grenades à main et un sac à terre qui, promptement rempli, devait leur fournir un premier abri dans les tranchées prises et retournées contre l'adversaire.

Chaque bataillon avait deux compagnies de première ligne, ayant ordre de dépasser les premières tranchées. La seconde vague était chargée de nettoyer la ligne conquise.

A l'heure fixée, les premières compagnies s'élancèrent. On vit la ligne des baïonnettes s'avancer et franchir, en courant, les deux cents mètres qui nous séparaient des tranchées boches.

L'artillerie allemande se mit aussitôt à battre le terrain ; mais l'infanterie ennemie fut surprise. Quelques coups de fusil furent tirés sur nos soldats au moment où ils abordaient la tranchée. Un officier de zouaves, frappé ainsi, tomba en criant : « Vive la France ! »

L'attaque avait été lancée à 10 heures 15. A 10 heures 40, les premiers prisonniers arrivaient au poste de commandement du général de division. Comme on interrogeait un *feldwebel* sur les pertes de l'ennemi, il ne put que répéter, d'un air abruti : *Bayonett ! Bayonett !*

Le nettoyage qu'avait à opérer·la seconde vague fut rapide et complet : deux cent cinquante prisonniers ramenés furent les seuls survivants des deux bataillons du 86e allemand.

Les compagnies de soutien du ravin s'étaient portées en avant au moment de notre attaque ; mais elles tombèrent sous le feu de nos 75 et furent décimées en un rien de temps. Quelques hommes, cachés dans des trous, se rendirent dans la journée ou le soir.

Comme les compagnies allemandes avaient des effectifs de deux cent cinquante hommes, cela fait deux mille hommes qui ont été, en quelques instants, mis hors de combat.

*
* *

Mais nos zouaves, dépassant la seconde ligne, s'étaient élancés, précédés de patrouilles, vers le ravin de Touvent. Tout à coup, dans un champ de luzerne, on voit les patrouilleurs chanceler et tomber sans qu'on eût entendu un coup de fusil. Qu'y avait-il donc?

Le chef de bataillon courut en avant : c'était un réseau de fils de fer tendu très près du sol et qui protégeait, à quelques mètres plus loin, un ouvrage garni de trois canons. Tandis que les hommes tombés se relevaient, cet héroïque officier franchit les fils de fer, grimpa sur une pièce et appela ses zouaves, qui accoururent à son commandement.

Les servants des canons s'étaient logés dans leurs abris : c'est là qu'ils furent cueillis. On y trouva un officier d'artillerie boche en chemise et en caleçon. On fut obligé de lui donner un pantalon de treillis et une veste ; c'est dans ce costume que ce « héros allemand » fut amené à l'arrière.

La position conquise fut aussitôt organisée. La nouvelle ligne fut ainsi reliée par des boyaux à notre ancienne position.

Les canons de 77 furent mis hors d'usage, et notre nouveau front de défense fut immédiatement garni de mitrailleuses. Il était temps.

L'ennemi, en effet, vint bientôt nous contre-attaquer. Mais cette contre-attaque, trop hâtivement préparée, n'eut aucun succès.

Les troupes allemandes se déployèrent en terrain découvert ; sous le feu de nos mitrailleuses et de nos 75, les lignes de tirailleurs boches furent anéanties en quelques minutes. Quelques-uns de leurs officiers poussèrent en avant : ils furent tués sans être suivis par leurs hommes.

Nos aviateurs nous avaient signalé l'arrivée de nouveaux renforts, amenés de Roye par des automobiles. Ces troupes, aussitôt arrivées, nous attaquèrent et furent arrêtées chaque fois.

Au matin, renonçant à l'attaque de front, les Allemands tentèrent de progresser par les boyaux aux deux extrémités du saillant. Mais ils furent arrosés d'une pluie de grenades qui arrêta leur tentative. Leur attaque mollit, et la fin de la journée du 7 fut calme.

Nous avons compté plus de deux mille cadavres ennemis sur le terrain des contre-attaques. Les pertes allemandes s'élevèrent certainement à plus de trois mille tués, sans compter les blessés et les prisonniers nombreux que nous avons pris.

De notre côté, nous avions eu deux cent cinquante tués et quinze cents blessés, ceux-ci presque tous par des éclats d'obus, très peu par des balles. Nous avions fait un butin important : vingt mitrailleuses, de nombreuses cartouches, des grenades, un abondant matériel de tranchées.

Le 9 juin, le général commandant l'armée remettait au commandant du bataillon d'assaut la croix de guerre décernée à des unités, citées chacune à l'ordre de l'armée.

Dans une clairière, les compagnies formaient un grand carré, où les lignes bleues des fantassins alternaient avec les lignes kaki de nos soldats d'Afrique. Et, dans une vibrante allocution, dont chaque phrase était ponctuée par le bruit du canon, le général exprimait aux troupes son admiration et sa reconnaissance.

L'un des bataillons cités à l'ordre de l'armée est un des bataillons de ce régiment de zouaves qui s'illustra à Palestro, celui sur les contrôles duquel le roi d'Italie, Victor-Emmanuel III, figure aujourd'hui, comme jadis son illustre grand-père, avec le grade de caporal.

Quant au régiment allemand n° 85, auquel l'affaire de Quennevière a coûté deux bataillons entiers, il porte le nom de *Fusilier Regiment König-nigin.*

Son chef est l'impératrice d'Allemagne, reine de Prusse.

*
* *

La prise du saillant de Quennevière se compléta très heureusement par l'enlèvement, effectué du 7 au 10 juin, des tranchées de la ferme Touvent.

Ces tranchées s'étendaient en une double ligne sur un front de dix-huit cents mètres, et dont le contour total atteignait un développement de deux mille cinq cents mètres, entre Serre et Hébuterne.

Le gain en profondeur varie de deux cent cinquante mètres à un kilomètre, car la ligne allemande formait, entre les points extrêmes, un saillant d'une courbure très accentuée.

La partie du plateau d'Artois où s'est déroulée cette action présente un monotone paysage de champs de betteraves et de blé, que coupent, çà et là, des haies vives. Villages et fermes sont entièrement cachés dans la verdure. De larges ondulations de terrain restreignent l'horizon.

Nous occupons Hébuterne ; les Allemands sont à Serre.

Ces deux villages se font vis-à-vis, à trois kilomètres l'un de l'autre, chacun au sommet d'une petite hauteur. Les tranchées allemandes se trouvaient à mi-distance en avant de la ferme Touvent, dont les champs sont encadrés d'une rangée de grands arbres.

Le système de défense des ennemis était, comme toujours, des plus perfectionnés : postes d'écoute, nombreux et sinueux boyaux, inextricable réseau de fils de fer. Certaines tranchées étaient minées.

Notre artillerie commença à opérer un bombardement de ces ouvrages à l'aide de ses pièces lourdes, en y projetant un nombre énorme d'obus. Les fils de fer furent coupés, les tranchées comblées, les entrées des abris souterrains bouchées. Et de ces magnifiques travaux de défense, résultat d'un effort de huit mois, nos troupes ne trouvèrent que des débris accumulés.

La garnison de ces ouvrages était constituée par le 170e régiment badois.

Cinq compagnies d'un effectif moyen de deux cents hommes, qui occupaient l'ouvrage, ont été entièrement mises hors de combat ; tout ce qui n'a pas été tué a été fait prisonnier.

Deux compagnies qui se trouvaient en réserve ont été, elles aussi, presque complètement détruites aux premières contre-attaques. Deux bataillons du 99e régiment, ramenés d'Arras, ont beaucoup souffert également. Le nombre des prisonniers faits jusqu'au 11 juin fut de cinq cent quatre-vingt-dix, dont dix officiers.

Les combats ont suivi les phases suivantes :

Le 7 juin, assaut sur un front de douze cents mètres ; le 8, élargissement du gain vers le nord et progression en profondeur ; le 9, combats dans les boyaux ; le 10, prise de vive force d'une nouvelle ligne de cinq cents mètres de développement, au sud des positions déjà conquises.

Les troupes qui ont mené ces attaques étaient composées de contingents bretons et vendéens, c'est-à-dire de soldats à toute épreuve, dignes compatriotes des fusiliers marins de Dixmude.

Appuyées par des unités appartenant au recrutement des Alpes, elles ont fait preuve d'un entrain et d'une résistance dignes des plus belles traditions de l'infanterie française. Leur esprit de sacrifice s'est, une fois de plus, montré incomparable.

*_**

Le moment de l'assaut avait été fixé à 5 heures. Dès 3 heures du matin, l'ennemi, alarmé par l'intensité de la préparation de l'artillerie et craignant d'être attaqué, avait ouvert un feu très violent sur nos tranchées. Des nuages de fumée couvraient toutes les positions.

Au milieu des détonations des pièces, du fracas de l'éclatement des obus, sous un véritable ouragan de fer, les troupes d'assaut demeuraient impassibles. Dans les tranchées, les commandants de compagnies avaient l'œil fixé sur leurs montres.

A 5 heures précises, sans une hésitation, d'un seul mouvement, toute la première ligne bondit hors des tranchées et s'élança dans la fournaise. En dix minutes, elle avait dépassé les deux tranchées allemandes et parvenait au point fixé par le commandement, et où les officiers donnèrent l'ordre de se retrancher. Les hommes étaient joyeux ; ils criaient : « Vive la France ! » ils s'embrassaient. Quelques-uns ne voulaient plus s'arrêter, et leurs chefs eurent quelque peine à leur faire prendre la pelle.

La deuxième vague avait pénétré dans les tranchées ou, plus exactement, dans ce qu'il en restait.

Depuis la veille, les communications de ces tranchées avec l'arrière avaient été coupées par le tir de nos canons. Les hommes n'avaient pu être ravitaillés, ni en vivres, ni en munitions ; ils étaient blottis par petits groupes, et quelques-uns tirèrent un ou deux coups de fusil.

Les autres, le plus grand nombre, levèrent les mains et se précipitèrent à toutes jambes vers nos lignes, où les troupes de soutien eurent la surprise de voir arriver au pas gymnastique cette troupe de fuyards, les bras en l'air et hurlant : *Kamerad ! Kamerad !*

Ceux qui avaient esquissé une résistance quelconque furent vite mis hors de combat. Chacun de nos poilus s'attachait à « son Boche » et ne le lâchait pas.

Un troupier avait pu, à certains indices, repérer dans la tranchée allemande l'abri d'un officier. Il avait dit à ses camarades :

« Celui-là, le jour de l'attaque, je m'en charge ! »

Et, en effet, au jour de l'assaut, on le vit foncer à toute vitesse vers l'*offizier understand* et en ramener le propriétaire, penaud et déconfit.

Dans les tranchées, on prit ou l'on déterra six mitrailleuses, plus ou moins détériorées par notre bombardement, ainsi qu'un matériel nombreux.

Nos soldats s'amusèrent à inventorier les sacs des Allemands. Ils y trouvèrent une littérature postale assez abondante, quelques conserves de choix et, chez les privilégiés, des saucisses !

La position une fois conquise, il fallait la mettre en état de résistance et de défense, rouvrir les boyaux comblés et aménager les abris. Tout ce travail de terrassement se fit avec une remarquable célérité. Les hommes faisaient leur besogne sous le feu ennemi.

Malgré les obus, nos soldats ne bronchaient pas, et cette impassibilité sous le feu n'est pas moins digne d'admiration que leur audace dans l'assaut

Un officier, retraçant avec émotion l'héroïque attitude de ses hommes, disait, après son récit :

« Les marmites tombaient, et ils plaisantaient ! »

Grâce à ce courage, fait de bonne humeur et de fidélité absolue au sentiment du devoir, nous avons non seulement maintenu tous nos gains en repoussant des contre-attaques, mais nous avons, par d'incessants combats, accru encore l'impression de la supériorité absolue de notre infanterie sur l'infanterie allemande.

*
* *

Pendant ce temps, les Anglais ont progressé vers l'est de Festubert, entre Armentières et la Bassée. Ils ont eu à repousser, dans la région d'Ypres, de formidables attaques allemandes. Ils y ont réussi et ont enlevé des tranchées à l'ennemi.

Ainsi notre front du Nord a été redressé grâce aux efforts combinés des soldats alliés. Le saillant allemand dans nos lignes a été supprimé ; on s'est rapproché de Vimy.

L'été de 1915 a été un peu vide d'événements militaires importants sur le théâtre occidental ; en revanche, il a vu s'accomplir une merveilleuse évolution dans le pays, par la fabrication intensive du matériel de guerre.

« Des canons ! des munitions ! » Ce désir aura été réalisé.

Pendant ce temps, le peuple anglais, indigné par les torpillages de navires portant des passagers inoffensifs, par les assassinats commis dans des villes ouvertes par les bombes des zeppelins, s'enrôlait en masse ;

Les Alpins dans le cimetière de Souchez.
(Tableau de Em. Samson. — Phot. Vizzavona.)

et déjà, dans toute l'Angleterre, se dessinait un mouvement populaire très net en faveur du service militaire obligatoire pour tous.

Ce perfectionnement de l'armement, cette augmentation considérable des effectifs combattants, constituent donc un facteur important de la victoire certaine des alliés.

Et, pendant le mois de mai 1915, un événement considérable s'est accompli : fidèle à ses vieilles amitiés latines, l'Italie, déclarant la guerre à l'Autriche, est entrée dans la lutte de la civilisation contre la barbarie.

***

En septembre, la lutte reprit de plus belle sur le front de l'Artois.

L'armée britannique et la nôtre lancèrent des attaques convergentes dans la direction de Lens et de Souchez. Ces attaques furent récompensées par la prise de Loos et par celle de Souchez, le 25 septembre. Mais l'avance des Anglais fut enrayée par des contre-attaques allemandes, qui les empêchèrent de s'installer sur les crêtes de Vimy.

La petite ville de Loos, sur la rive gauche de la Deule, était défendue par une formidable série de tranchées et d'ouvrages fortifiés, parmi lesquels la grosse redoute Hohenzollern ; à l'est de Loos était la puissante redoute de la cote 70.

Le général sir Douglas Haig lança le 5e corps, commandé par le général Gough, contre le sud de la Bassée ; le 2e corps, commandé par le général Rawlinson, sur Loos. Les Allemands étaient commandés par le kronprinz de Bavière.

Surpris par les brillantes attaques des Anglais, ils perdirent la ville de Loos et leurs positions de Hulluch. Ils réussirent alors à arrêter les Anglais dans leurs mouvements de progression ; mais nos alliés leur avaient fait plus de trois mille prisonniers.

L'armée française, commandée par le général d'Urbal, opérait parallèlement dans les secteurs sud-est et sud de Lens. Elle débuta par un beau succès, qui ne put se développer. Ce succès fut la prise de Souchez.

Souchez, dont nous avions déjà enlevé la sucrerie, était organisé d'une manière formidable au point de vue défensif. Sa prise était donc chose difficile.

La préparation d'artillerie dura cinq jours et fut tellement bien faite, que nos fantassins, de leur premier élan, bondirent jusqu'au cimetière de Souchez, tandis qu'une autre troupe débordait aisément le village.

Le combat se poursuivit pendant la nuit. Le matin, notre commandement décida de tourner la position. Les Allemands, craignant d'être coupés, abandonnèrent Souchez, en laissant entre nos mains treize cents prisonniers.

Ainsi nos succès dans le Nord s'accentuaient avec persistance.

L'hiver se passa sans grand changement ; mais, au commencement de 1916, les Allemands firent un nouvel effort contre les lignes britanniques, qui résistèrent victorieusement. La crête de Vimy fut le principal terrain de cette lutte.

CHAPITRE IV

LES OPÉRATIONS EN CHAMPAGNE

L'affaire de Vailly. — Le but de notre offensive en Champagne. — Le fortin de Beauséjour. — Un échec allemand devant Reims. — La prise de Vauquois. — La prise du bois Sabot. — Les résultats.

Au début de janvier 1915, nous avions fait une tentative malheureuse aux environs de Soissons, à Vailly. Elle avait cependant bien débuté par la prise d'un mamelon. Tout faisait présager un succès.

Mais nous étions adossés à l'Aisne, dont une crue considérable se produisit subitement, emportant tous nos ponts à l'exception d'un seul. La prudence imposait la retraite sur Soissons : elle fut exécutée ; mais nous éprouvâmes, dans cette affaire, des pertes sérieuses. Le Kaiser y assistait, de loin naturellement, aux côtés du général Von Kluck. Inutile de dire que la presse allemande enfla singulièrement ce succès qu'elle présenta comme un « second Saint-Privat » ! Son allégresse outrée n'allait pas tarder à être refroidie par le succès des opérations que l'armée française a effectuées en Champagne, c'est-à-dire entre Reims et Nancy, depuis le mois de février 1915.

Le but de ces opérations était de fixer sur ce point du front le plus grand nombre possible de forces allemandes, de leur imposer une grosse consommation de munitions, et, en un mot, d'interdire à l'ennemi tout transport de forces sur le front russe.

Les Allemands avaient en Champagne, le 16 février, cent dix-neuf bataillons, trente et un escadrons, soixante-quatre batteries de campagne, vingt batteries d'artillerie lourde.

Du 16 février au 10 mars, ils y ont amené en plus vingt bataillons d'infanterie, dont six de la garde, un régiment d'artillerie de campagne et deux batteries lourdes de la garde.

L'ensemble de ces renforts atteignait l'effectif d'un corps d'armée.

Dans les premiers jours de février, nous avions fait de légers progrès à Perthes-les-Hurlus, au Mesnil, à Massiges. Dans les jours suivants, il y eut duel d'artillerie, petites escarmouches sur place, sans grandes modifications du front. Ce ne fut qu'à partir du 23 que les opérations furent plus nettement offensives de notre côté, et elles commencèrent par la prise du fortin de Beauséjour.

Ce fortin est situé entre Massiges et Mesnil-les-Hurlus, au sud de Ripont et au sud-est de Tahure. Il était occupé par les Allemands, qui l'avaient organisé défensivement.

Une première attaque fut tentée le 23 février par un bataillon d'infanterie coloniale.

Après une très vive préparation d'artillerie, les compagnies d'assaut pénétrèrent dans la première ligne de tranchées du saillant ennemi. Celui-ci essaya de les refouler en les inondant de grenades et de bombes. Six contre-attaques furent inutilement lancées sur nos lignes.

Toutes les fois les Allemands durent se retirer avec des pertes très lourdes.

Vers minuit, ils attaquèrent, usant de leur tactique ordinaire, en colonnes serrées. Le résultat ne se fit pas attendre : en quelques minutes, notre feu en anéantit un bataillon entier.

A l'aube, nous nous maintenions toujours dans les tranchées conquises, et nous nous préparions à poursuivre nos progrès, quand l'ennemi lança sur les deux tranchées du saillant une attaque très violente.

Les Allemands s'avancèrent en hurlant et en jetant des grenades.

Nos braves marsouins reçurent intrépidement cette formidable avalanche.

Le lieutenant Raynal monte sur le parapet, exhortant les hommes à l'imiter et à charger. Il est bientôt blessé à un œil et au ventre : il continue à diriger la défense, jusqu'au moment où il tombe épuisé.

Le sous-lieutenant Cazeau réussit à monter sur le parapet après avoir établi, dans le boyau, un barrage où il place quelques hommes énergiques. Il charge alors avec une section.

Mais à peine a-t-il fait quelques pas, qu'il est traversé par une balle et tombe. Alors il se fait poser face à l'ennemi, et, pendant que la mitraille pleut autour de lui, il maintient ses hommes en chantant à haute voix :

> Mourir pour la Patrie,
> C'est le sort le plus beau !...

Cependant le barrage établi dans le boyau est forcé, les défenseurs se replient. Le lieutenant Cazeau ne parle plus ; ses hommes le croient mort.

Le soldat Simon traîne alors, durant neuf cents mètres, sous la mitraille et les obus, le corps de son officier, et parvient, au prix de cet héroïque effort, à le ramener dans nos lignes.

Dans le boyau, les Boches arrivent nombreux, chargeant à la baïonnette. Ils trouvent devant eux un homme, un seul : c'est le soldat Jouy. Tous ses camarades sont tombés.

Voyant les Allemands qui lui crient de se rendre, il leur répond en tirant sur eux ; il en tue six. Blessé au bras d'un coup de baïonnette dans un corps à corps avec un septième adversaire, il le tue encore. Il reçoit un coup de sabre d'un officier ennemi, qu'il blesse grièvement, et se replie enfin sur le boyau.

Le capitaine Poirier veut se reporter en avant : mais un éclat de bombe l'atteint à la figure, et il tombe la face contre terre. Se relevant par un sursaut d'énergie, il saisit un fusil, se défend à coups de crosse et de baïonnette, tuant plusieurs Allemands ; mais une deuxième balle l'atteint.

Il tombe de nouveau. Les ennemis s'avancent en masse de tous côtés, empêchant ses hommes, qui ne sont qu'une poignée, de reprendre leur capitaine.

Les mitrailleuses qui se trouvaient dans le fortin ont été broyées par les obus, à l'exception d'une seule, que le sergent Cazeilles, blessé au bras droit, emporte sur son dos.

*
* *

Le lieutenant Lelong, commandant une des sect'ons de mitrailleuses, trouva une mort glorieuse. Déjà b'essé, voyant la position perdue, il sort son revolver et dit à ses hommes :

« Je vais vous faire voir comment meurt un officier français ! »

A'ors il se précipite sur les Allemands, en abat plusieurs et tombe percé de coups.

Malgré les fatigues terribles occasionnées par la marche dans des chemins défoncés et par l'attente sous les obus, pendant dix heures consécutives, les pieds dans une boue glaciale, quatre compagnies s'étaient héroïquement battues contre deux bataillons pendant une journée entière.

Le 27 février deux batai lons de colon'aux repr'rent l'attaque.

Après une violente préparation d'artillerie, l'un des bataillons enleva, par un élan magnifique, une des tranchées du saillant. Les défenseurs en furent tués à coups de baïonnette, et l'organisation de cette position conquise fut commencée immédiatement.

5

L'autre bataillon, traversant la tranchée de première ligne, s'installa dans la seconde, et parv'nt même dans un élément de la troisième ; mais il subit de lourdes pertes.

L'amoncellement des cadavres allemands dans les tranchées montrait que l'affaire avait été chaude.

Dès la nuit, les contre-attaques de l'ennemi se succèdent. Quatre retours offensifs sont repoussés avec l'aide de l'artillerie. Les abords des tranchées sont couverts des corps des Allemands tués. Devant ce monceau de cadavres, les assaillants hésitent : à la lueur des fusées, on peut voir leurs officiers et leurs gradés frapper les hommes et les menacer du revolver.

Une compagnie d'infanterie de ligne est alors envoyée en renfort pour soutenir les bataillons engagés, et reçoit l'ordre de contre-attaquer à son tour pour maintenir l'ennemi.

Voyant les fantassins partir, les marsouins qui travaillaient à retourner et à démolir les boyaux s'élancent avec eux. Certains ne prennent même pas le temps de saisir leurs fusils ; la pioche à la main, ils se précipitent sur les Boches et en assomment un grand nombre.

L'ennemi alors se replie, et la fusillade s'apaise.

A ce moment, escomptant sans doute l'affaiblissement des défenseurs après une nuit de combats incessants, les Allemands lancent deux compagnies sur les tranchées.

Mais cette contre-attaque est prise sous les feux croisés de notre infanterie et de notre artillerie ; elle est arrêtée net, et les deux compagnies sont presque anéanties.

Les Allemands renoncent alors à prendre le fortin de vive force. Ils font pleuvoir sur les nôtres un ouragan de grenades et de bombes.

Le feu de l'artillerie ennemie atteignit une intensité effroyable. Les projectiles de 105, 150, 210, pleuvaient sur les tranchées et les boyaux, y faisant de nombreuses victimes.

Malgré cela, chacun est demeuré à son poste. Les hommes étaient admirables de sang-froid. Ils déclaraient à leurs officiers : « Nous mourrons tous ici avec vous. »

Cette attitude suffit à elle seule à empêcher les Allemands de sortir de leurs boyaux, où ils attendaient, groupés, la baïonnette haute, que nous évacuions la position.

A la nuit, le bombardement cessa : l'ennemi n'osait plus attaquer. Le fortin était à nous.

L'infanterie coloniale fut alors relevée par les troupes de ligne, qui occupèrent les tranchées d'où était partie notre attaque. Depuis le début de l'action, d'émouvantes manifestations de solidarité s'étaient produites entre les marsouins et les fantassins chargés de les soutenir.

Lorsque l'infanterie coloniale partit à l'assaut, il avait fallu toute l'autorité des officiers des régiments de ligne pour empêcher leurs hommes chargés de l'occupation des tranchées, de s'élancer sur les Boches avec leurs camarades coloniaux.

Un jeune soldat, profitant de la nuit, prit les vêtements d'un colonial blessé et alla combattre tout le jour. En revenant, à son tour grièvement blessé, il d'éclara qu'ayant eu quatre frères tués par les Boches, il était content de les avoir vengés.

*
* *

Au commencement du mois de mars, les Allemands subirent, devant Reims, un échec des plus importants et qu'il est utile de raconter.

Au nord de la Pompelle, au delà de la route nationale de Reims à Châlons, se trouve une auberge : la ferme d'Alger, qui constituait entre nos mains un point d'appui vivement disputé, tellement même que l'on s'y battait sans discontinuer depuis le mois de septembre 1914.

Les Allemands, qui jusqu'alors avaient progressé à la sape en cherchant à bouleverser nos tranchées de la ferme d'Alger, prononcèrent, le 2 mars, contre cette position, une attaque de vive force qui est devenue le plus complet des insuccès.

Cette tentative avait été précédée par un bombardement intense et des essais de diversion.

La canonnade commença le 1er mars, à la fin de l'après-midi. Tout le front de Reims, de Bétheny à Prunay, fut soumis, pendant la nuit, à un bombardement continu par des pièces de tous calibres.

Dès leur entrée en action, les batteries allemandes furent prises à partie par notre artillerie, qui en même temps procédait elle-même à un bombardement des ouvrages ennemis.

A 2 heures 15, première attaque allemande.

Deux compagnies débouchèrent de Cernay en trois groupes : l'un sur la route ; l'autre, le plus important, en échelons sur le glacis, les hommes coude à coude ; le troisième enfin, composé d'une vingtaine d'hommes porteurs de cisailles, suivit un cheminement défilé.

Celui-ci arriva jusqu'au réseau de fils de fer, en coupa une partie et essaya ensuite de pénétrer dans la tranchée. Mais en quelques instants ces assaillants furent tués ou faits prisonniers. Un de nos officiers, bien que blessé au bras droit, parvint à étreindre un Boche et le fit rouler au fond de la tranchée où il le maintint sous son talon.

Les deux autres groupes avaient été arrêtés net par le feu d'infanterie et par un tir de 75. Ils battirent en retraite, en laissant derrière eux de nombreux cadavres.

Quelques instants plus tard, à 2 heures 45, à l'autre extrémité du front, entre la ferme d'Alger et Prunay, une autre attaque se développait.

Utilisant un couvert de sapins, une compagnie ennemie parvint jusqu'à deux mètres de nos tranchées. Un feu de mousqueterie nourri l'arrêta, tandis qu'un tir bien réglé de nos 75 sur les tranchées boches interdisait aux Allemands d'en sortir et leur infligeait de grosses pertes.

La compagnie de première ligne regagna péniblement sa position, en abandonnant une quinzaine de morts enchevêtrés dans notre réseau de fils de fer.

L'attaque principale, qui avait pour objectif nos tranchées de la ferme d'Alger, se déclencha au petit jour. Elle avait été précédée d'un tir intensif d'artillerie et du lancement de quelques torpilles aériennes, lancement effectué par des « lance-bombes ».

Lance-fusée éclairante.

Deux colonnes, fortes chacune d'une compagnie, montèrent à l'assaut. Elles devaient être suivies d'un important soutien ; mais le tir de nos canons empêcha l'arrivée des renforts.

Prises entre le feu de nos mitrailleuses et celui du 75, les deux compagnies allemandes, décimées, n'eurent d'autre ressource que de se replier en renonçant à leur effort.

Le bilan de cette action se chiffra, pour les Allemands, par une consommation de près de dix mille projectiles, qui ne causèrent guère que des dégâts matériels, et par la perte de près de quatre cents hommes, soit les deux cinquièmes des effectifs qu'ils avaient engagés dans cette affaire.

*
* *

A la même époque, un combat acharné et victorieux pour nous était livré à la lisière est de l'Argonne, au village de Vauquois.

Les Allemands occupaient Vauquois depuis la fin de septembre 1914. Ils s'en étaient emparés lors de la violente poussée par laquelle ils tentèrent, sur les deux rives de la Meuse, d'encercler notre troisième armée en même temps que la place de Verdun

Violemment contre-attaqués alors, ils ne gagnèrent que quelques kilomètres. Mais, dans la partie conquise par eux, figurait l'éperon de Vauquois.

Il existe, entre les forêts de Hesse et d'Argonne, un défilé formé par la vallée de l'Aire. C'est ce défilé que ferme le massif de Vauquois. Il est dominé par les contreforts de l'Argonne et par les croupes allongées de Cheppy et de Monfaucon.

L'occupation de cet éperon de Vauquois avait pour l'ennemi l'avantage précieux de masquer ses opérations au nord de Varennes, et de lui permettre de ravitailler ses troupes de l'Argonne par la route du Four-de-Paris.

De plus, Vauquois constituait un observatoire merveilleux. Le village est, en effet, situé sur une longue croupe qui domine les environs. De là l'ennemi pouvait régler le tir à longue portée de son artillerie sur nos cantonnements et sur nos mouvements de troupes.

Il était donc du plus haut intérêt pour nous d'enlever cette importante position.

Mais Vauquois était devenu une véritable forteresse. Le village, construit sur une crête de trois cents mètres d'altitude, domine de cent trente mètres le fond de la vallée. Des terrains bas et marécageux l'entourent, et, en arrière, la position est doublée par une hauteur boisée qui permettait aux Allemands d'y masser des renforts et même d'y défiler des pièces d'artillerie.

Enfin, dans le village même, dont les caves sont creusées dans le roc, l'ennemi trouvait de la sorte des abris à l'épreuve de l'artillerie de campagne. Des couloirs souterrains avaient été établis entre elles, et les rues avaient été creusées de façon que les soupiraux devinssent des meurtrières.

Dans une première attaque menée le 17 février, nous nous étions rendu compte de toutes ces dispositions, et, en reprenant l'assaut le 28, nous connaissions les difficultés à vaincre.

En trois jours, nous avons pris pied sur le plateau et dans la moitié du village. Nous nous y sommes maintenus, et nous y sommes restés en dépit de toutes les contre-attaques.

Nos assauts précédents avaient amené notre première ligne à mi-pente de Vauquois, lorsque fut donné, le 28 février, l'ordre d'attaquer le village.

L'action débuta par une préparation soignée d'artillerie lourde. Quand nos troupes vont, quelques instants plus tard, pénétrer dans la localité, elles n'y trouveront plus que des ruines, des amas de briques, de tuiles, de murs écroulés.

Les voûtes rocheuses des caves s'étaient effondrées sous le poids et l'éclatement de nos projectiles, en creusant dans le sol des trous profonds de quatre mètres et larges de huit.

C'est à 13 heures 45 que nos soldats pénétrèrent dans Vauquois. Il leur fallut traverser une zone battue par le feu des ennemis et faire, dans le village, une terrible guerre de rues.

Chaque cour, les ruines de chaque maison durent être conquises pied à pied. Une telle lutte prend du temps, et les Allemands en profitèrent pour préparer une vive contre-attaque.

Cette contre-attaque fut déclenchée à 14 heures. Nos hommes s'abritent tant bien que mal derrière les pans de murs écroulés ; mais ils n'ont pas eu le temps d'organiser une installation défensive efficace : ils sont donc obligés de reculer.

Cependant ils sont pleins d'enthousiasme, tellement qu'à 15 heures, spontanément, après un nouveau tir de nos pièces lourdes, ils repartent à l'assaut. Sous leur élan impétueux, les Boches plient ; ils reculent à leur tour et cèdent toute la partie sud du village.

A 16 heures, l'ennemi contre-attaque encore du côté de l'est. Cette contre-attaque est arrêtée net, avec de grosses pertes. De nouveaux renforts lui arrivent de Cheppy : ils ont le même sort et tombent, anéantis par le feu de notre artillerie.

Malheureusement, à la nuit, nos troupes épuisées ne sont plus en état de résister à un nouvel effort : elles perdent la partie sud du village et se replient sur leurs positions de départ.

Le 1er mars, tout le monde, officiers et soldats, était résolu à en finir.

Quatre fois nous sommes montés à l'assaut de Vauquois, quatre fois nous sommes refoulés par les feux d'enfilade allemands. Malgré nos pertes, le moral de nos hommes reste parfait.

L'attaque est donc reprise avec des effectifs plus considérables.

A 11 heures du matin, notre artillerie lourde entre en jeu et lance ses gros projectiles sur les positions allemandes, dont l'artillerie lourde répond de son côté.

A 14 heures, moment fixé pour l'assaut, malgré le feu violent de l'adversaire, des éléments de trois de nos régiments s'élancent hors des tranchées et commencent l'ascension du plateau.

Le terrain est tout bouleversé ; parsemé de trous d'obus, il est absolument impraticable. Mais nos hommes ont la volonté d'arriver quand même, et ils arrivent.

Lance-torpille aérienne.

Les voilà à la lisière de Vauquois. La persistance de leur effort, qui se poursuit sans arrêt depuis vingt-quatre heures, impressionne manifestement l'ennemi. Celui-ci, au lieu de s'accrocher à ses tranchées de première ligne, les abandonne et reflue dans le village.

A ce moment, toutes les positions en avant des maisons sont à nous.

*
* *

C'est alors que nous entrons dans le village. A 14 heures 35, nos bataillons, dans un élan superbe, pénètrent dans les ruines des maisons et s'y installent.

Notre artillerie aussitôt allonge son tir, pour faire obstacle à l'arrivée des renforts ennemis. Pendant ce temps, un combat terrible se livre dans les rues, de maison à maison.

Quatre contre-attaques se produisirent dans l'après-midi. Elles furent repoussées. Nous nous installons dans la grande rue du village et faisons à l'ennemi deux cents prisonniers.

Les journées du 2 et du 3 sont employées à consolider notre gain. Nous avons hissé au sommet du plateau une pièce de canon, qui inflige à l'ennemi des pertes très dures.

Dans la nuit du 3 au 4, les Allemands, qui avaient reçu des renforts, reviennent à la charge. Leur infanterie atteint le plateau vers minuit ; mais nos mitrailleuses et nos 75 fauchent leurs colonnes d'assaut et détruisent presque tout l'effectif de l'attaque. Les quelques hommes qui survivent à cette terrible décharge se réfugient dans des trous ou se sauvent à toutes jambes.

Dans la journée du 4, deux nouveaux bataillons assaillent encore. Nous nous emparons d'une tranchée allemande à l'ouest de l'église, nous y faisons quarante prisonniers, et nous atteignons le mur du cimetière, quoique des grenades allemandes pleuvent sur nos poilus.

Nous gardons ce que nous venons de gagner, mais nous ne pouvons faire plus.

Le 5 mars, une attaque ennemie se déclenche. Comme la précédente, elle est arrêtée par nos feux d'infanterie et par le tir du canon installé sur le plateau. A partir de ce moment, l'ennemi renonce à nous chasser de Vauquois : « Nous y sommes, nous y restons. »

S l'on considère les difficultés de tout ordre qu'il a fallu surmonter, l'effort furieux et persistant des contre-attaques ennemies, la concentration des forces considérables accumulées sur ce point, on se rendra compte de l'importance du résultat obtenu.

Il convient de noter qu'à chacune de nos attaques, nous avons trouvé devant nous des forces nouvelles, ce qui semble montrer que les éléments engagés successivement par l'ennemi ont dû être tour à tour retirés du front, sans doute à cause de l'importance de leurs pertes.

Les unités allemandes parmi lesquelles nous avons fait plus de trois cents prisonniers appartenaient à trois corps différents et à une brigade de landwehr.

Il faudrait un volume pour citer tous les actes d'héroïsme qui ont été accomplis, au cours de ces journées, par les officiers et les soldats de notre 10e division.

Ici, c'est un engagé volontaire de cinquante-trois ans qui s'est juré de planter un drapeau sur l'église de Vauquois, et qui gravit le premier les pentes de la colline en criant, sous le feu violent de l'ennemi : « Hardi, les gars ! nous y sommes ! »

C'est un chef de bataillon entraînant ses hommes sous la mitraille avec

une telle ardeur, que les soldats, pleins d'admiration, escaladent le talus
derrière lui en criant : « Bravo, mon commandant ! »

C'est un capitaine qui, blessé trois fois le 28 février, conserve le commandement de sa compagnie, et, le 1er mars, prenant le commandement
de deux autres compagnies dont les chefs ont été tués, atteint l'église

Ruines du moulin de Souain.

de Vauquois et, la nuit suivante, entraîne encore par deux fois ses courageux soldats à l'attaque.

Parmi les jeunes officiers engagés dans cette affaire, beaucoup recevaient le baptême du feu. Beaucoup d'entre eux, quoique blessés, continuèrent à exercer leur commandement.

A tous les degrés de la hiérarchie, on sentait une volonté tenace de
vaincre, une véritable fureur offensive, qui ont triomphé des difficultés
du terrain et de la résistance ennemie. C'est ce qui nous a valu notre
succès, succès considérable, car il nous a donné une position qui était
précieuse pour l'ennemi, en raison de l'observatoire du haut duquel il
réglait ses tirs à longue portée.

*
* *

Pendant que s'accomplissait à Vauquois notre si heureuse attaque, nous remportions sur un autre point du front un succès important, enlevant une position âprement disputée pendant plusieurs semaines : c'est le *bois Sabot*, voisin de la route de Suippes à Souain.

Ce bois Sabot a bien la forme d'un sabot, comme l'indique son nom, mais il n'a plus rien d'un bois ; car il faut quelque attention pour discerner les souches coupées à ras de terre par les obus, seuls restes des arbres qui le constituaient autrefois.

Entre ces souches on peut voir, à la jumelle, des rayures sinueuses : ce sont les tranchées boches, devenues tranchées françaises. Il y a dans ce bois des gars de Bretagne et des soldats du Midi ; tous sont pleins de calme et d'entrain.

Les Allemands sont à quarante mètres à peine. Chaque matin on leur envoyait un arrosage sérieux. Avec les périscopes, on voyait tomber sur eux nos gros projectiles, auxquels ils répondaient par une mousqueterie continue. Malheur à celui qui lève la tête hors de la tranchée ! il est vite atteint par une balle.

Cela n'empêche pas nos poilus de ronfler à poings fermés en attendant l'attaque : ils dorment, sous les marmites, d'un sommeil d'enfant. D'autres, éveillés, cassent une croûte ou font leur correspondance. Ils sont souriants et gais.

Entre les deux lignes de tranchées françaises et allemandes, beaucoup de morts sont étendus. Certains d'entre eux datent des premiers engagements, et les traits de leur visage sont réduits aux lignes du squelette. La nuit, quand on peut, on va furtivement les enterrer.

Entre les morts, les petits troncs coupés par l'artillerie ressemblent à de gros piquets plantés dans le sol. Un seul arbre a gardé son tronc et ses deux maîtresses branches.

Ce bois Sabot est l'extrémité sud-ouest d'une longue bande boisée qui sépare la région de Souain de la région de Perthes. Pour un assaillant venant du sud, ce qui était notre cas, ce bois est une position dominante qu'il est de toute nécessité d'avoir.

Naturellement, les Boches qui l'occupaient s'y étaient puissamment fortifiés : tranchées nombreuses, profondes, hérissées de fils de fer, garnies de mitrailleuses. La position est occupée par un régiment entier : le 1er régiment bavarois de landwehr.

La première attaque eut lieu le 7 mars. Elle fut menée par deux bataillons, l'un venant de l'ouest, le second attaquant par le sud.

A l'ouest, l'attaque atteint rapidement la pointe du bois ; mais elle est accueillie par un feu nourri de mitrailleuses allemandes. Les deux commandants des compagnies de tête sont tués dès le début de l'action, et la progression se trouve enrayée.

Au sud, au contraire, nos fantassins se ruent avec tant d'impétuosité, que les Boches évacuent leur première ligne en laissant des prisonniers entre nos mains. Du même élan, nos hommes atteignent la seconde ligne, l'enlèvent et parviennent à la lisière nord du bois.

Nous devons, pour ce jour-là, nous contenter d'avoir enlevé deux lignes de tranchées ennemies. Nous nous installons dans la seconde, qui devient ainsi notre tranchée avancée. Nous construisons un nouveau parapet. L'ennemi, qui a beaucoup souffert, nous laisse tranquilles.

A la nuit, nous sommes solidement installés ; mais nous avons payé cher notre succès : le lieutenant-colonel commandant le régiment est mortellement blessé ; deux capitaines, deux lieutenants sont tués, deux autres blessés. Tous sont bravement tombés, en s'élançant, à la tête de leurs hommes, à l'assaut de la position ennemie.

*
* *

C'est seulement au cours de la nuit suivante que les Allemands furent en mesure de nous contre-attaquer.

Ils s'avancent alors, lançant ces grenades à main, plates, en forme de grandes lentilles, qui sont devenues leur arme préférée. Trois fois ils tentent en vain de nous déloger.

Au petit jour, ils font, avec deux compagnies, une tentative plus sérieuse : quelques-uns de nos hommes, qu'on n'avait pas pu ravitailler en munitions, sont obligés de se replier. Mais cela ne dure qu'un instant : le commandant du régiment ordonne la contre-offensive.

Alors ce fut un glorieux spectacle.

Nos soldats, baïonnette au canon, bondissent sur les tranchées ennemies. Les Allemands jonchent le sol de nombreux cadavres, sur lesquels on peut voir les trous faits par nos baïonnettes aiguës.

La contre-attaque ennemie est délogée de la pointe du Sabot.

En pleine action, manœuvrant comme à l'exercice, nos compagnies font alors une conversion à droite et, criant et chantant, rejettent l'ennemi dans le bois, à l'est.

Du 9 au 12, nous nous organisons fortement dans le bois en nous étendant sur le « talon ». Après quoi, nous décidons une nouvelle attaque.

Il s'agit cette fois d'enlever une tranchée allemande particulièrement défendue, et à laquelle aboutissent trois boyaux de communication.

Un premier essai ne réussit pas : les deux commandants de nos compagnies d'assaut sont tués. Les troupes ne peuvent plus avancer et se replient en arrière.

Le 15, à 4 heures du matin, nos hommes sont debout, calmes, en attendant l'heure de l'attaque, qui, pour beaucoup d'entre eux, sera l'heure suprême. Ils le savent ; et cependant, parmi ces héros modestes, pas un regret, pas une hésitation.

A l'heure dite, une section attaque par le boyau, une autre par le glacis. Les mitrailleurs allemands n'ont pas le temps de tirer. Ils déménagent en hâte leur matériel et s'enfuient, pendant que nos courageux poilus sautent dans leur tranchée.

Là, l'affaire se règle à l'arme blanche. Les nôtres ne crient pas ; seulement on entend des grognements gutturaux : *Han ! han !...* qui accompagnent chaque coup de baïonnette donné à un Boche. Mais, en revanche, les Allemands hurlent comme des putois sous les blessures terribles de nos baïonnettes implacables.

Enfin la tranchée est à nous ; les quelques survivants se replient sur leur ligne d'arrière. Mais ce repli cache un piège.

En effet, ils démasquent un blockhaus puissamment organisé, d'où part un tir nourri de mousqueterie et de mitrailleuses. Nous reculons donc, mais pas pour longtemps, car à 16 heures 30 notre offensive repart de plus belle.

Elle est plus dure que celle de la nuit. Ce n'est qu'à grand'peine que nous pénétrons dans la tranchée ennemie. On se bat avec furie pendant une heure sur le parapet ; enfin, à 17 heures 30, nous sommes dedans ! Les baïonnettes sont ruisselantes de sang ; plusieurs d'entre elles sont tordues à force d'avoir perforé des corps de Boches.

Et pourtant ce n'est pas fini : le blockhaus est toujours debout.

Alors s'engage, dans la nuit qui est arrivée, un prodigieux combat. Nos hommes, rampant autour de l'ouvrage allemand, l'attaquent à la pioche et à la pelle, sans souci des coups de feu tirés sur eux à bout portant, et, à 2 heures du matin, la brèche est faite.

Au petit jour, deux autres attaques allemandes s'élancent contre nous : nos bombes les arrêtent. Nous sommes désormais les maîtres du bois Sabot.

Voilà par quelle façon d'attaquer, — cent fois répétée depuis un mois, — toujours avec succès et sans jamais rien céder du terrain acquis, nos soldats ont imposé à nos ennemis le sentiment indiscutable de leur absolue supériorité.

Les opérations poursuivies en Champagne pendant les premiers mois de 1915 se résument donc par un progrès continu : deux à trois kilomètres de profondeur sur un front d'une étendue de plus de sept kilomètres.

Les pertes allemandes ont été très fortes : deux régiments de la garde, entre autres, ont été à peu près complètement anéantis.

Nous avions fait plus de deux mille prisonniers et trouvé sur le terrain plus de dix mille cadavres allemands ! Des canons-revolvers et beaucoup de mitrailleuses étaient tombés entre nos mains. Enfin, en immobilisant des troupes allemandes qui, sans cela, auraient été envoyées sur le front russe, nous avions donc pu soulager nos alliés de l'Est.

CHAPITRE V

LES ÉPARGES. — LE BOIS LE PRÊTRE

La crête des Éparges. — Son importance. — Les premiers succès. — Notre victoire d'avril. — Les efforts des Allemands. — L'affaire du bois d'Ailly. — L'échec des Allemands à Ville-sur-Tourbe. — La conquête du bois le Prêtre.

Sur la longue ligne de collines appelées les « Hauts-de-Meuse » et qui commande la plaine de la Woëvre, est échelonnée la série des forts qui couvrent la place de Verdun : forts de Douaumont, de Vaux, de Tavannes, de Moulainville, de Souville, de Belrupt, du Rozelier, d'Haudainville, et, sur la rive gauche de la Meuse, ceux de Dugny, de Landrecourt, du Regret, de Sartennes, de la Chaume, du Chana, de Choisel, de Bourrus, de Marre et de Vacherauville.

Plus au sud se trouve le fort de Troyon, célèbre par sa défense héroïque en 1914.

A droite (à l'est) des Hauts-de-Meuse, en sentinelle avancée sur la plaine, est une hauteur d'une importance toute particulière, placée entre Fresnesen-Woëvre au nord et le village de Combres au sud ; cette hauteur est la *crête des Éparges*.

Elle commande la route de Metz et le chemin de fer de Toul.

Comprenant l'importance de cette position, les Allemands s'y étaient installés et fortifiés dès le début de la campagne, au moment de la retraite de nos troupes. Ils tenaient là une situation menaçante, d'où il nous était nécessaire de les déloger à tout prix.

Le 17 et le 20 février, une première attaque livrée par nos troupes nous avait rendus maîtres d'une partie importante de cette crête si convoitée.

L'affaire, après une interruption de quelques semaines, fut reprise les 18, 19 et 20 mars, et fut conduite avec une méthode parfaite.

Elle débuta par une longue et intense préparation d'artillerie, suivie d'un assaut vigoureux, de corps à corps violents et d'une mise en état de la position conquise.

Le tir de nos canons, l'éclatement de nos terribles obus, avaient bouleversé de fond en comble les tranchées allemandes, en y semant la mort : nos soldats, en y pénétrant, y ont trouvé des amas de cadavres déchiquetés à moitié enfouis dans la terre. Quelques survivants gardaient de tout cela un souvenir plein d'horreur, et l'un d'eux déclarait qu'il y avait « de quoi devenir fou » !

Ces survivants étaient des hommes du 4ᵉ bavarois, régiment qui, aux Éparges, avait succédé au 8ᵉ bavarois, fortement éprouvé par nos premiers assauts de février. Au cours de ces premières attaques, ce régiment avait perdu plus de deux mille hommes. Un seul de ses bataillons avait été réduit à quatre-vingt-sept combattants ; seize officiers avaient été tués.

Le 4ᵉ bavarois a été relevé à son tour. Les troupes qui l'ont remplacé ont reçu l'ordre de tenir coûte que coûte dans les tranchées que les Allements possèdent encore.

Les officiers affirment, au dire de soldats prisonniers, que le général sacrifiera sa division, le corps d'armée, cent mille hommes même, s'il le fallait !

On juge par là de l'importance que l'ennemi attachait à la possession des Éparges.

Depuis l'attaque de février, les Boches s'étaient ingéniés à se créer des abris souterrains, creusés à une grande profondeur. Tous les hommes exerçant la profession de mineur avaient été réunis pour forer des puits à huit mètres sous terre et y organiser des galeries boisées.

Au moment de notre attaque, ils étaient au fond de leurs trous, en train de gratter la terre. Le déplacement d'air causé par l'explosion de nos projectiles a éteint toutes leurs lampes. Toute l'équipe, enfermée dans l'obscurité, a été faite prisonnière.

Ceux qui occupaient les tranchées n'ont même pas eu ce bonheur ; la plupart ont été tués ou blessés par le tir de notre artillerie.

L'effet foudroyant de nos pièces n'a pas été moins terrible pour les troupes de renfort que l'ennemi envoyait vers les tranchées ; elles furent anéanties par une rafale d'obus.

L'action de l'infanterie a complété l'œuvre de l'artillerie ; menée avec un brio et une vigueur remarquables, elle a montré une fois de plus que nos fantassins possédaient, à tous les degrés de la hiérarchie, les hautes qualités guerrières qui les font dignes des plus belles traditions militaires de notre glorieuse histoire.

Le soldat Bocquet, originaire d'un département envahi, veut régler sa dette avec l'ennemi, qui a brûlé sa maison et maltraité les siens.

Placé en sentinelle dans un poste d'écoute, en avant de la tranchée, au moment où l'ennemi contre-attaque, il bondit sur le parapet, abat sept hommes à coups de fusil et rejoint sa compagnie, où, reprenant sa place dans le rang, il ouvre un feu rapide et meurtrier sur les Boches. Le brave a reçu la médaille militaire.

Le capitaine du génie Gunther, d'une vieille famille alsacienne, a été

Un point inextricable de la montée des Éparges.

décoré pour de brillants faits de guerre. Le 17 février, il était déjà monté le premier à l'assaut de la redoute des Éparges. Le 20 mars, il se trouvait avec quelques sapeurs dans une tranchée conquise. Poussant devant eux des sacs à terre, ils chassent l'ennemi à coups de grenades.

Celui-ci riposte avec les mêmes engins, et, comme les grenades commençaient à manquer à ses sapeurs, le capitaine Gunther et ses hommes ramassent celles que leur envoient les Allemands et les leur relancent avant qu'elles aient eu le temps d'éclater.

Le maréchal des logis Derrien, de l'artillerie coloniale, commande une pièce d'artillerie de montagne qui, le jour du combat, ne devait pas être employée. Il demande alors l'autorisation de charger avec l'infanterie, puisque son canon « ne doit pas être de la fête ».

Il monte à l'assaut et tombe, mortellement blessé.

On pourrait multiplier à l'infini le récit de ces traits d'héroïsme.

6

***

Cependant, quelque marqués que fussent ces succès de février et de mars, ce n'étaient que des « progrès » ; ce n'était pas une « victoire », au vrai sens du mot.

Les Allemands tenaient toujours un morceau des Éparges : il fallait en finir.

Le 7 et le 8 avril, nos troupes firent un nouveau bond en avant, par une attaque de nuit qui coûta plus de mille hommes à l'adversaire.

Le 9, la crête des Éparges était tout entière à nous, et les Allemands y avaient perdu le chiffre considérable de trente mille hommes.

La magnifique action qui nous a rendus, ce jour-là, maîtres de cette importante position fut le résultat d'un effort à la fois violent et prolongé.

Comme nous l'avons dit plus haut, la crête des Éparges est un long éperon qui domine la plaine de la Woëvre. Les flancs en sont abrupts et glissants, sillonnés qu'ils sont par de nombreuses sources. Il y pleut très fréquemment.

On peut la caractériser en disant que c'est une « montagne de boue ».

Son importance vient de sa position même. C'est pourquoi les Allemands, qui l'occupaient depuis le 21 septembre 1914, s'y étaient puissamment fortifiés.

Du sommet, ils dominaient les vallées de soixante-dix à quatre-vingts mètres de hauteur. Entre le sommet et la vallée, ils avaient installé plusieurs lignes de tranchées superposées. En certains points, cinq lignes de feux s'étageaient les unes au-dessus des autres.

Partout ailleurs i y en avait, au minimum, deux

Par leurs canons, leurs mitrailleuses et le tir de leur infanterie, les Allemands nous condamnaient à l'immobilité dans tous les villages environnants.

Tout cela rendait plus nécessaire que jamais la conquête définitive des Éparges.

Nous allons la raconter en revenant brièvement sur les attaques de février et de mars, qui furent les préludes de la victoire du 9 avril.

Au début de notre action, nous étions à six cents mètres environ à l'ouest des premières tranchées allemandes, à la lisière du village des Éparges.

Du plateau de Montgirmont, que nous tenions, nous faisions face aux pentes nord. Entre Montgirmont et ces pentes, un chemin de terre traverse le col qui sépare les deux massifs.

Nous étions forcés d'assaillir d'abord la partie ouest jusqu'à ce que, par des progrès successifs, nous fussions arrivés au point culminant situé à l'est. Nous étions donc obligés d'avancer lentement, car une attaque de vive force sur ces pentes boueuses, glissantes et hérissées de défenses, nous eût fait perdre beaucoup de monde sans rien nous donner.

Dès la fin d'octobre 1914, grâce à la sape et au travail souterrain,

Une pièce de gros calibre maquillée afin d'échapper à l'observation de l'ennemi.

nous nous étions rapprochés des tranchées allemandes et infiltrés dans les bois voisins.

Les Allemands, certains de l'inviolabilité de leurs défenses, nous laissèrent effectuer ces premiers travaux sans s'y opposer de manière effective. Mais ils accrurent encore l'importance de leur système de fortifications, qui furent rendues formidables.

On atteignit ainsi la date du 17 février.

Ce jour-là, nos mines poussées sous le secteur ouest y provoquèrent une explosion si terrible, que, sans coup férir, nous pûmes nous installer dans la première ligne ennemie.

Mais, d'abord surpris, les Allemands se ressaisirent et contre-attaquèrent le 18.

Un combat acharné s'engagea alors, combat qui dura jusqu'au 21 au soir. Nous perdîmes notre gain, et le reprîmes ensuite.

Le 19, nouvelle sortie des Boches, sortie qui fut victorieusement repoussée ; mais il fallait, comme on dit, « nous donner de l'air, » car l'étroitesse de la position où nous avions réussi à nous installer rendait notre situation délicate.

Cet « élargissement » fut réalisé les 20 et 21 février.

La lutte fut féroce. Le colonel Bacquet, commandant les régiments d'infanterie chargés de l'attaque, tomba mortellement atteint. Nous ne pûmes pas enlever l'ensemble des bois de sapins. Toutefois, les Allemands ne purent pas nous déloger de la partie occupée par nous.

A la fin de ces cinq journées de combat, nous tenions tout le côté ouest ; nous avions progressé sur le côté est, où se trouve le point culminant, en enlevant à l'ennemi trois cents mètres de tranchées.

Nous tenions donc là une base pour de nouvelles attaques.

****

Une nouvelle avance fut, comme nous l'avons dit, réalisée dans le courant de mars.

Les Allemands avaient encore renforcé leur position ; de plus, seize batteries lourdes, qu'ils avaient mises en action dans la plaine et qui nous accablaient par leur tir, nous montraient combien grandes seraient les difficultés que nous aurions à surmonter.

Le 13 mars, avec trois bataillons, nous reprîmes l'offensive.

La première ligne ennemie fut enlevée en partie, grâce au tir de nos canons ; mais de violentes contre-attaques débouchèrent aussitôt de la seconde ligne.

Ce fut le début d'une lutte encore plus sanglante que celle de février, et qui dura jusqu'au soir du 21.

A l'issue de cette lutte, notre droite avait à peine progressé de cent mètres. Mais notre gauche, visant le sommet, avait enlevé aux Boches trois cent cinquante mètres de tranchées et leur avait fait subir, en même temps, de très lourdes pertes.

A partir de ce jour, les Allemands durent considérer la partie comme perdue et reconnaître l'impossibilité où ils se trouvaient de conserver les Éparges.

Une nouvelle division allemande, la 10e, formée de troupes de l'active, vint remplacer les premières troupes décimées et s'installer sur la position, mais cette fois pour la perdre en entier.

Le 27 mars, nous tentâmes un nouvel effort.

Aux Éparges (avril 1915). — Dessin de J. Simon (d'après l'*Illustration*).

Un bataillon de chasseurs à pied fut chargé de mener l'assaut : nos héroïques « vitriers » se conduisirent avec leur bravoure habituelle. Le commandant du bataillon, tous les capitaines, sont blessés ; mais de plus en plus nous enserrons l'ennemi.

Le 5 avril, à 16 heures, le commandement décida de tenter l'assaut décisif, qui devait faire tomber entre nos mains la totalité de la crête.

Deux régiments entiers y furent employés. Il s'agissait d'enlever les deux parties de la crête qui s'étendent à l'ouest et à l'est du sommet.

A l'heure prescrite, nos troupes s'élancent en avant.

Il pleut à verse ; le terrain, détrempé par l'ondée, est encore plus glissant, encore moins praticable que d'habitude. Mais qu'importe à nos braves ! Ils s'avancent intrépidement, sous le feu de l'ennemi, enfonçant jusqu'aux genoux dans une boue visqueuse et tenace.

Ils livrent un corps à corps violent, pénètrent et s'installent dans les tranchées allemandes. Le soir, ils en tiennent une partie importante. Ce n'est qu'à l'est qu'ils ont été arrêtés par les torpilles aériennes dont l'ennemi les a arrosés sans trêve.

Le 6 avril, à 4 heures 30 du matin, les Allemands lancent une vigoureuse contre-attaque. Nos hommes, malgré leur courage indomptable, se voient forcés de reculer devant les nombreux renforts de troupes fraîches reçues par l'ennemi.

C'est donc une affaire à recommencer sur de nouveaux frais.

Elle recommença, en effet, et le soir même. A l'extrémité située à l'est du plateau, nous enlevons une tranchée que nous retournons aussitôt contre l'ennemi ; à l'ouest, nos soldats progressent vers le sommet tant convoité. La nuit, malgré les averses qui continuent à tomber, ils chargent à la baïonnette et refoulent les Allemands pied à pied.

Le 7 au matin, nos poilus, trempés, couverts de boue, mais victorieux, peuvent faire l'inventaire de leurs gains depuis le 5 : cinq cents mètres de tranchées et plus de cent prisonniers. Nous approchons du but, nous allons le toucher.

Cependant nous ne l'atteignons pas encore. L'ennemi, sans se lasser, prononce contre-attaques sur contre-attaques. Repoussé sans cesse par nos tirs de barrage, il va tenter encore un nouvel effort, le 7 au matin. Il arrive du village de Combres avec d'importants renforts.

Mais alors nos canons entrent dans la danse. Dès que les troupes ennemies sont signalées, ils les écrasent sous leur terrible ouragan de feu et les empêchent en partie de déboucher. Sur un seul point, la violence de l'attaque force les nôtres à reculer légèrement.

Le lendemain 8, nous reprenons l'assaut. Deux régiments d'infanterie et un bataillon de chasseurs ont l'ordre d'enlever le sommet à tout prix.

La pluie tombe sans discontinuer ; les culasses des fusils sont encrassées.

« A la baïonnette ! » commandent les officiers.

Ce commandement, comme toujours, produit son effet magique. Les hommes s'élancent comme des lions ; ils culbutent les Allemands, dans leur élan irrésistible ; ils les chassent des postes qu'ils occupent, et, à 10 heures, le sommet et la crête ouest sont à nous.

A minuit, après un combat sans interruption de quinze heures, la presque totalité de l'éperon des Éparges nous appartient. L'ennemi ne tient plus qu'un tout petit triangle à l'extrémité est, et nous avons enlevé mille cinq cents mètres de tranchées, parmi lesquelles la position formidable du sommet, clef de tout l'ouvrage.

*
* *

La nuit du 8 au 9 fut relativement calme. Nous réussissons à opérer la relève de nos troupes. Un régiment frais est amené sur le terrain du combat ; ce dernier est tellement défoncé, qu'il nous a fallu quatorze heures pour prendre nos dispositions.

C'est à ce régiment nouveau qu'est confiée la mission de compléter la victoire.

A 15 heures, le 9, nous attaquons. Le sol est creusé de cuvettes profondes, où parfois les hommes disparaissent. Le vent, la pluie, font rage.

Précédés par les obus que lancent nos canons avec une précision implacable, nos fantassins cependant avancent, malgré les intempéries du ciel et le feu de l'ennemi. Mais, à ce moment, une masse de brouillard s'abat sur les Éparges ; nos canons ne peuvent plus tirer, par la crainte de tirer sur nous ; l'ennemi en profite pour contre-attaquer en force : nous reculons un peu.

Mais, c'est le cas de le dire, nous avons « reculé pour mieux sauter ».

Une demi-heure plus tard, en effet, une charge furieuse nous rend la totalité de notre gain. A 10 heures du soir, nous tenons tout le massif des Éparges ; notre long et magnifique effort était couronné, cette fois, d'un succès définitif. L'ennemi, écrasé, ne bouge plus. En vain, dans la nuit du 11 au 12, il tente une suprême contre-attaque, qui vient échouer contre notre sûre résistance. Cette ultime contre-attaque est repoussée.

Les Allemands n'ont plus qu'à se retirer, les Éparges leur échappant pour toujours.

Il leur reste une seule ressource, dans leur inépuisable réserve de fourberies et de mensonges : *ils débaptisent les Éparges sur leurs cartes et* donnent ce nom à une des crêtes voisines, pour ne pas avouer au peuple allemand qu'ils ont été forcés d'évacuer la position en y laissant trente mille hommes.

Ils avaient déjà usé de ce « truc » pour faire croire à leurs soldats qu'ils avaient pris Calais, dont ils avaient donné le nom à un petit port des Flandres.

Ainsi, le grand éperon qui domine la Woëvre dans toutes les directions est en notre pouvoir. Et quand, un an plus tard, se produira la formidable attaque sur Verdun, on appréciera alors la sûreté de vue de notre commandement, qui avait compris la nécessité de s'assurer à tout prix la possession de cette position importante.

Pour la garder, les Boches n'avaient rien négligé. Ils y avaient installé, comme nous l'avons dit, une organisation défensive de premier ordre, et à la fin du mois de mars, nous avons vu qu'ils y avaient amené une de leurs meilleures divisions.

Ils y avaient ajouté cinq bataillons de pionniers, les mitrailleuses de la place de Metz (située à vingt-cinq kilomètres seulement) et un grand nombre de lance-bombes.

Leurs abris souterrains, qu'ils avaient eu tout le temps de creuser et d'aménager, étaient agencés « avec tout le confort moderne ». Ils comportaient, notamment, un chemin de fer à voie étroite, des chambres de repos et jusqu'à une salle de casino pour les officiers !

Leurs renforts, ainsi dissimulés, échappaient complètement à notre observation, alors que les nôtres étaient exposés au feu de leurs canons, de leurs mitrailleuses et de leurs fusils. On comprend par là quelles étaient les difficultés de notre ravitaillement en vivres et en munitions.

Cette organisation défensive de nos ennemis était l'indice de leur volonté bien arrêtée de défendre les Éparges contre toutes nos attaques.

Et, effectivement, nous avons trouvé, sur les officiers prisonniers, des ordres écrits qui leur prescrivaient de tenir, à tout prix, jusqu'au bout. Ainsi l'état-major allemand était bien résolu à tout sacrifier pour conserver cette position maîtresse.

Il a fourni le maximum de résistance, et les troupes qu'il a engagées se sont très bien battues. D'ailleurs, le commandement ennemi prévoyait évidemment les défaillances de ses hommes ; pour éviter aux mitrailleurs la tentation de cesser le feu, *on les avait enchaînés à leurs mitrailleuses !*

Pourtant, la nature du terrain favorisait singulièrement la résistance de l'ennemi.

Ainsi, sur des pentes abruptes, le sol défoncé opposait à nos attaques un obstacle terrible. Nous avons eu des hommes, non blessés, noyés dans la boue ! Quant aux blessés, beaucoup n'ont pu être sauvés à temps de la fondrière où ils étaient tombés. Les obusiers et les lance-torpilles allemands nous visaient à coup sûr, puisqu'ils tenaient les hauteurs.

Malgré tout cela, nous avons triomphé sur toute la ligne.

Deux mois auparavant, les Allemands installés aux Éparges voyaient chez nous. A présent, c'est nous qui voyions chez eux. La hauteur même de Combres, qu'ils tenaient encore, était réduite à l'état d'îlot entre nos mitrailleuses des Éparges et celles de Saint-Rémy. Et nous avions obtenu ce résultat magnifique en infligeant à l'ennemi des pertes au moins doubles de celles que nous avions subies nous-mêmes.

*
* *

Pendant que nos soldats enlevaient ainsi brillamment la crête des Éparges, d'autres poilus obtenaient un succès parallèle, en réalisant une avance marquée dans *le bois d'Ailly*.

Ce bois, situé dans la région de Saint-Mihiel, s'étend à l'extrémité nord-ouest de la forêt d'Apremont ; il est planté sur une croupe dont les pentes sud, assez raides, surplombent un ravin. Les Allemands tenaient la corne de cette croupe et les lisières du bois au bas des pentes. Nos tranchées suivaient le ravin en remontant sur la partie déboisée de la colline.

A la corne, les ennemis avaient organisé un retranchement très bien défendu, que nos hommes avaient baptisé « le Fortin ». Dans le bois même, leurs tranchées s'étageaient sur trois lignes de feu communiquant avec l'arrière par une série de boyaux.

Depuis plusieurs jours, notre artillerie avait réglé son tir. Le 5 avril, dans la matinée, elle exécuta sur le Fortin et les trois lignes de tranchées des feux dont l'efficacité fut constatée. En même temps que les obus explosifs du 75 et de l'artillerie lourde, les torpilles aériennes lancées à courte distance bouleversaient les parapets ennemis. On voyait des cadavres déchiquetés, des armes et des mottes de terre projetés en l'air avec la fumée des explosions.

Quant aux arbres, leurs branches brisées jonchaient le sol.

Nos canons de 75 avaient haché les fils de fer et les chevaux de frise amoncelés par les Boches en avant de leurs tranchées, et les observateurs d'artillerie dirigeaient le tir avec précision.

A 11 heures 50, le tir de nos pièces de 155 avait redoublé d'intensité. Les défenseurs des tranchées allemandes qui furent faits prisonniers déclarèrent que ce bombardement les avait frappés d'épouvante.

A midi, cinq fourneaux de mines préparés sous le parapet et à proximité du Fortin faisaient explosion, anéantissant la garnison de l'ouvrage et provoquant dans toutes les tranchées avoisinantes une véritable panique. C'était le signal de l'attaque.

Les fantassins sortirent rapidement de leurs tranchées. En trois vagues successives, ils abordèrent l'ennemi sans tirer un coup de fusil, la baïonnette en avant, cette redoutable baïonnette française, juste terreur des soldats boches !

Les équipes de grenadiers marchaient en tête, leurs musettes pleines de grenades à main. Les combattants étaient également armés de « calendriers », petites boîtes d'explosifs fixées sur des raquettes de bois qu'on lance sur l'ennemi en les tenant par le manche.

Les sapeurs du génie, munis de leurs outils, couraient avec les fantassins et traînaient des passerelles qui devaient leur permettre de franchir les tranchées allemandes, beaucoup trop larges pour pouvoir être enjambées d'un seul bond.

Confection d'un piège à rats.

Ordre avait été donné, en effet, de ne pas entrer dans les tranchées, mais de les dépasser pour prendre l'ennemi à revers, l'écraser à coups de grenades ou le clouer à coups de baïonnette.

Ce programme fut exécuté point par point.

Négligeant le Fortin détruit par nos mines, le commandant de l'attaque avait dirigé deux compagnies sur la partie ouest et deux compagnies sur la lisière sud du bois, avec mission de se rejoindre en arrière du Fortin.

L'attaque de gauche atteignit rapidement son objectif ; certaines fractions dépassèrent même la troisième ligne allemande, et s'avancèrent jusqu'à la lisière nord du bois. Les tranchées furent rapidement « nettoyées ». Beaucoup de leurs défenseurs avaient cherché un refuge dans des abris souterrains, qui s'écroulèrent sous nos obus en asphyxiant leurs occupants.

Dans les tranchées conquises, des sections de mitrailleuses qui suivaient l'attaque se mettaient immédiatement en position et commençaient à tirer.

L'attaque de droite, après avoir enlevé trois lignes de tranchées ennemies, avait dû se replier, gênée par le tir des mitrailleuses de l'adversaire. Malgré ce recul, les compagnies de gauche se maintenaient au Fortin, ayant fait trente prisonniers et pris une mitrailleuse.

A 15 heures, l'ennemi commença à réagir avec son artillerie. A 16 heures, il tentait sur l'ouest une contre-attaque qui fut arrêtée par le tir de nos canons. Nous poursuivîmes l'action toute la nuit, et avant que le jour ne fût levé, nous étions de nouveau maîtres du pentagone. Six compagnies allemandes avaient été anéanties.

L'ennemi n'avait plus d'infanterie fraîche ; mais il avait encore des munitions abondantes, que lui fournissait la place de Metz. C'est dans cette réserve qu'il va puiser pour essayer de nous écraser dans le bois d'Ailly, et de reprendre par le canon ce qu'il n'a pu reconquérir à la baïonnette.

A 17 heures 30, le bombardement commença.

En une heure et demie, sur un front d'environ trois cent cinquante mètres et sur une profondeur de quatre cents mètres, *plus de vingt mille obus ont été lancés*, projectiles de tous calibres, mais surtout de grosse artillerie : obus de 105, de 135, de 150 et de 210.

C'était un roulement de tonnerre continu. Toute la colline disparut dans un nuage de fumée. Les communications furent coupées jusqu'à 19 heures. A ce moment, le bombardement diminua un peu d'intensité. On put évacuer les blessés et relever les troupes de première ligne. Une trentaine d'hommes étaient atteints, par l'effet de la violence du bombardement, de troubles nerveux dont ils furent plusieurs jours à se remettre. Nos pertes avaient été sensibles.

*
* *

Le 6 avril, le commandant de l'attaque fixait comme objectif aux troupes du secteur de droite un point situé sur l'arrière du Fortin.

Ce fut là un combat très âpre, lutte à coups de grenades, de baïonnette, de crosse de fusils dans les étroits boyaux. L'ennemi opposant une résistance acharnée, ordre fut donné d'évacuer les abords du point objectif, et nous exécutâmes alors sur cette parcelle de terrain un bombardement d'une telle violence, qu'il eut raison de l'adversaire.

Au soir, nous tenions les trois lignes de tranchées dans la corne du bois.

Vers la gauche, nous avions également progressé, avançant de la lisière du bois dans les tranchées allemandes.

Les pertes de l'ennemi étaient considérables. Nous trouvâmes, dans les tranchées conquises par nous, des monceaux de cadavres. Toute la garnison des ouvrages avait été anéantie.

Le 8 au matin, les Boches, ayant ramené des troupes fraîches, essayèrent une contre-attaque. Toute l'artillerie allemande de la région de Saint-Mihiel concentrait à la fois ses feux sur le terrain perdu, qu'il lui était très facile de repérer exactement.

Pendant deux jours, le 7 et le 8, nous eûmes à repousser *huit contre-attaques !* Quelques-unes furent arrêtées par notre artillerie, d'autres par nos mitrailleuses, à moins de vingt mètres. Certaines prirent un instant pied dans nos tranchées, mais en furent chassées aussitôt.

Chacune de ces contre-attaques était précédée d'une canonnade violente, qui acheva, dans le bois, l'œuvre de destruction commencée par nos tirs.

Du bois d'Ailly, ou plutôt de ce qui avait été le bois d'Ailly, il ne restait plus que de rares troncs coupés à quelques décimètres du sol. C'était un véritable champ de souches moissonnées par les obus. Pas un centimètre de terrain qui n'eût été retourné par l'artillerie.

Dans un indescriptible chaos s'entremêlaient les choses les plus diverses. Des pierres, des armes, des cadavres, étaient entassés pêle-mêle. Ici on apercevait des débris de boucliers, là des gabions éventrés, plus loin des effets d'équipement ; partout, une couche de poussière grise recouvrait tout cela en lui donnant une teinte uniforme.

Cette région fut, pendant que dura cette affaire, un véritable enfer ; et cependant, malgré cet ouragan de mitraille, nos hommes s'y étaient héroïqumeent maintenus. Il n'y avait plus d'abris : tous avaient été détruits par l'artillerie. Les tranchées étaient en partie comblées, les parapets s'écroulaient, les boyaux étaient coupés ; et, cependant, les agents de liaison passaient, transmettant les ordres, et les brancardiers, parmi lesquels de nombreux prêtres, impassibles sous la pluie de fer, emportaient les blessés.

Les obus tombaient sans interruption. On voyait des hommes courir de place en place pour éviter des points battus. Ailleurs ils s'étendaient, couchés sur le ventre, au fond de la tranchée, protégés par leurs sacs et serrés les uns contre les autres.

Le 10 avril, nos canons exécutèrent, du matin au soir, un tir réglé sur les positions que nous allions attaquer. L'assaut ne fut lancé qu'à 7 heures du soir.

Deux bataillons y prirent part, en se portant dans des directions convergentes, et eurent vite fait, cette fois, d'occuper la position en entier. Nous y trouvâmes un nombreux butin : des mitrailleuses, des milliers de grenades à main, des armes, des cartouches, des équipements.

Les Allemands étaient dès lors bien convaincus de notre supériorité dans ce secteur, supériorité qui s'affirma encore par des avantages complémentaires remportés par nous à la fin d'avril, ainsi que dans le courant de mai.

*
* *

Le mois de mai 1915 devait voir encore deux importants succès remportés par nos troupes : l'un à Ville-sur-Tourbe, entre la Champagne et l'Argonne ; l'autre au bois le Prêtre.

Nous occupions, à Ville-sur-Tourbe, une tête de pont sur la rive nord de la rivière. Mais le village, battu depuis septembre 1914 par les canons allemands, n'était plus qu'un amas de ruines. Il est masqué, vers le nord, par les deux hauteurs crayeuses que sépare la grand'route de Sainte-Menehould à Vouziers.

Dans le sol de ces deux hauteurs, nous avions creusé et aménagé un système complet de tranchées et de boyaux : nous avions ainsi réalisé deux ouvrages fortifiés, qui se flanquaient réciproquement et servaient de bastions protecteurs à notre tête de pont.

Celui de ces deux ouvrages situé à l'est était formé par les tranchées appelées « tranchées du Calvaire ». C'est sur celui de l'ouest que s'est porté l'effort allemand.

Cet ouvrage formait un saillant très prononcé, dont la flèche est orientée vers le nord-ouest et dont les flancs nord et ouest étaient ainsi commandés par les tranchées voisines.

Les Allemands avaient en vue, en attaquant, la possession de deux lignes de tranchées de la face nord de l'ouvrage, ce qui leur aurait permis de battre notre tête de pont.

L'attaque devait être précédée de l'explosion de trois fourneaux de mines. Afin de dépister la vigilance de nos postes d'écoute, les Boches s'étaient résolus à faire éclater leurs mines assez loin en avant de nos tranchées, et ils en avaient forcé la charge afin que l'entonnoir creusé par l'explosion arrivât jusqu'à notre ligne. On peut évaluer à six mille kilogrammes d'explosif les chargements qu'ils avaient accumulés dans chacun de leurs fourneaux.

Deux régiments étaient préparés, devant pousser chacun un bataillon de première ligne ; un fort contingent de pionniers et une compagnie de mitrailleuses devaient les suivre. De ces dix compagnies, il n'est rien revenu dans les lignes allemandes.

Depuis un mois, les soldats de l'ennemi savaient qu'ils devaient attaquer. Leur état-major avait même pris soin d'organiser en arrière, sur un mouvement de terrain, un retranchement « d'exercice », reproduisant les contours et les dispositifs de l'ouvrage français. De cette façon, les troupes allemandes, pendant les périodes de repos, avaient fait de véritables « répétitions » de l'attaque, pour employer le langage des théâtres. L'on espérait créer ainsi, chez les hommes chargés de l'assaut, une sorte d'automatisme des mouvements.

Tout le mécanisme avait donc été soigneusement préparé.

Mais il manquait à cette machine le principal rouage : la « foi » dans le succès. Les prisonniers que nous avons faits n'ont pas caché qu'ils estimaient l'entreprise folle et hasardeuse.

Les explosions des trois mines se produisirent le 15 mai, à 6 heures 25 du soir. Elles furent d'une violence inouïe et provoquèrent une secousse analogue à celle d'un tremblement de terre. Sur plusieurs points de notre première ligne, les tranchées se fermèrent comme des lèvres qui se rapprochent. Chacun des trois entonnoirs, de forme ovale, mesurait près de cent mètres dans sa plus grande largeur.

L'un de ces entonnoirs atteignit le saillant de l'ouvrage. Les deux autres se formèrent entre nos tranchées et celles de l'ennemi, dans les lignes duquel la commotion causa à peu près autant de dégâts que dans les nôtres.

En même temps, tous les feux de l'artillerie allemande se concentraient sur Ville-sur-Tourbe, battant les tranchées du Calvaire, le village et les positions présumées de nos batteries.

Dès l'explosion des mines, les bataillons d'assaut avaient sauté dans nos tranchées. Quelques-uns de nos hommes, surpris par l'éboulement, s'y étaient trouvés emprisonnés ; mais les autres, après le premier moment de surprise, se mirent à lutter pied à pied.

Les Allemands parvinrent à occuper les deux lignes de tranchées de la face nord ; nous nous maintenions sur la face ouest, où nos hommes avaient rapidement contre-attaqué. Une section parvint à délivrer son lieutenant, tombé blessé entre les mains des Boches.

L'ennemi avait affaire à forte partie : la garnison de Ville-sur-Tourbe était, en effet, composée de troupes coloniales, et ces braves « marsouins » s'étaient déjà, antérieurement, couverts de gloire à l'affaire du fortin de Beauséjour.

Le jour revint : c'était un beau dimanche de printemps, avec un soleil radieux. Les marsouins, ardents et tenaces à la fois, renoncèrent alors à la baïonnette pour se contenter des grenades, sous une pluie desquelles ils accablèrent l'adversaire.

Bientôt les Boches demandèrent grâce. Acculés dans le Labyrinthe, les uns après les autres levaient les bras, par paquets de plus en plus gros.

Leur situation, en effet, était desespérée : toute retraite leur était rendue impossible. Non seulement notre artillerie, par ses tirs de barrage, écrasait les tranchées allemandes de départ, mais encore des feux d'écharpe balayaient les deux faces de l'ouvrage.

Une compagnie allemande, qui était accrochée devant nos fils de fer sur la face ouest, demeura toute la nuit couchée à plat ventre sous le tir de nos mitrailleuses. Au matin, il n'en restait que deux vivants : ils osaient à peine lever les bras pour agiter un mouchoir blanc.

A 15 heures, les derniers Allemands s'étaient rendus. Nous réoccupions toute la première ligne, et nos marsouins avaient la joie d'y retrouver, avec des mitrailleuses un instant perdues, une douzaine de leurs camarades qui, sous la conduite d'un sous-lieutenant, s'étaient maintenus depuis la veille à l'extrémité est et avaient prêté leur aide au nettoyage de la ligne.

Il fallut alors vider nos tranchées des cadavres des ennemis tués, dont le nombre dépassait un millier ; plus de quatre cents prisonniers restaient entre nos mains.

Le troupeau de ces captifs a été évacué sur l'arrière. C'étaient des contingents de la Thuringe, de la Westphalie, du duché de Hesse ; tous étaient des jeunes gens de vingt à vingt-cinq ans.

On lisait sur leurs figures la satisfaction non dissimulée d'en avoir fini avec la guerre. Ils regardaient d'un œil stupide les agencements ingénieux de nos tranchées, le théâtre que les marsouins avaient organisé dans leur cantonnement de repos, et ils regardaient surtout leurs vainqueurs, ces petits soldats alertes à l'œil vif et au sourire narquois.

Il est inutile de dire que, à Ville-sur-Tourbe comme ailleurs, les actes d'héroïsme furent nombreux.

Un petit sapeur du génie, élève de l'école des mines d'Alais, a reçu, par l'explosion d'un obus, cent cinquante blessures : sa jambe est presque déchiquetée. On le sauvera cependant. Il raconte, avec un sourire tranquille, comment il fut enseveli sous la terre remuée par l'explosion : « Je n'avais qu'une idée, dit-il, je cherchais ma jambe. »

Un cultivateur de l'Hérault, un homme de cinquante ans, a eu le bras fracassé par un éclat d'obus : il achève lui-même, avec son couteau, l'amputation du membre qui ne tient plus que par des lambeaux de chair. Il refait avec précision, à ses chefs qui viennent le voir, le récit du combat.

Que ne peut-on tenter avec de pareils soldats !

*
* *

La conquête du bois le Prêtre fut terminée, au mois de mai, par une action, couronnement victorieux d'une longue série de combats qui duraient sans interruption, sur ce terrain, depuis le mois de septembre 1914.

On se rappelle qu'à la fin de ce dernier mois, les troupes allemandes, en retraite après leur défaite de la Marne, avaient reflué sur Saint-Mihiel, où elles s'étaient retranchées fortement dans une position qui formait dans nos lignes un saillant aigu.

L'ennemi, dans son mouvement de repli, se fortifia sur le rebord de la vaste cuvette que dominent les bois de Mortmare, la forêt de Venchères et le bois le Prêtre.

Les positions allemandes de ce dernier bois formaient une sorte de bastion en pointe dominant à l'ouest la Haye, à l'est la vallée de la Moselle et Pont-à-Mousson.

Un ravin, au fond duquel jaillit une source appelée-la « fontaine du Père-Hila-rion », entaille la forêt. A l'est se dessine un impor-tant mouvement de terrain, dont le point le plus élevé se trouve précisé-ment dans le bois même.

La toilette dans la tranchée.

A l'ouest s'élève une hauteur dont la cote est trois cent soixante-douze mètres au-dessus du niveau de la mer. L'éperon de cette hauteur dépasse la lisière de la forêt, et le sommet en est marqué par la « Croix-des-Carmes ». Enfin, dans les appellations de l'administration des forêts, la portion du bois en lisière qui est à cheval sur cette crête porte le nom du « Quart-en-Réserve ».

7

C'est la conquête de ce saillant ouest, point d'appui important et précieux observatoire d'artillerie, qui a été l'objectif final de nos efforts.

Ces efforts avaient commencé le 30 septembre 1914, jour auquel nous avions pris pied aux lisières sud-ouest de la forêt.

Le même mouvement était, en même temps, prononcé vers l'est en avant de Montauville. Le 29 octobre, un poste allemand y était enlevé par les nôtres.

Notre effort se concentre, à partir de ce moment, sur le ravin du Père-Hilarion. Après l'avoir occupé, nous accentuons notre progression vers l'est, progression méthodique et continue.

L'infanterie faisait là des progrès journaliers : devant elle, les petits postes ennemis lâchaient pied, et notre ligne arriva bientôt à se mouler sur la principale ligne ennemie, celle qui « fait tête » et qu'il nous faudra enlever de vive force.

On amène, de nuit, des canons jusqu'aux tranchées, en ayant soin de ne pas manifester leur présence avant l'heure fixée pour l'attaque.

Les sapeurs du génie font sauter à la mélinite les défenses accessoires, puis nos canons tirent, parfois à des distances de moins de cent mètres, sur les blockhaus et les postes de mitrailleuses. Cette intervention de l'artillerie à courte portée jette le trouble dans les tranchées de l'ennemi, et, quand celui-ci veut contre-attaquer, une volée de mitraille l'arrête.

Tels furent, dans le courant de décembre, par les froids terribles de cette région de l'Est et sous des rafales de neige, les combats du ravin du Père-Hilarion.

Il s'y est dépensé des trésors d'ingéniosité, d'audace et d'héroïsme. Et le plus bel éloge qui ait été fait de la besogne accomplie se trouve dans la parole suprême prononcée, en expirant, par un des ouvriers de cette œuvre admirable. C'était un jeune brigadier d'artillerie ; blessé à mort au cours d'une action, il répondit aux paroles d'encouragement que lui adressait son lieutenant : « Ça ne fait rien, *puisqu'on a fait du bon travail !* »

* *

A partir de janvier 1915, nos efforts s'orientent vers le « Quart-en-Réserve ».

Il s'agit de s'emparer de la hauteur culminante de la Croix-des-Carmes. C'était une grosse affaire et qui promettait d'être chaude, car les Allemands, après leurs premiers insuccès, s'étaient ressaisis et se défendaient en désespérés.

On ne progresse que mètre par mètre. Sur les pentes du mamelon, il nous faut enlever successivement quatre lignes de tranchées profondes, hérissées de fils de fer et de chevaux de frise, et flanquées par des postes de mitrailleuses.

Les premières attaques eurent lieu le 17 janvier 1915. Elles nous donnèrent quatre cent cinquante mètres de tranchées, mais nous les reperdîmes par une contre-attaque.

Un mois après, le 16 février, une seconde ligne de tranchées tombe entre nos mains, et, le 28, nous nous emparons d'un important blockhaus.

A partir de ce moment, l'ennemi contre-attaque avec violence et nous harcèle de toutes les manières : grenades, bombes, torpilles aériennes, tout lui est bon pour nous arroser de ses nombreux et variés projectiles. Du 1er au 5 mars, toutes ses contre-attaques échouent.

Le 15 mars, les Boches font éclater une série de fourneaux de mines sous nos tranchées, où ils pénètrent un instant ; mais, le soir, nos poilus les en chassent avec vigueur.

Le 30 mars, nous attaquons et enlevons une troisième ligne de tranchées allemandes. Les ennemis laissent entre nos mains cent quarante prisonniers, dont trois officiers ; mais ils restent fortement retranchés au sommet de la hauteur, dans une ligne de blockhaus souterrains recouverts de troncs d'arbres.

C'est sur cette ligne que se sont livrés les combats du début d'avril, sous les rafales de neige, sous a pluie et par un vent glacial. Et quand les attaques directes font trêve, nos hommes ne se reposent pas pour cela : ils remuent la terre, remettent en état leurs tranchées et leurs boyaux, continuellement démolis par le tir des canons ennemis.

Malgré leurs pertes considérables, les Allemands tiennent toujours. Ils tiennent grâce à des renforts énormes qu'ils ont reçus de Metz : ces renforts se montent à seize bataillons, et les Boches montrent ainsi le prix qu'ils attachent à la position que nous cherchons à leur prendre.

Notre suprême effort se produisit au mois de mai.

Nos soldats, énervés par cette longue période de petites affaires « sur place », étaient impatients d'attaquer. Les « bleus » de la classe 1915 étaient les plus excités. Ils savaient qu'on se préparait à un « coup de chien », et chaque jour ils demandaient à leurs officiers : « Est-ce-qu'on ne va pas bientôt charger à la baïonnette? »

L'attaque eut lieu le 12 mai, et fut précédée d'un bombardement de cinquante minutes. Elle nous rendit maîtres des blockhaus ; ceux-ci, repris un instant par une contre-attaque, sont revenus définitivement en notre possession.

Nous étions finalement maîtres de la forêt, occupant toute la crête.

***

Les prisonniers faits au cours de ce combat (près de trois cents) étaient absolument hébétés. Ils paraissaient déprimés au maximum par la violence de notre feu et par le spectacle du nombre énorme des leurs qui tombaient morts sous leurs yeux.

Quant à la forêt du bois le Prêtre, elle est dans un état indescriptible.

Tout d'abord, quand on y monte, à partir de Montauville jusqu'au Quart-en-Réserve, on commence par pénétrer sous une voûte de vieux arbres aux feuillages épais. Mais, à mesure qu'on s'avance, la forêt s'éclaircit. Sur le terrain des attaques de janvier, les arbres sont presque tous privés de leurs branches brisées par les obus. Cependant quelques-uns verdissent encore. Plus loin les troncs sont nus, ébranchés et sans feuilles.

Mais quand on arrive sur le terrain des combats d'avril et de mai, c'est-à-dire aux lieux où la lutte se présenta sous l'aspect le plus acharné, c'est la dévastation la plus complète. Tous les arbres sont coupés à quelques centimètres du sol, d'où ne sortent que des morceaux de troncs semblables à d'énormes piquets enfoncés dans la terre. Le terrain de pierraille est éventré et retourné par les obus, et le sol est jonché de débris d'armes, de casques, de douilles de cartouches vides et d'effets d'équipement de toutes sortes.

Mais, en avançant encore, on dépasse le changement de pente : c'est aussi un changement de décor qui s'offre à la vue.

Au-dessus du parapet, on aperçoit un large paysage : le vallon de Vilcey, le bois de Frière, et enfin tout le panorama de la Haye.

Et alors se déroulent sous les yeux les positions allemandes, que l'on voit maintenant par l'envers. On aperçoit les pistes de ravitaillement, les chemins défilés par lesquels arrivaient les renforts aux ennemis, renforts qui s'acheminaient vers ce bois le Prêtre, que les soldats boches avaient baptisé « le bois de la mort », et que nos poilus appellent simplement « notre forêt ».

L'ennemi, d'ailleurs, continua à plusieurs reprises à nous attaquer, dans la suite, sur nos positions conquises : ce fut en vain. Nous tenions bien ce bois si chèrement disputé, et les contre-attaques furieuses ne nous en délogèrent pas.

Mais sur tout le front, entre Reims et Nancy, pendant les mois de juillet et d'août, eurent lieu d'incessantes affaires de moindre importance : duels d'artillerie, combats de tranchées, escarmouches à la grenade.

Ces combats, sans grand résultat, avaient un mérite : ils tenaient nos hommes sans cesse en éveil et les préparaient ainsi à la grande offensive que nos troupes, de concert avec les troupes britanniques, allaient prendre simultanément en Artois et en Champagne, dans le courant du mois de septembre.

Nous allons maintenant abandonner un instant nos armées d'Artois et de Champagne et voir ce qu'ont fait nos soldats le long de la ligne bleue des Vosges et sur ce coin d'Alsace, sur ce morceau de terre française reconquis par nous et violemment disputé par l'ennemi.

CHAPITRE VI

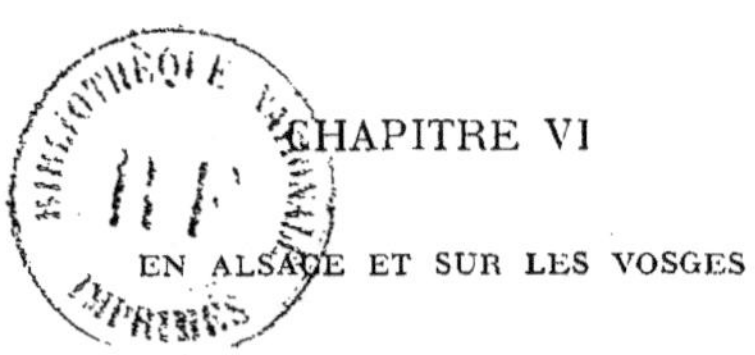

EN ALSACE ET SUR LES VOSGES

Le « Vieil-Armand ». — Les attaques du mois de janvier. — Les assauts du mois de mars. — L'attaque sur Metzeral. — Le nouveau « Sidi-Brahim ». — Nos succès à la Fontenelle et au Ban-de-Sapt.

On se souvient que nos troupes, après les premières campagnes faites en Alsace, où elles avaient même occupé temporairement Mulhouse, s'étaient repliées un peu en arrière et occupaient, sur le versant alsacien, le morceau de l'ancien département du Haut-Rhin comprenant la région de Thann et de Munster. Cette portion de territoire occupée par nous s'appuyait aux Vosges à l'ouest et s'étendait le long de la vallée de la Fecht.

Mais nos positions étaient dominées par une hauteur importante que tenaient les Allemands ; cette hauteur était l'Hartmannswillerkopf, d'où les ennemis pouvaient commander tout le pays environnant.

Il était donc du plus haut intérêt pour nous de nous emparer de cette hauteur, ainsi que de deux autres points culminants, le petit et le grand Reichackerkopf, qui dominent Munster et la vallée de la Fecht.

Au mois de janvier 1915, nous avions déjà attaqué l'Harmannswillerkopf. Une compagnie de chasseurs alpins avait même réussi à s'installer dans un petit fortin ; mais elle fut cernée par les Allemands, sans qu'il fût possible de lui porter secours.

Pendant plusieurs jours, renouvelant l'exploit légendaire de Mazagran, elle tint bon, brûlant jusqu'à sa dernière cartouche. Mais la faim eut raison de cette poignée de braves, et ils durent se rendre, à demi morts d'inanition.

Pendant qu'elle luttait encore avec énergie, nos soldats attaquaient avec fureur sur les flancs de la montagne pour tâcher de délivrer leurs camarades cernés. Mais il faut voir ce que sont les Vosges pendant l'hiver !

des pentes abruptes, couvertes de neige et de glace, rendaient presque impossibles les assauts qui furent, pourtant, héroïquement tentés.

Car nos soldats et nos officiers considéraient comme une dette d'honneur de tout tenter pour délivrer les assiégés du sommet. Cette dette, nos chasseurs à pied, nos courageux « vitriers », entendaient bien la payer, fût-ce au prix de leur sang.

Un colonel à qui l'on faisait remarquer le chiffre élevé de nos pertes, au cours de ces assauts, répondit : « Moins nous avons réussi, plus nous devons nous sacrifier. Il eût été honteux de quitter la partie sans faire tout le possible et même plus que le possible ! »

Le commandant Barrié, commandant un bataillon de chasseurs, fut tué au cours de ces attaques, en parcourant les lignes. Plusieurs officiers et de nombreux soldats tombèrent également.

Après quatre jours d'efforts infructueux, il fallut s'arrêter. Certaines compagnies, de deux cent cinquante hommes, n'en comptaient plus que cent vingt. Et, d'ailleurs, on avait appris par des prisonniers boches que l'héroïque garnison, prise par la faim, avait dû capituler.

La tentative des jours précédents n'avait donc plus de raison d'être immédiate.

Il fallait alors reprendre l'affaire, non plus en coup de force, mais avec une préparation méthodique et ordonnée, et démolir pierre par pierre la forteresse invisible d'où les Allemands, dominant la vallée, réglaient avec sûreté le tir de leur artillerie.

*
* *

L'Hartmannswillerkopf méritait bien, en effet, le nom de « forteresse invisible ».

La montagne domine la plaine de plus de six cents mètres, et son versant est beaucoup plus abrupt que celui des hauteurs avoisinantes. Elle est donc d'accès très difficile, surtout pendant l'hiver. L'adversaire nous dominait, couvert par plusieurs lignes de défenses très fortes, protégé encore par l'épaisse forêt de sapins qui couvre la montagne, et par la neige qui en tapissait les pentes.

Sur un tel terrain, on conçoit qu'un assaut de vive force eût été folie. Ce qu'il fallait faire, c'était un véritable siège, avec tout le matériel et toute l'artillerie nécessaires.

Les opérations commencèrent en janvier ; mais ce qui importait avant tout, c'était d'installer nos troupes aussi fortement que possible dans les positions qu'elles occupaient. Il fallait donc créer des tranchées, des boyaux, des abris blindés, organiser les emplacements pour les pièces de canon.

Tous ces travaux durèrent jusqu'au 26 février. Mais tous, officiers et soldats, n'avaient qu'un désir : venger les braves qui avaient dû succomber au sommet.

L'assaut fut donné le 26 février.

Malgré la vigueur de notre attaque, les Allemands ne perdirent qu'une

En Alsace. — Ravitaillement en munitions pour mitrailleuses.

centaine de mètres de terrain. Notre artillerie n'avait pu démolir suffisamment les défenses accessoires, et beaucoup de leurs tranchées étaient absolument intactes.

Il fallait donc une préparation plus minutieuse encore.

Toutefois, l'assaut du 26 nous avait fourni de précieuses indications, en nous permettant de repérer avec exactitude les positions de l'ennemi, que nous ignorions jusque-là.

On se remit au travail de terrassement. Par des sapes, on précisa le contour des blockhaus allemands. Artilleurs et fantassins s'efforcèrent de faire produire à l'attaque son maximum d'effets. Il s'agissait de compléter les résultats du 26 février.

Le 5 mars, le signal de l'assaut fut donné. Pendant deux heures, les tranchées boches avaient été, au préalable, bouleversées par un feu intense d'artillerie. Nos chasseurs y sautèrent, comme des « diables bleus » qu'ils sont, et enlevèrent le plus fort des blockhaus allemands, prenant deux mitrailleuses et faisant cinquante prisonniers.

Les ennemis sont mis en fureur par ce premier succès de nos troupes : les deux régiments qu'ils ont là contre-attaquent vigoureusement, quatre fois dans la journée du 5, deux fois dans la matinée du 6. Le 7, ils tentent une sortie en colonnes compactes ; mais ils sont complètement fauchés par notre tir. Ils recommencent, ils sont fauchés de nouveau.

Cette fois, c'était nous qui avions le dessus : nous avons désormais la certitude absolue de prendre ce qui nous manque encore, de remporter le succès final.

Ce succès, nous allons l'avoir à la fin du mois de mars. Les bataillons de chasseurs qui se battent depuis deux mois viennent d'être renforcés par l'adjonction d'un régiment d'infanterie. C'est un beau régiment de l'Est, qui, depuis le début de la guerre, n'a connu que des succès. Il a la foi complète dans son invincibilité. Ce va être entre lui et le bataillon de chasseurs une « lutte pour la gloire », une véritable rivalité d'héroïsme.

Après une courte action d'essai, le 17 mars, le gros effort fut tenté le 23.

Ce sont les artilleurs qui commencent. A force d'audace et de travail persévérant, ils sont arrivés à voir clair dans ce bois et à installer sur la montagne un réseau de fils téléphoniques de plus de cinquante kilomètres de développement total.

C'est par leur tir que débute l'affaire ; ce tir dura quatre heures, effectué avec la précision étonnante à laquelle sont arrivés ces soldats d'élite, que les Allemands, dans leur manie de tout baptiser de noms « karactéristiques », avaient appelés les « bouchers noirs », comme ils avaient appelé nos chasseurs à pied les « diables bleus ».

Canons lourds et pièces de 75 concentrent sur l'objectif visé, avec une exactitude mathématique, des centaines de tonnes de mitraille et de projectiles de tous calibres. Sur la première ligne, les observateurs règlent et rectifient le tir à mesure qu'il est exécuté.

A travers les arbres, on peut observer les effets foudroyants de nos obus explosifs : on voit littéralement sauter en l'air des « morceaux d'Allemands » ; on voit des armes, des objets d'équipement, des sacs à terre voler sous l'action de l'éclatement des projectiles.

Aussi quand, après cette formidable préparation, nos fantassins s'élancent d'un bond sur les tranchées des Boches, ceux-ci, complètement écrasés par le feu de nos canons, sont littéralement terrassés. Cependant ils se défendent avec rage ; mais nos hommes font preuve d'une ardeur, d'un brio auquel aucune résistance ne saurait utilement s'opposer.

Nos poilus enlèvent deux lignes de tranchées, prennent d'assaut un fortin et font deux cent cinq prisonniers. Les chasseurs débouchent sur leur flanc, avec la même ardeur que les « lignards ». Cette fois, nous voilà tout près du sommet, nous touchons au but.

Mais de nouvelles lignes de tranchées apparaissent, et il va falloir les conquérir à leur tour.

Le lendemain 24, dans les tranchées que l'ennemi tient encore, un de nos observateurs aperçoit quelque chose qui remue. En regardant avec plus d'attention, il reconnaît que ce sont des casques à pointe qui s'entassent en masses compactes ; au-dessus de ces masses commence à se dessiner une ligne de points brillants, qui sont des baïonnettes.

De toute évidence, c'est une grosse contre-attaque que les Boches préparent.

Mais aussitôt notre artillerie entre en scène. Avec une étonnante rapidité et sa coutumière précision, elle prend sous son feu les boyaux allemands. Comme la veille, nous voyons sauter en l'air des cadavres déchiquetés en morceaux, des armes, des casques, des sacs. Les pertes ennemies doivent être effrayantes. Cette fois c'en est fait des contre-attaques.

Le canon allemand s'est tu. La nuit du 25 au 26 se passe dans un silence vraiment impressionnant : c'est le calme de la nature au fond du grand bois de sapins, et rien ne trouble la paix tranquille de la montagne aux épais ombrages.

Le jour se lève, et nous constatons avec joie que le brouillard s'est levé ; un soleil radieux a dissipé les brumes qui, depuis deux mois, ont rendu tant de services aux ennemis en enveloppant leurs positions d'un réseau impénétrable. Mais, cette fois, nous allons les voir distinctement, et notre artillerie va pouvoir les « arroser » avec certitude.

Tout est prêt, réglé, machiné comme dans une féerie de théâtre. Et le commandant de l'attaque résume d'un mot la perfection des préparatifs : « J'aurais pu disparaître, a-t-il dit, et tout se serait passé exactement de la même façon. »

Dès lors l'action va se dérouler avec une régularité parfaite, fruit de longues semaines de travail. Infanterie et artillerie sont reliées par un réseau complet. Les abris, les tranchées, sont garnis. C'est le suprême effort qui doit nous rendre maîtres du sommet.

*
* *

Entre l'objectif de nos attaques et nous, il y a au moins trois lignes de tranchées, renforcées de blockhaus garnis de mitrailleuses. Une partie des défenses ennemies est encore masquée à nos regards par des arbres qui les dissimulent. L'artillerie a eu de la besogne.

A 10 heures 30, elle est entrée en action ; sans une minute d'arrêt, jusqu'à 14 heures 30, elle a inondé de projectiles de tous calibres le front qu'il s'agissait d'attaquer.

Coupés à ras de terre par les obus, les grands sapins s'écroulent avec fracas et tombent dans les larges entonnoirs creusés par les explosions. Le terrain est ainsi percé de trous, comme une écumoire. C'est un chaos de branches fracassées, de tranchées démolies, de cadavres allemands, de débris de toute espèce. Des cris de douleur partent des lignes ennemies : ils sont poussés par les blessés ; on entend en même temps des dépôts de cartouches faire explosion.

Cette destruction a duré plus de quatre heures sans interruption.

A 14 heures 55, dans un élan irrésistible, notre infanterie bondit en avant. En un clin d'œil, elle a atteint le sommet de l'Hartmannswillerkopf. A coups de grenades, deux compagnies de chasseurs enlèvent les tranchées à droite. Deux autres compagnies progressent à gauche et, sous le double flot, se rejoignant, dévalent sur le flanc est en poursuivant les Allemands en déroute.

Car ils commencent à fuir. Sur la crête découronnée de ses sapins, un fantassin, au mépris des balles allemandes qui pleuvent autour de lui sans l'atteindre, agite un grand fanion pour annoncer notre victoire aux artilleurs, et le régiment d'infanterie s'organise sur le sommet.

Les Boches, en déroute, jettent leurs armes en se sauvant. Toute une compagnie, ou plutôt tout ce qui reste d'une compagnie, — quatre-vingts hommes sur deux cent cinquante, — lève les bras en criant : *Kamerad !* Elle est faite prisonnière, ainsi que plusieurs officiers. Cela porte à quatre cents le nombre des Allemands que nous avons pris au cours des combats du 24 au 26.

Nous interrogeons ces prisonniers, complètement démoralisés par notre feu, et leurs réponses nous font comprendre encore mieux l'importance de notre action. Certains de ces hommes pourraient être légitimement passés par les armes, car ils se sont rendus coupables de véritables lâchetés : après avoir levé les bras pour simuler leur reddition, ils ont *assassiné* à bout portant nos soldats à coups de grenades !

On pousse vers la vallée ce troupeau de brutes, et, sous l'œil moqueur des enfants des villages alsaciens, tous coiffés de képis français, on les fait défiler « au pas de parade » devant notre général de division, dont l'énergie méthodique a préparé la victoire.

***

Malheureusement, au cours de ces attaques, nous avons payé notre triomphe par des pertes cruelles, et nombreux sont les braves qui sont tombés sur l'Hartmannswillerkopf, cette montagne que nos poilus, en tronquant son nom, ont appelée le « Vieil-Armand ».

Nous avons déjà mentionné la mort du commandant Barrié, tué au cours des combats de janvier. L'adjudant Jollivet arrêtait avec sa mitrailleuse une violente contre-attaque ; il est tombé sur sa pièce, mais du moins il est tombé victorieux.

Les lieutenants Routhier et Lecœur furent tués en chargeant à la tête de leurs hommes. Le commandant Brun, chef d'état-major de la brigade, trouva aussi une mort glorieuse. Voyant qu'on manquait de renseignements précis sur un des secteurs de l'attaque, il est parti pour « aller voir ». Comme il arrivait, notre ligne fléchissait sous le choc des ennemis qui contre-attaquaient. A cette vue, l'intrépide officier saute sur le parapet, son képi levé, en criant : « En avant! en avant! » Et, cinq mètres plus loin, une balle l'atteignait mortellement.

Les actes d'héroïsme furent nombreux également, et tous seraient à citer. Parmi beaucoup d'autres, racontons l'exploit du chasseur Dumoulin, qui seul, dans une tranchée allemande dont la mitrailleuse fauche notre attaque, cloue le mitrailleur d'un coup de baïonnette et arrête ainsi son feu. Citons encore l'attitude magnifique du sergent Chevenard, qui, tous les officiers de sa compagnie étant tués ou grièvement blessés, en prit le commandement et la maintint, décimée, mais invincible, sur le terrain conquis jusqu'à l'arrivée des renforts.

L'attaque du 26 ne visait que le sommet du « Vieil-Armand ». Mais, entraînés par leur élan, nos fantassins redescendirent sur le versant opposé, et c'est là qu'ils se sont installés, dominant de trois cents mètres, dans une position formidable, les Allemands réfugiés au bas des pentes.

Le soir, la neige se mit à tomber, couvrant d'un blanc suaire les morts du 23 et du 26. Et ce fut sur le sommet de la montagne, au clair de la lune, le plus romantique spectacle qui se puisse imaginer : une série de cuvettes blanches d'où saillaient des troncs d'arbres hachés, des mitrailleuses démolies, des monceaux de fils de fer, et, çà et là, des bras et des jambes !

Les Allemands continuèrent encore à tirer pendant quelque temps, mais avec de moins en moins d'énergie. Le lendemain, ils cessèrent complètement de réagir, et toute l'action se résumait dans ce mot laconique et triomphal des poilus : « On les a eus ! »

Telle fut l'affaire du « Vieil-Armand ».

Elle privait l'ennemi d'un merveilleux observatoire, qui désormais devait nous servir à nous. Du haut de la cime, nous tenions toute la plaine de l'Est sous notre feu.

Elle a coûté à l'ennemi plus de sept cents morts, plus de quinze cents blessés et quatre cents prisonniers qui sont restés entre nos mains, ainsi qu'une grande quantité de matériel.

On peut dire qu'elle constitue une des plus belles pages de la guerre de montagnes.

L'ennemi, cependant, ne voulait pas rester sur cet échec. Pendant le mois d'avril, il tenta de nous reprendre ce sommet si chèrement conquis. Le 26 avril, il réussissait à y mettre le pied ; mais, le 27, nous l'en chassions de nouveau, en progressant encore de deux cents mètres.

*
* *

Après notre succès à l'Hartmannswiller, nous étions, comme l'on dit, « en veine, » et nous tenions à en profiter. Aussi, le 6 mai, commençâmes-nous à attaquer dans la vallée de la Fecht, où nous progressâmes de près d'un kilomètre sur un front de mille cinq cents mètres.

Ces progrès sur la Fecht se continuèrent, lentement mais sûrement, pendant la fin de mai et le commencement de juin. Enfin, le 15 juin, commencèrent les opérations qui nous rendirent maîtres de Metzeral et de Sondernach. Elles furent remarquables, tant par leur conception que par leur exécution.

L'honneur en revient aux chasseurs alpins et aux bataillons des régiments de ligne. Tous ont rivalisé d'abnégation, d'audace et d'héroïsme. Ces admirables soldats ont su triompher, comme en se jouant, de toutes les difficultés dressées devant eux.

Traçons d'abord un tableau rapide de la région où se sont déroulés ces événements.

Quand on a franchi la frontière qui, en 1871, nous sépara de nos chères provinces volées par les Allemands et qu'on descend vers l'Alsace les pentes du Hohneck, on aperçoit à ses pieds les deux profondes échancrures des vallées de la Fecht qui se rejoignent à Munster, en encadrant entre elles le grand massif du Silberwald, ou « Forêt d'Argent ».

Depuis le Hohneck jusqu'à Munster, les cimes s'échelonnent et s'abaissent vers la plaine : ce sont le sommet nu et rocheux du petit Hohneck, les croupes boisées du Gaschenerkopf, du Sattelkopf, du Reichackerkopf, dont les derniers sapins dominent Munster.

Des pentes escarpées descendent brusquement vers la Fecht méridionale, formée elle-même de la rencontre de deux cours d'eau qui se joignent à Metzeral : l'un, coulant dans une vallée très étroite, coupée de prairies et de vergers où se trouvent le village de Mittlach, l'usine de Steinabruck et Altenhof, faubourg de Metzeral, est connu sous le nom de *Grossthal* ; l'autre, coulant dans une vallée orientée du sud au nord, est la *Fecht de Sondernach*.

Ces deux vallées sont séparées l'une de l'autre par le massif du Schnepfenrieth, large montagne couverte de forêts de sapins que coupent quelques clairières. La grande croupe boisée d'Anloss en forme, dans la direction de Metzeral, la partie avancée.

Au moment des attaques, nous tenions déjà les sommets les plus élevés : l'Altmatt, le Sillacker et le Schnepfenrieth. L'occupation de ce dernier sommet, réalisée après des combats acharnés, nous avait permis de progresser jusqu'au delà de Mittlach, dans le Grossthal.

Mais, dans cette vallée, les Allemands, qui avaient fortifié les lisières de Steinabruck, restaient accrochés aux seuils qui dominent la vallée : Braunkopf, Eichwald, la cote 830 et Winterhagel, dont ils avaient fait de formidables positions.

Sur chacune de ces croupes s'étageaient plusieurs lignes de tranchées, séparées les unes des autres par des réseaux très serrés de fils de fer barbelés, et communiquant par une sorte de tunnel.

Dans la troisième ligne, des blockhaus, faits de troncs de sapins épais, permettaient de résister même dans le cas où la tranchée serait envahie, et plus en arrière étaient des abris à l'épreuve des projectiles de l'artillerie lourde. Les flanquements par mitrailleuses étaient merveilleusement organisés ; la disposition des trois positions voisines : Braunkopf, la cote 830 et Eichwald, leur permettait de se prêter, en cas d'attaque, un appui réciproque par leurs feux d'écharpe.

Tel était l'ensemble des positions qu'il s'agissait d'enlever : la tâche était dure.

*
* *

La préparation de l'attaque fut longue et minutieuse. Il fallait concentrer les troupes et assurer leurs ravitaillements de toute sorte, par delà les Vosges. *Plus de trente-deux kilomètres de chemins furent construits*, et les transports représentaient un poids quotidien de cent cinquante mille kilos.

Il fallait également préparer soigneusement le terrain des attaques, creuser les places d'armes et les parallèles de départ, pousser les boyaux et les sapes sur des pentes où l'on était en vue ; souvent on piochait la nuit, sous le feu des canons et des mitrailleuses.

Ce fut le 15 juin que l'assaut fut donné des deux côtés de la vallée.

Les bataillons de chasseurs alpins avaient emmené leurs fanfares en première ligne. A l'heure dite, elles jouèrent la *Sidi-Brahim*, et nos héroïques alpins, montagnards de Savoie, du Dauphiné et du Massif central, partirent à l'assaut. Quant au bataillon de la ligne, appartenant à un régiment de l'Ain, qui devait attaquer la cote 830, il fit jouer la *Marseillaise* par sa musique, et celle-ci le fit avec un tel entrain, que *la grosse caisse en fut crevée !* Elle revint sur le dos d'un prisonnier allemand, dans le premier convoi de Boches que les musiciens accompagnaient.

Tandis que les accents sonores des instruments de cuivre lançaient aux échos des vallées alsaciennes ces airs français qui, depuis si long-temps, n'y retentissaient plus, les Boches faisaient entrer en scène leurs mitrailleuses et leurs canons. Mais cela n'arrêta pas l'élan de nos troupes. Une grande partie des tranchées du Braunkopf tomba rapidement entre nos mains. A la cote 830, nos fantassins, perçant la ligne ennemie, des-cendant sur les pentes, prennent les tranchées adverses à revers et font prisonnières deux compagnies entières.

A Eichwald et à Anlass, le succès fut plus lent. Dans le premier de ces deux endroits, après avoir enlevé deux lignes de tranchées, les alpins se heurtèrent sous bois à un mur de pierres sèches garni de mitrailleuses, et la section qui marchait en tête vint s'y briser. Le corps d'un chasseur fut retrouvé, deux jours après, à cheval sur le mur crénelé : il avait été frappé au moment où il cherchait à le franchir sous le feu de l'ennemi.

Sur l'Anlass, on se battit avec acharnement, mais sans réussir à progresser.

L'attaque fut reprise le 16 juin. Cette fois, nous pûmes nous rendre entièrement maîtres du Braunkopf : c'était le chemin ouvert vers Met-zeral, et, après la prise de la cote 830, c'était en outre l'encerclement de l'Eichwald, où nous avions été arrêtés.

Quelques mitrailleuses y étaient demeurées, pour en protéger l'évacua-tion. Le 17, nous y pénétrions en en chassant les derniers défenseurs. Mais les Allemands restant à l'Anlass, où notre attaque était toujours en action sans progresser, pouvaient, de l'autre côté de la vallée, battre les pentes du Braunkopf avec leurs mitrailleuses et arrêter ainsi notre avance.

Tout l'effort se concentra alors sur l'Anlass.

Renonçant à attaquer directement par le chaume, nous reportons notre action plus au sud, sur une partie des lignes où le déboisement, opéré par le feu de notre artillerie, permet d'effectuer un réglage précis du tir sur les positions ennemies.

*
* *

Le 18, une première tranchée fut enlevée. Le lendemain 19, nos troupes d'assaut firent de nouveaux et importants progrès. Le 20 juin, enfin, la ligne allemande cède définitivement.

Les alpins, qui avaient été soutenus par un bataillon de ligne formé d'un recrutement de Vosgiens, s'élancent dans le bois, font crouler toutes les défenses boches, et, descendant rapidement dans la vallée, capturent six officiers, onze sous-officiers et cent quarante hommes.

Une attaque dirigée, dans le même temps, au sud de l'Anlass contre la corne du Winterhagel fut marquée par un héroïque et dramatique incident.

Un petit groupe de chasseurs avait réussi à franchir les fils de fer ennemis, mais il tombe sous le feu d'une mitrailleuse de flanquement. Avec leurs outils portatifs, nos braves alpins tentent de se faire rapidement un abri. On entend les Allemands qui leur crient : « Rendez-vous ! » Mais pas un seul ne répond. La mitrailleuse accomplit alors sa sinistre besogne. Les corps de ces héros furent retrouvés dans le bois, la face contre terre, alignés comme à l'exercice.

Une fois que les positions élevées furent tombées entre nos mains, les attaques se concentrèrent dans la vallée de Metzeral. Déjà l'usine de Steinabruck avait été prise dans la nuit du 17 juin, et dès le 18 un bataillon était entré dans l'Altenhof, qui est un faubourg de Metzeral. Le 21, les chasseurs descendus du Braunkopf contournaient le village par le nord et atteignaient la gare du chemin de fer.

Menacés d'être pris dans Metzeral, les Allemands placèrent des mitrailleuses dans quelques maisons et s'apprêtèrent à évacuer le village ; mais, pour rester fidèles à leurs traditions de vandalisme et de sauvagerie, avant de l'évacuer, ils y mirent le feu.

Notre artillerie eut vite fait d'abattre les maisons où se trouvaient les mitrailleuses, et nos troupes purent alors pénétrer dans les rues en flammes, les unes par le nord, les autres par l'ouest. Un chasseur, précédant ses camarades, poursuivait les Boches en fuite jusqu'aux lisières est. Toute la nuit du 21 au 22, Metzeral brûla, tandis que la canonnade faisait rage, répondant de son lourd tonnerre au crépitement continu des mitrailleuses.

Nous nous étions élancés, sur les talons des Allemands, à travers les vergers à l'est de Metzeral, sur les crêtes qui le dominent. Sur l'une de

8

ces crêtes, au-dessus d'un petit kiosque, flottait un drapeau allemand : nos poilus eurent vite fait de l'arracher.

La chute de Metzeral entraîna comme conséquence l'évacuation par l'ennemi du bois de Winterhagel, près de Sondernach, où nous nous installions dans la nuit du 21 au 22. La liaison fut établie entre les troupes descendant du Schnepfenrieth et celles qui avaient occupé Metzeral. Nous tenions ainsi toute la ligne, de la Fecht à Sondernach.

Nous avions donc atteint notre but, et par surcroît nous avions fait prisonniers vingt officiers, cinquante-trois sous-officiers et six cent trente-huit soldats.

Les Allemands, qui avaient en face de nous, au moment de l'attaque, sept bataillons, en amenèrent successivement dix autres, dont les pertes, à en juger par les nombreux cadavres laissés sur le terrain du combat, ont dû être considérables.

Ces troupes, appartenant à un régiment de chasseurs de la Garde et à des régiments de réserve, les 73e 74e, 78e, 79e, 189e, ont paru être dans un bon état physique, mais moralement très déprimées, et surtout terrorisées par le mordant des « diables bleus ».

Ceux-ci ont été dignes de leur vieille réputation, et les « vitriers » de Metzeral se sont montrés les nobles héritiers des traditions glorieuses que leur ont laissées leurs ancêtres, les « vitriers » de Sidi-Brahim. Et les fantassins, qui arrivaient d'une région où ils gardaient des tranchées, ont déclaré qu'ils étaient heureux de se battre à côté d'eux.

Dans ces combats sous bois, l'action du commandement peut difficilement s'exercer d'une manière continuellement effective ; mais chaque homme connaît son objectif, et c'est là qu'éclate la supériorité que donne au soldat français sa valeur « individuelle », alors que les soldats allemands n'ont qu'une valeur « collective ». Chez nous, chaque troupier va droit son chemin et accomplit sa tâche personnelle avec intelligence, courage, conscience et habileté. Ainsi, au Braunkopf, on put voir des hommes sous le feu déplacer tranquillement des chevaux de frise qui gênaient leur course. Tous appliquaient à la lettre les recommandations que leur avait faites le commandant de l'attaque : « Ne pensez aux camarades que pour les aider, jamais pour les attendre. Alignez-vous sur les fractions les plus avancées. »

La valeur déployée par de telles troupes est la plus belle récompense de l'exemple que leur donnent inlassablement les chefs placés à leur tête. Officiers et soldats sont dignes les uns des autres ; c'est leur réunion en un tout sublime qui constitue cette chose unique au monde : « L'ARMÉE FRANÇAISE. »

*
* *

Tandis que se développaient les combats qui se sont terminés par l'occupation, par nos troupes, de Metzeral et de Sondernach, une autre action, au sud de cette région, était engagée du 14 au 21 juin dans le massif de Langenfeldkopf, où, par une série de brillantes rencontres, nous nous rendîmes maîtres du sommet de l'Hilsenfirst, à mille deux cent soixante-dix mètres.

Ce qui caractérise cette phase de la lutte, c'est l'épisode héroïque où une de nos compagnies d'avant-garde se trouva cernée par l'ennemi et séparée de son bataillon. Bien qu'entourée de tous côtés, elle réussit cependant à se maintenir pendant quatre jours, au bout desquels elle fut délivrée, renouvelant ainsi l'exploit légendaire des chasseurs de Sidi-Brahim.

Le 14 juin, à 15 heures 30, la 6e compagnie du 7e bataillon de chasseurs sort des tranchées de départ et se déploie rapidement dans une clairière, faisant face à l'objectif qui lui a été assigné. Mais elle est aussitôt soumise à un feu violent d'infanterie partant de la lisière du bois, d'où l'ennemi, debout sur le parapet des tranchées, tire sans arrêt sur elle. En même temps, deux mitrailleuses allemandes se mettent de la partie. Le peloton de tête de la compagnie s'arrête et ouvre un feu terrible sur les tireurs allemands, qui disparaissent.

Les chasseurs se précipitent alors dans les tranchées boches et s'y emparent des deux mitrailleuses. L'ennemi s'enfuit sous les bois. Alors la compagnie, obéissant aux ordres reçus, s'arrête et se fortifie sur place. Les patrouilles envoyées en avant font connaître au capitaine que l'ennemi est en retraite et qu'on peut traverser ses réseaux de fils de fer.

Le renseignement est envoyé au commandant du bataillon. Les chasseurs commencent à ouvrir une brèche dans le réseau barbelé.

A ce moment, l'agent de liaison envoyé en arrière revient et rend compte que des patrouilles allemandes circulent derrière la compagnie, et que les autres compagnies du bataillon n'ont pas encore traversé la clairière. C'était grave.

Le capitaine donna aussitôt à de fortes patrouilles l'ordre de rétrograder, en vue de rétablir la liaison avec le bataillon. Mais au moment où ces patrouilles parviennent aux tranchées, si allègrement enlevées l'instant d'avant, elles se heurtent à des troupes allemandes, qui tentent d'y reprendre pied et de déménager les mitrailleuses.

Attaqués avec une grande audace, les Boches nous abandonnent une de ces pièces. Mais des renforts leur arrivent, qui barrent le passage à nos patrouilles.

Il est 17 heures 25 ; le cercle s'est fermé. La 6e compagnie et deux sections de la 4e, en tout cinq officiers, dont un blessé, et cent trente-sept hommes, dont vingt-quatre blessés, sont cernés.

Sans perdre une minute, le capitaine fait tracer un carré, sur les quatre côtés duquel des tranchées sont rapidement creusées. En arrière, on entend les clairons du bataillon qui sonnent la charge, et les fusils et les mitrailleuses qui crépitent. On a l'espoir d'être secourus. Mais peu à peu la fusillade s'arrête, et à 20 heures le calme est rétabli.

Des deux patrouilles envoyées à l'arrière, l'une a réussi à passer. L'autre a eu deux hommes tués et a été obligée de se replier sur la compagnie assiégée.

Le 15 juin, au petit jour, les Allemands attaquent les chasseurs. Ceux-ci font un feu nourri, et, malgré cela, les Boches avancent en colonnes par quatre. L'instant est critique ; mais, au moment où la situation paraît le plus grave, une rafale d'obus de nos 75 arrive à propos et détruit complètement une des colonnes assaillantes. Le reste tournoie et s'enfuit en désordre, laissant un véritable monceau de cadavres.

Vers 19 heures, le capitaine aperçoit des partis ennemis qui s'avancent : il envoie contre eux quelques patrouilles, qui leur tuent une dizaine d'hommes et les dispersent.

La nuit est venue. Le capitaine fait alors reposer ses hommes par fractions : ceux qui ne dorment pas sont attentifs à tout, le doigt sur la détente de leur fusil.

Le 16, avant le jour, tout le monde est sur pied.

Dès l'aube, un sous-lieutenant et quelques hommes surprennent un détachement composé d'une vingtaine d'Allemands, commandés par un feldwebel : ils s'élancent sur eux. Le sous-officier et deux hommes sont tués, deux grièvement blessés, trois faits prisonniers. Les autres s'enfuient à toutes jambes.

Quelques instants après, un brancardier qui est allé soigner un blessé à une centaine de mètres sous bois se trouve tout à coup face à face avec un Boche. Bien que n'ayant aucune arme, il l'empoigne immédiatement et le ramène dans le carré.

A 10 heures, le détachement parvient à communiquer par signaux avec le bataillon. On lance des appels en langue provençale, de façon à n'être pas compris des Allemands, toujours aux écoutes, et la conversation s'engage au-dessus des lignes ennemies. La compagnie cernée apprend ainsi que le bataillon attaquera, le soir, l'ennemi qui l'assiège en faisant précéder son attaque d'un copieux bombardement.

Des abris solides sont alors construits pour tout le monde dans le carré fortifié. A l'heure dite, le bombardement a lieu. Nos chasseurs entendent alors l'attaque se déclencher, puis la fusillade fait rage : mais peu à peu elle se ralentit et finit par s'éteindre.

Ce n'est pas encore pour cette fois-ci ; mais nos braves « vitriers » ne perdent pas confiance.

*
* *

Vers 21 heures, le bataillon attaque de nouveau. On entend encore les clairons qui sonnent la charge, puis les mitrailleuses et les fusils qui crépitent ;... puis, encore, le silence !

Le détachement conserve, malgré tout, un moral excellent ; seuls quelques blessés délirent.

Pendant cette nuit, les Allemands firent des travaux d'attaque, protégés par des tirailleurs. Comme ceux-ci deviennent gênants, on les arrose d'une quinzaine de grenades à main, et cela suffit à les refouler précipitamment.

Mais il était une question qui devenait grave pour la petite garnison : c'était celle des vivres. Depuis le matin du 16 juin, les hommes avaient été rationnés : une boîte de conserves pour cinq, sans pain ni biscuit. On le voit, le « menu » était maigre. Heureusement que nos hommes avaient pu s'assurer, de haute lutte, la possession d'une source à environ cent cinquante mètres du carré fortifié.

Pendant ce temps, les chasseurs ont eu le temps de s'initier au maniement de la mitrailleuse prise aux Boches. Sous la direction d'un sous-lieutenant, une équipe de mitrailleurs a été organisée, ainsi qu'un emplacement pour la pièce, à l'angle du carré : de là elle peut protéger, par son tir, le côté faible de la position défendue par nos courageux « vitriers ».

Le carré est devenu, d'ailleurs, une redoute très forte : tranchées profondes, postes d'écoute poussés très loin. Une attaque par surprise est devenue chose impossible.

Du reste, des patrouilles circulent incessamment, harcelant l'ennemi sans trêve, lui tuant des sentinelles et poussant même l'audace jusqu'à fouiller des abris d'où elles rapportent quelques vivres qui sont les bienvenus et une quantité de couvertures, précieuses surtout pour les blessés, que la fraîcheur des nuits sur la montagne éprouve particulièrement.

Le 17 juin, au matin, un groupe de patrouilles ennemies cherche à monter sur le quadrilatère dont nos chasseurs ont fait un inexpugnable réduit. La mitrailleuse prise aux Boches entre alors en action ; elle tire une bande de cartouches et leur tue plusieurs hommes.

« Voilà du plomb allemand qui retourne à ses propriétaires, » fait observer sentencieusement un caporal qui se tenait à côté de la pièce.

Ces patrouilles reviennent à la charge un peu plus tard. Comme les munitions commencent à se raréfier, nos « diables bleus » ont l'idée d'utiliser la raideur des pentes abruptes pour faire rouler des blocs de rocher préparés d'avance, et qu'un faible effort suffit à ébranler. Le résultat est merveilleux : les patrouilles allemandes ont plusieurs hommes écrasés, et ne reviennent pas.

Vers 10 heures, les communications par signaux sont rétablies avec le bataillon, dont le commandant promet, pour le soir même, un bombardement soigné.

Ce bombardement est effectué le soir, en effet. Sous la mitraille et les éclats d'obus, le bois s'éclaircit à vue d'œil. Les chasseurs voient fuir de nombreux groupes d'Allemands, qui filent à toute vitesse. Ils les saluent au passage par un feu d'une rare précision, où chaque tireur abat son homme.

Les projectiles et leurs éclats font jaillir sur l'héroïque carré des nuages de poussière, une véritable grêle de pierres ; la fumée rend l'atmosphère pénible à respirer. Cependant, grâce à la grande solidité des abris construits et à la précision du tir de nos canons, aucun de nos soldats ne fut atteint.

Enfin, à 18 heures, une compagnie de secours débouche, en ouragan, dans la petite clairière. C'en est fait, nos héros sont délivrés. Aussi calmes qu'à une manœuvre du temps de paix, nos officiers dressent rapidement le bilan de la lutte de quatre jours.

Chose à peine croyable ! pendant ce temps de combats incessants, nos courageux chasseurs n'ont eu que deux tués et trois blessés. Le détachement n'a eu aucun homme fait prisonnier, et, au contraire, il a capturé dix Boches. Il a infligé à l'ennemi des pertes très dures, lui a pris de nombreux fusils, une mitrailleuse et quatre mille cartouches, dont il a prouvé qu'il savait admirablement se servir.

Aussi, le soir, le général commandant l'armée des Vosges, ancien chasseur lui-même, décide-t-il qu'en souvenir de ces quatre glorieuses journées, la 6e compagnie du 7e bataillon de chasseurs s'appellera désormais la « compagnie de Sidi-Brahim ».

Ainsi se perpétuent dans notre armée, en se rajeunissant par de nouveaux et héroïques exploits, les glorieuses traditions du passé.

Un nouveau Sidi-Brahim : Les chasseurs de l'Hilsenfirst.

Dessin de J. Simon (d'après *l'Illustration*).

***

Les faits que nous venons de raconter se passaient en Alsace, à la mi-juin. D'autres faits de guerre importants allaient s'accomplir sur les Vosges, au commencement de juillet, dans la région du « Ban-de-Sapt ».

De larges ondulations, des collines coupées de quelques ravins, des prairies, des champs de pommes de terre, des bois d'épais sapins ; çà et là, des hameaux dont les maisons sont chacune entourées d'un verger : tel est l'aspect du pays vosgien qui s'étend entre les hauteurs boisées de Senones et le grand massif forestier de la montagne d'Ormont.

C'est dans cette région que, au mois de septembre 1914, après sa défaite sur la Marne, s'est arrêtée une partie de l'armée allemande. Depuis cette époque, le front s'y est installé d'une manière stable, et l'activité des deux adversaires s'est surtout concentrée autour d'un point que les Allemands appellent la « hauteur du Ban-de-Sapt », et que nous désignons sous le nom de « cote 627 » ou encore de « hauteur de la Fontenelle ».

La Fontenelle est un des hameaux qui composent le Ban-de-Sapt. Il est en notre possession, tandis que, plus à l'est, les autres localités du Ban, Laitre et Launois, sont aux mains des Allemands. Entre le Fontenelle et Launois se dresse la cote 627, et cette hauteur domine tout le pays environnant.

Autrefois, avant la guerre, ce belvédère était un but d'excursion. Maintenant il est devenu un observatoire dont la possession est âprement disputée et dont les bois de sapins, qui jadis en faisaient la parure, ont été entièrement fauchés par les feux répétés de l'artillerie.

Nous occupions cette cote 627, et nos troupes s'y étaient fortement installées. Les Allemands, pour nous l'enlever, entreprirent un véritable siège.

Dès le mois de juin, ils avaient commencé leurs travaux d'approche. Progressant lentement à la sape, faisant éclater au bout de leurs galeries de nombreux et puissants fourneaux de mines, ils arrivèrent peu à peu à se rapprocher de nos positions, sans réussir toutefois à les entamer.

Le 22 juin, les deux lignes adverses étaient rapprochées à une vingtaine de mètres de distance l'une de l'autre. Ce jour-là, après un violent bombardement, l'ennemi donna l'assaut et, au prix de pertes très lourdes, réussit à atteindre le sommet et même à arriver jusqu'à la Fontenelle. Mais une vigoureuse contre-attaque de nos troupes le fit reculer, en nous laissant cent quarante-deux prisonniers. Toutefois, les Boches restaient accrochés au haut de la colline.

Ils s'y fortifièrent aussitôt et y organisèrent, avec leur génie des fortifications de campagne, des défenses formidables. Le général Von Knœrzer, commandant la 3e division bavaroise, reconnaissait, dans un ordre du jour, la perfection de ce travail défensif.

« En visitant aujourd'hui, disait-il, la position nouvellement conquise sur le Ban-de-Sapt, j'ai pu me convaincre que, depuis que nous l'occupons, on a travaillé avec le plus grand zèle à l'organiser et qu'on continue à la fortifier *avec joie et amour.*

« J'ai l'assurance que la hauteur du Ban-de-Sapt sera transformée, dans le plus bref délai, en une *forteresse imprenable*, et que les efforts que pourront faire les Français pour la reprendre échoueront avec les pertes les plus sanglantes. »

Cet ordre du jour était daté du 3 juillet.

Nous allons voir comment ont été réalisées « les espérances » du général allemand.

*
* *

Le 8 juillet, tous nos préparatifs pour donner l'assaut étaient achevés.

Ce jour-là, à 7 heures du soir, trois colonnes d'attaque, disposées chacune en face de son objectif et appuyées par le tir précis et puissant d'une artillerie formidable, abordaient la position ennemie et l'enlevaient d'un seul coup, dans un élan magnifique.

Au centre, l'attaque prenait pied immédiatement sur la ligne de faîte et la dépassait, tandis que notre droite immobilisait l'ennemi sur ses positions à l'ouest de Launois.

A gauche, notre colonne d'attaque avait tout d'abord progressé plus lentement. Mais elle réussissait, grâce à la nuit, à s'emparer de la partie nord-ouest de la hauteur, tandis qu'à l'extrême gauche d'autres éléments tournaient la position et faisaient prisonniers ses défenseurs.

De sorte qu'au lever du jour, non seulement nous avions pris la hauteur en entier, mais encore nous nous étions emparés de la position allemande jusqu'à la route de Moyenmoutier.

La totalité de la garnison, composée de deux bataillons de la 5e brigade d' « Ersatz » bavaroise, avait été tuée ou capturée. Nos pertes n'atteignaient pas le quart de celles de l'ennemi.

Les hommes qui sont ainsi montés à l'assaut de la Fontenelle ont enlevé la position en moins de dix minutes. C'était vraiment un spectacle magnifique que de voir nos poilus s'élancer sur les retranchements alle-

mands au milieu de la fumée et des éclats des obus, inspecter les tranchées
ennemies pour voir si « l'ouvrage était bien fait », et continuer à marcher en avant, le fusil à la bretelle et la main dans leur sac à grenades.

Au cours des combats des 8 et 9 juillet, nous avons pris la forteresse
« imprenable » dont parlait le général allemand ; nous avons fait huit
cent quatre-vingt-un prisonniers, dont vingt et un officiers. Tous étaient
encore sous l'impression nerveuse du bombardement, et disaient volontiers qu'on ne pouvait pas imaginer « un pareil enfer ». La plupart des
soldats n'arrivaient pas à dissimuler la joie qu'ils avaient d'être prisonniers et d'échapper ainsi pour l'avenir à de pareils dangers.

Tous les officiers appartenaient à la réserve : c'étaient des professeurs,
des employés de commerce ou de banque. L'un des plus abrutis était
un « candidat » en théologie protestante, qui, deux jours après sa capture,
tressaillait au moindre bruit, croyant toujours entendre le canon.

Seul, le chef de bataillon, le major Michahelles, du 11e d'Ersatz, avait
conservé tout son sang-froid. Il ne cacha pas son admiration pour nos
artilleurs et nos fantassins.

L'organisation défensive, si minutieusement édifiée par les Allemands,
avait été détruite. Elle était cependant remarquable, car elle comportait
cinq lignes de tranchées, des ouvrages permettant le tir sur les deux faces,
pour le cas où la position serait tournée, des blockhaus couverts de troncs
d'arbres et de tôles ondulées, et des abris souterrains profonds.

Nous avions pris un matériel considérable ; pendant plusieurs jours
nous déterrâmes des mitrailleuses.

Dans un petit bois, le long de la route, nous découvrîmes un parc
du génie, avec de copieux approvisionnements d'outils, de fils de fer,
de sacs à terre, de boucliers de tranchées. Nous avions également pris
quatre lance-bombes, deux canons de 39 et un canon de 37.

Le régiment qui a eu la part la plus active au combat de la Fontenelle
est celui qui s'était déjà illustré précédemment à la prise de la cote 830,
dans la vallée de la Fecht. Il a été cité tout entier à l'ordre de
l'armée des Vosges.

Un juste tribut d'admiration doit aller aussi à une compagnie d'un autre
régiment, du même recrutement de l'Ain, ainsi qu'aux sapeurs du génie
qui ont accompagné les attaques et les ont secondées avec un dévouement
digne de tous les éloges.

Tous les corps, d'ailleurs, avaient rivalisé d'élan. Ceux même à qui était
confiée la garde des tranchées avaient tenu à cueillir, eux aussi, leur
branche de lauriers.

C'est ainsi que quelques unités d'un régiment catalan participèrent,
de leur propre initiative, au « nettoyage » de la position, et, pénétrant

dans un blockhaus oublié par les troupes d'assaut, y firent prisonniers quatre-vingt-dix Boches qui s'y étaient réfugiés.

Un artilleur, préposé au service des canons de tranchées, ne put tenir en place en voyant l'infanterie monter à l'assaut : « C'est trop beau ! » s'écria-t-il. Et, prenant un fusil, il s'élança à l'attaque aux côtés des fantassins.

*
* *

Nos succès, dans cette région du Ban-de-Sapt, allaient d'ailleurs se poursuivre dans le courant et à la fin du mois de juillet.

Les Allemands digéraient mal leur échec sanglant du 8 et du 9. Après s'être recueillis un instant, ils s'apprêtèrent à reprendre ce qu'ils avaient perdu. Le 16 juillet, se sentant assez prêts, ils lancèrent sur Fontenelle sur cette cote 627 qu'ils avaient été obligés de nous abandonner, quatre attaques en y engageant plus de deux bataillons. Leur échec fut complet.

Dès l'aube de cette journée, leur artillerie avait commencé à faire, sur nos positions, un tir très violent d'obus de gros calibre. Ce tir continua toute la journée.

A la chute du jour, ils lancèrent leurs attaques d'infanterie : elles arrivèrent par quatre côtés différents. Deux d'entre elles débouchèrent de la direction de Launois.

L'une essaya de se dérober à travers un petit bouquet de bois fortement ébranché ; rapidement aperçue, elle fut arrêtée par notre feu et ne put quitter la lisière de ce boqueteau.

La seconde suivit la route Launois-Moyenmoutier, en prenant pour objectif la barricade que nous y avions organisée. Elle chemina dans le fossé qui borde la route ; mais celle-ci fut vite balayée par nos feux, et l'ennemi ne put progresser dans cette direction.

Les attaques principales furent faites le long de la grand'route. Elles étaient fortes chacune d'un bataillon. L'une débouchait de Laitre ; l'autre descendait les pentes d'une large colline qui s'étend de Laitre à Launois (cote 597).

Les colonnes ennemies venues de Laitre se jetèrent au pas de course sur un saillant constitué par nos ouvrages, à l'ouest de la route. Nos mitrailleuses avaient heureusement, malgré le tir de l'artillerie allemande, été portées sur le parapet même des tranchées : elles opposèrent à l'ennemi un obstacle infranchissable. En même temps nos batteries, aussitôt prévenues, prirent les assaillants sous leurs redoutables feux. On vit alors les colonnes d'assaut tournoyer et disparaître.

L'attaque au centre n'eut pas plus de succès. Elle se présenta sur six lignes successives et en terrain découvert. Mais, malgré la nuit qui était venue, nos projecteurs, par leurs puissants faisceaux de lumière, guidaient notre tir.

Les lignes ennemies furent vite disloquées. Au milieu du crépitement des mitrailleuses et des détonations des canons, on entendait les cris des blessés.

Les officiers et les feldwebels allemands eurent pourtant assez d'autorité pour reformer ces troupes en déroute et les ramener à l'attaque. Mais sous nos terribles feux, leurs rangs s'éclaircirent de nouveau ; tout à coup le désordre s'y mit, et ce fut la déroute. Au lever du jour, il y avait encore sur les pentes plus de cent cadavres. De notre côté, nous n'avions eu que quatre hommes tués et vingt-cinq blessés.

*
* *

Après ces succès au Ban-de-Sapt, le commandement tenait à asseoir notre position. Il fallait pour cela faire un nouvel effort : il fut fait le 24 juillet.

L'objectif de notre attaque comprenait à la fois les organisations défensives allemandes à l'extrémité des pentes sud-ouest de la cote 627 et un groupe de maisons qui forment la partie sud du village de Launois, et contre lesquelles s'appuyaient les tranchées ennemies.

Notre préparation d'artillerie fut faite avec des obus de très gros calibre : nous pûmes, après la prise des tranchées, en constater la grande efficacité.

Vers la fin de l'après-midi du 24, à 6 heures 15 du soir, les Allemands, qui s'attendaient à une attaque, déclenchèrent un tir extrêmement violent sur nos tranchées de départ. Mais, à 6 heures et demie, nos soldats, sans se laisser intimider par cette rude canonnade, s'élancèrent hors de leurs tranchées et coururent sus à l'ennemi.

A 7 heures, ils avaient atteint tous les objectifs qui leur étaient assignés, pénétrant même dans l'intérieur de Launois, tandis que les renforts qui les suivaient immédiatement procédaient sans retard au « nettoyage » des tranchées conquises.

Un blockhaus ennemi, complètement cerné, résista seul pendant toute la nuit. Les défenseurs se rendirent dans la matinée du 25.

Les Allemands semblèrent alors avoir pris leur parti de cet échec sur ce point, car ils ne réagirent plus que faiblement. Une contre-attaque timide, dans la nuit du 24 au 25, fut facilement repoussée, et à partir de ce moment une progression constante nous a rendus maîtres d'autres maisons de Launois.

Dans cette affaire, nous avions fait prisonniers douze officiers et huit cent vingt-cinq soldats. Nous avions pris huit mitrailleuses, un lance-bombes, une grande quantité de fusils, de grenades et de cartouches. Les prisonniers appartenaient au 3e brigade-Ersatz bataillon, au 14e régiment de réserve bavarois et au 8e bataillon de chasseurs (*May Käfern*). Ils paraissaient déprimés par la continuité des échecs que nous leur avions infligés coup sur coup.

De notre côté, l'attaque avait été menée par deux bataillons d'un régiment d'infanterie que le général commandant l'armée des Vosges a cité à l'ordre de cette armée, en raison de sa belle attitude. Un groupe de chasseurs cyclistes a également fait l'objet d'une citation. Ces chasseurs, qui flanquaient l'attaque, trouvèrent devant eux des défenses accessoires et des mitrailleuses en action : ils triomphèrent de tous ces obstacles.

Une fois de plus, la supériorité de notre infanterie s'est affirmée avec éclat, en Alsace, comme en Artois, comme en Champagne, comme partout.

CHAPITRE VII

LES OFFENSIVES D'AUTOMNE EN CHAMPAGNE
ET EN ARTOIS

L'effort des Alliés pendant l'année 1915. — Les « Champs catalauniques ». — L'attaque
du 23 septembre : les prisonniers et le butin. — Les contre-attaques. — L'offensive
anglo-française en Artois. — Prise de Loos et de Souchez. — Les conséquences de
la victoire.

Le mois de juillet 1915 était arrivé, et la guerre, cette guerre terrible
et sans précédent dans l'histoire, durait déjà depuis un an !

Les Allemands occupaient toute la Belgique et une partie de nos départements du Nord et du Nord-Est : ils devaient cet avantage à l'intensité
de leur longue préparation militaire. Il ne faut pas oublier que cette
préparation durait depuis quarante ans, et que, comme on l'a justement
dit, « la guerre est l'industrie nationale de l'Allemagne. »

Ils étaient surtout redevables de ces avantages à leur formidable approvisionnement en artillerie lourde et en munitions de gros calibre. Là nous
avions, pour ainsi dire, tout à créer pour être à la hauteur de nos ennemis,
et il en était de même chez nos alliés anglais, italiens et russes.

En outre, les Anglais avaient une armée de terre insignifiante : il
fallait, de ce côté-là, tout organiser à partir de rien.

C'est à cet effort énorme que fut consacrée l'année 1915.

La France se couvrit d'usines : tous les ateliers de mécanique servaient
à la fabrication des obus. Des millions de travailleurs, hommes et femmes,
tournaient, vérifiaient, chargeaient les innombrables projectiles nécessaires aux canons, chaque jour plus nombreux, qui sortaient de nos établissements métallurgiques. Partout on produisait des armes, des moteurs
d'aviation, des avions, des tracteurs automobiles.

En Angleterre, l'effort ne fut pas moindre, grâce à l'impulsion de deux
hommes : Lord Kitchener, l'illustre soldat qui avait, en 1870, combattu

dans nos rangs, et M. Lloyd George. La nation anglaise, soustraite à l'invasion, comprenait d'une façon moins aiguë que la nôtre les devoirs de la lutte : Lord Kitchener les lui fit toucher du doigt.

A son appel, des centaines de mille de volontaires vinrent s'engager dans l'armée britannique. Cet élan gagna les possessions anglaises d'outremer : Canadiens, Australiens, Néo-Zélandais fournirent à la métropole

Emploi de la main-d'œuvre féminine dans les usines de guerre. — Vérification des fusées d'obus.

de puissants contingents de troupes admirables. Et, quand Lord Kitchener eut fait le compte de ses soldats ; quand, au lieu des deux cent mille hommes que comptait jadis cette armée que le kaiser, dans son incommensurable orgueil, appelait « la méprisable petite armée du maréchal French », il en constata deux millions, il trouva que ce n'était pas encore assez, et il eut assez d'autorité pour persuader à ce peuple, où jamais la conscription ne s'était exercée, la nécessité du *service militaire obligatoire*.

Ce fut bientôt chose faite, et nos alliés d'outre-Manche purent mettre au front quatre millions d'hommes, armés et équipés de façon merveilleuse.

L'artillerie anglaise, l'artillerie lourde surtout, sous l'active impulsion de M. Lloyd George, se multipliait comme par enchantement ; les gros canons devenaient légion, et la fabrication des munitions atteignait une intensité prodigieuse. Les Anglaises donnèrent là un bel exemple de patriotisme : les femmes remplirent dans le Royaume-Uni tous les emplois jusque-là réservés aux hommes ; elles se firent conducteurs de tramways, cochers, maraîchères, boulangères, facteurs, livreurs de marchandises, que sais-je encore ? Et dans les usines de la Grande-Bretagne, où des milliers de femmes travaillaient à la confection des obus, on voyait, assises sur des escabeaux contigus, la modeste femme du peuple

Emploi de la main-d'œuvre féminine dans les usines de guerre. — Un atelier de tours.

à côté de la fille d'un gros bourgeois de Londres et de l'épouse d'un noble lord.

Voilà de la vraie « démocratie » ; celle-là, il faut bien le dire : on la trouve développée au maximum surtout dans les états monarchiques.

En Russie, en Italie, le même enthousiasme patriotique se manifestait également.

L'ensemble de ces efforts avait produit des résultats, et, quand arriva l'automne de 1915, les alliés se sentirent en mesure de tenter, non plus des actions partielles et locales comme celles dont nous venons de faire le récit dans les chapitres précédents, mais une offensive de plus grande envergure, s'étendant sur une ligne de front assez grande.

Cette offensive fut prise au mois de septembre 1915, simultanément en Champagne par nos troupes et en Artois par l'effort combiné de notre armée et de l'armée britannique. D'ailleurs, cette dernière avait déjà

9

étendu son front, en venant prendre, dans la Somme, la place d'une partie importante de nos divisions, qu'elle libérait ainsi et rendait disponible pour être utilisée ailleurs.

****

La ligne que le commandement français se proposait d'attaquer en Champagne était celle-là même où l'armée allemande s'était « terrée » après la bataille, victorieuse pour nos armes, de la Marne, en septembre 1914.

Nos ennemis en avaient organisé la défense d'une façon redoutable, en y accumulant tous les obstacles dont l'art militaire peut hérisser des fortifications : réseaux de fils de fer barbelés, chevaux de frise, lignes de tranchées successives défendues par des ouvrages de flanquement, blockhaus, réduits blindés, et surtout, à l'arrière, une nombreuse et terrible artillerie lourde, dont le tir pouvait battre, par-dessus les tranchées allemandes, tout le terrain où notre attaque était susceptible de se produire d'une manière effective.

Cette ligne, ou plutôt cette « région de lignes », n'était autre que le vieux champ de bataille d'Attila : c'étaient les « Champs catalauniques », vaste plaine crayeuse, soulevée par de longues ondulations du terrain, offrant au regard des mamelons écrasés, verdie de bois maigres, plaine triste et vilaine d'aspect, située entre la Suippe à l'ouest et l'Aisne à l'est.

En marchant de l'ouest à l'est, d'Auberive-sur-Suippe au plateau qui descend à Ville-sur-Tourbe, en avant du chemin de fer de Bazancourt à Challerange, le front d'attaque se présentait comme très varié. C'était d'abord une pente douce, une sorte de « glacis » large de huit kilomètres, dont l'axe était la route de Saint-Hilaire à Saint-Souplet. Puis venait une cavité, une manière de cuvette où se trouvait le village de Souain. Au nord de Perthes-les-Hurlus, entre les collines du Trou-Bricot et la Butte-du-Mesnil, se trouve un large passage de trois kilomètres, bordé au nord par une série de hauteurs. Au nord de Mesnil, une position très forte, et devant Beauséjour, la plaine qui domine la ferme de Maisons-de-Champagne. Enfin, au nord de Massiges se trouvait le réseau terminal de tranchées dessinant sur la carte une sorte de « patte d'oie » aux doigts écartés.

Nous avons dit plus haut quelle était la puissance de l'organisation défensive des Boches : il n'est pas inutile d'y revenir encore.

Leurs innombrables tranchées, dont beaucoup avaient été creusées mécaniquement par des machines excavatrices mues par des moteurs à essence, affectaient des dispositions variées : tantôt c'était un réseau en échiquier, tantôt c'était un groupe de tentacules divergents. Et, comme on l'a dit justement, la carte de ces ouvrages formidables, dressée d'après les observations et les photographies des aviateurs, donnait l'impression générale d'une immense « Saragosse souterraine ».

C'est sur ce front, c'est contre ces défenses que fut engagée la « bataille de Champagne », le 23 septembre 1915.

Des forces importantes étaient en présence des deux côtés.

Du côté français se trouvait massée la plus grande partie des groupes d'armées placés sous le commandement de l'héroïque sauveur de Nancy : le général de Currières de Castelnau, dont la noble physionomie domine toute cette terrible rencontre, et qui fut, avec Foch, le plus grand homme de guerre des forces alliées.

Du côté allemand, c'est la IIIe armée, armée très nombreuse que nos ennemis, en prévision de notre attaque, avaient encore accrue par l'appoint de nombreux renforts. Il en est effet impossible, avec l'aviation, de dissimuler à l'adversaire les préparatifs d'une attaque importante : ses aviateurs aperçoivent et signalent les mouvements de troupes, les concentrations d'artillerie. La « surprise » n'est presque plus possible dans la guerre actuelle.

*
* *

L'offensive ne fut donc pas prise sur toute l'étendue du front anglo-français : elle fut limitée, en Champagne, à la ligne que nous avons décrite, et en Artois, aux deux côtés du bassin minier qui constitue la région de Lens.

Le 23 septembre, le général Joffre, dans un ordre du jour lu à toutes les troupes, annonça que le moment était venu d'attaquer pour vaincre et pour ajouter de nouvelles pages au livre glorieux de la Marne, des Flandres, des Vosges et d'Arras. L'ordre du jour se terminait par les mots suivants :

« Derrière l'ouragan de fer déchaîné grâce au labeur des usines de France, où vos frères ont, nuit et jour, travaillé pour vous, vous irez à l'assaut tous ensemble, en étroite union avec les armées de nos alliés.

« Votre élan sera irrésistible. Il vous portera d'un premier effort jusqu'aux batteries de l'adversaire, au delà des lignes fortifiées qu'il vous oppose.

« Vous ne lui laisserez ni trêve ni repos jusqu'à l'achèvement de la victoire ! »

Le 23 septembre donc, le bombardement commença. L' « ouragan de fer et de feu » dont parlait le généralissime se déchaîna pendant trois jours et trois nuits.

Le tir de nos pièces couvrit la première et la seconde ligne des tranchées allemandes. Il s'efforçait surtout de détruire les réseaux de fils de fer, de faire ébouler les abris souterrains en ensevelissant ses occupants, de combler les tranchées et les boyaux. C'était l'œuvre des 75. Quant aux pièces lourdes à plus longue portée, elles couvraient d'obus formidables les lignes arrière de l'ennemi, arrosaient de projectiles ses quartiers généraux, ses cantonnements, ses chemins de fer, et s'opposaient ainsi à ce qu'il pût ravitailler ses troupes de première ligne.

Ce que fut ce bombardement, ceux-là seuls qui y ont assisté peuvent le dire. On en a une idée assez nette par les lettres et les carnets saisis sur les soldats allemands tués ou faits prisonniers.

Voici ce qu'écrivait l'un d'eux :

« Les Français tirent sur nous comme des furieux. L'artillerie tire presque aussi vite que l'infanterie. *On dirait que le monde va s'écrouler !* Une pluie d'obus tombe sur nous. Les hommes meurent comme des mouches. Les tranchées ne sont plus qu'un monceau de débris. Un abri profond de cinq mètres a été brisé comme du verre !... »

Et, dans une autre lettre trouvée sur un prisonnier, on lisait ceci :

« Les cuisines de campagne n'arrivent plus. Nous n'avons plus rien à manger. Une compagnie de deux cent cinquante hommes a eu, la nuit dernière, soixante morts. Ah ! si la fin était proche ! C'est le cri de tous : la paix ! la paix ! Les hommes meurent de privations et de sommeil. Pas de colonnes sanitaires pour relever les blessés !... »

On comprend, d'après cela, que les soldats allemands emprisonnés dans cet enfer attendaient avec impatience le moment de l'assaut, qu'ils considéraient comme une délivrance.

Toutes nos dispositions avaient été soigneusement prises, tout avait été prévu d'avance. Le mouvement général, l'objectif de chaque unité, instruite par ses officiers au dernier moment, avaient été méticuleusement réglés.

Aussi, pour déclencher l'attaque sur toute la ligne, suffira-t-il d'un mot du commandement à l'heure précise de 9 heures 30, transmise par la tour Eiffel à l'aide de la télégraphie sans fil. C'est la géniale découverte de notre illustre compatriote, le professeur Branly, de l'Institut catholique de Paris, membre de l'Académie des sciences, qui va donc être, si l'on peut dire, la « détente qui fait partir le coup de la victoire ».

A la seconde précise, une immense ligne bleue s'élance hors des tranchées : ce sont nos hardis poilus, leurs officiers en tête, qui se précipitent sur les tranchées ennemies en chantant en chœur la *Marseillaise !*

Bataille de Champagne (25 septembre 1915). — Prise d'une pièce allemande de 77.
Dessin de J. Simont (d'après *l'Illustration*).

La distance entre les deux lignes de tranchées était environ de deux cents mètres : elle fut parcourue sans grandes pertes pour nous. Les Allemands, surpris par l'impétuosité de cette irrésistible attaque, ne firent leurs tirs de barrage qu'après le passage de notre grande vague d'assaut ; celle-ci submergea la tranchée boche sur la presque totalité de l'étendue du front.

Au deux extrémités de la ligne, c'est-à-dire à Auberive et à Serson, elle fut toutefois arrêtée par des feux convergents et des contre-attaques. Cependant elle réussit à immobiliser l'ennemi sur ses deux ailes, pendant que son centre était culbuté.

Le général de Castelnau, avec son coup d'œil infaillible, avait annoncé que, si l'artillerie « travaillait » comme il l'avait ordonné, il serait possible à nos fantassins d'aller à l'assaut de la première ligne de tranchée allemande « le fusil sur l'épaule ».

Les choses se passèrent à très peu de chose près comme l'avait prévu l'illustre soldat.

Et il y avait une leçon à tirer de ce brillant succès : c'est que pour emporter la seconde ligne de tranchées, que rien ne nous autorisait à croire moins solide que la première, il faudrait employer la même tactique, c'est-à-dire commencer par l'anéantir, par l'écraser sous une véritable trombe d'obus de gros calibre, avant d'y lancer l'attaque décisive de l'infanterie.

*
* *

Cette ruée triomphante des fantassins de notre grande vague d'assaut fut le prélude, le « lever de rideau », pourrait-on dire, de la bataille de Champagne. Elle se continua pendant les journées des 24 et 25 septembre.

A partir du 26 commença une seconde phase de la bataille : cette phase avait pour but la conquête des centres de la résistance allemande, centres qui comprenaient des bois organisés défensivement, des fortins, des blockhaus bien armés.

On vit se renouveler là les innombrables et héroïques épisodes des combats locaux ; on vit des prodiges de bravoure, d'endurance, de mépris du danger, accomplis mille fois par nos officiers et nos soldats. Les raconter serait refaire les récits des chapitres précédents ; mais il nous suffira d'indiquer les résultats obtenus pour en faire comprendre l'importance.

En deux jours, nos troupes avaient capturé *plus de vingt mille prisonniers*, parmi lesquels on comptait au moins *trois cents officiers ;* elles avaient pris cinqante-deux canons, un nombre énorme de mitrailleuses et une quantité formidable de munitions et de matériel.

Le 28, elles réalisent de nouveaux progrès, font encore un millier de prisonniers et capturent de nouvelles bouches à feu. Le succès devenait une grande victoire.

Du 28 septembre au 5 octobre se déroula, si l'on peut ainsi s'exprimer, le troisième acte de cette action dramatique et sublime.

Les Allemands, surpris par notre rapide succès, humiliés dans leur massif orgueil de voir notre avance soulignée encore par l'importance des pertes qu'ils avaient subies, firent venir à leur secours de puissants contingents de renfort.

L'importance de ces troupes de soutien se montait à quatre-vingt-treize bataillons nouveaux. Avec l'appui de cette force, ils repoussent d'abord l'offensive d'une de nos unités qui s'était aventurée dans la direction de Somme-Py, où elle avait cru voir qu'une partie des secondes lignes ennemies était abandonnée. Cette offensive inutile s'était, par suite d'une erreur dans l'interprétation des ordres, produite au moment précis où le commandement en chef rédigeait, de son côté, l'ordre d'arrêter le combat.

On est beaucoup frappé par des incidents de ce genre, et l'on est un peu enclin à leur attribuer une importance qu'ils n'ont pas : il faut se dire qu'ils sont inévitables, surtout dans une guerre aussi « immense » que la guerre actuelle.

Au cours des journées suivantes, les Allemands redoublèrent leurs attaques avec une sauvage énergie. Leurs chefs, peu soucieux de la vie de leurs hommes, n'ont en vue que le résultat cherché : la reprise du terrain perdu. Ils lancent contre nos positions leurs masses d'infanterie en colonnes serrées, espérant que la violence du choc nous enfoncera.

Nos hommes sont impassibles, attendant avec un sang-froid admirable les ordres de leurs officiers. Ceux-ci laissent approcher les Boches jusqu'à vingt mètres ; ils arrivent en vague déferlante. On ne peut trop s'incliner devant la maîtrise de soi-même que devait posséder chacun de nos fantassins, ayant entre les mains un fusil chargé de huit balles, pour ne pas tirer sur un ennemi qui s'approche ainsi.

Mais tout à coup, quand les Allemands ne sont plus qu'à quinze mètres, les officiers jugent le moment opportun pour déclencher le tir :
« Feu à volonté ! »

Alors c'est la rafale. Les lebels, les mitrailleuses unissent leurs détonations dans un crépitement tellement continu, qu'il donne l'impression d'un roulement formidable de tambour. Les vagues allemandes sont arrêtées, fauchées, anéanties. Pas un homme n'en revient. La contre-attaque ennemie se termine en échec sanglant.

Et pourtant ils avaient tout mis en œuvre ; ils avaient, comme l'on dit, « fait feu des quatre pieds. » Ne pouvant réussir avec les armes d'un combat loyal, ils employèrent les armes des lâches. Ils se servirent contre nos soldats de balles *dum-dum* ; ils lancèrent avec leurs gros canons des obus suffocants, dont l'explosion, dégageant des gaz irrespirables, asphyxiait ceux qui se trouvaient au voisinage.

Toute cette chimie de malfaiteurs fut dépensée en pure perte.

Notre artillerie, avec d' « honnêtes » obus, contre-battit efficacement les batteries boches et en réduisit la plus grande partie au silence. Nos hommes prirent de nouvelles tranchées, de nouveaux boyaux, et, le 6 octobre, ils enlevaient d'assaut le village de Tahure et atteignaient le sommet de la butte de ce nom, qui formait le point d'appui de la seconde ligne ennemie, Dans cette affaire, nous fîmes encore un millier de prisonniers.

* *
*

Cette « bataille de Champagne » se terminait pour nous par une victoire.

Certes, la victoire n'était pas définitive. Nous avions enfoncé la première ligne allemande sur un front de plus de vingt-cinq kilomètres, mais nous n'avions pas pu dépasser la seconde.

Malgré cela, le succès était d'importance considérable.

Il se chiffrait, sur la carte, par un gain de quarante-cinq kilomètres carrés ; et si l'on examine avec attention la nature des positions conquises par nos troupes, on peut constater que leur importance militaire était de beaucoup supérieure à leur étendue même.

Certains des obstacles enlevés par nos soldats, entraînés par leur invincible ardeur, les ont même étonnés après qu'ils les avaient pris.

Nos braves, en effet, avaient multiplié les tours de force ; ils avaient une fois de plus démontré que le mot « impossible » devait être rayé du dictionnaire français.

N'avaient-ils pas, en effet, escaladé sous le feu de l'ennemi les glacis de Vedegrange et bordé les hauteurs de la cuvette de Souain jusqu'au « droit » de la ferme de Navarin ! Au centre, n'avaient-ils pas, en dépit de la canonnade allemande, débouché dans le couloir au nord de Perthes-les-Hurlus, des bois épais du Trou-Bricot, et enlevé les bastions ouest de la courtine du Mesnil ! Et par la droite, enfin, ne s'étaient-ils pas élancés jusqu'à la crête de Maisons-de-Champagne, et n'avaient-ils pas pris d'assaut, sous la mitraille, les tranchées de la « patte d'oie » de Massiges !

Toutes ces positions étaient très fortes naturellement, très défendues artificiellement, et cependant nos poilus en avaient eu raison.

C'était donc bien la « victoire de Champagne », et c'était une victoire à la fois au point de vue de la stratégie et de la tactique : de la stratégie, par l'heureuse combinaison des mouvements d'ensemble qui avait coordonné les efforts individuels des diverses unités dans une action décisive ; de la tactique, par l'utilisation remarquable, faite sur le champ de bataille, de tous les accidents du terrain et de tous les incidents du combat.

Une victoire ne se mesure pas seulement à l'étendue du terrain conquis : elle doit aussi se mesurer à l'importance du butin ramassé, au nombre des prisonniers capturés, au chiffre des pertes de l'ennemi.

Or le bilan de cette victoire de Champagne se traduisit par les chiffres suivants : plus de cent vingt-cinq mille Allemands tués ou blessés ; vingt-cinq mille prisonniers, dont trois cent cinquante officiers ; cent cinquante canons capturés ; une quantité énorme de mitrailleuses et de matériel.

Si l'on compare ces chiffres à ceux des batailles célèbres du premier Empire, on ne peut s'empêcher d'être frappé de leur importance, qui montre bien celle de la victoire. Ainsi, à Iéna, Napoléon fit quinze mille prisonniers ; il en fit douze mille à Austerlitz.

Ce brillant succès provoqua dans toute la France un véritable courant de joie patriotique et raffermit chez tous une confiance inébranlable ; il en fut de même chez nos alliés. L'effet moral de la victoire était encore plus grand que l'effet matériel, pourtant bien important.

L'Allemagne, en effet, trompée par l'apparente immobilité de notre front depuis la Marne et l'Yser, avait fini par se croire boulonnée à perpétuité dans ses positions, que l'on considérait volontiers, de l'autre côté du Rhin, comme inexpugnables. Les Boches étaient convaincus que toutes nos attaques viendraient mourir au pied du talus de leurs formidables tranchées.

Et voilà que la digue qui devait arrêter le fleuve de notre attaque s'écroulait sur une longueur de vingt-six kilomètres ! C'était un dur coup pour l'orgueil allemand ; c'était leur prestige fortement entamé vis-à-vis des puissances neutres.

*
* *

Aussitôt qu'il apprit la nouvelle de la victoire de Champagne, l'empereur de Russie adressa au chef de l'État la dépêche suivante :

« Apprenant la nouvelle du grand succès remporté par la glorieuse armée française, je saisis avec plaisir cette heureuse occasion de vous adresser, Monsieur le Président, ainsi qu'à la vaillante armée, mes félicitations les

Bataille de Champagne. — La récolte des prisonniers.
Dessin de J. Simont (d'après *l'Illustration*).

plus chaleureuses et les vœux très sincères que je forme pour l'avenir
et l'immuable prospérité de la France.

« NICOLAS. »

Le président a répondu comme il suit à S. M. l'empereur de Russie :

« Je remercie Votre Majesté des félicitations qu'Elle veut bien adresser
à nos armées à l'occasion du beau succès qu'elles viennent de remporter,
avec le concours de nos alliés, sur l'ennemi commun. Je prie Votre Majesté de recevoir Elle-même nos plus chaleureux compliments pour la magnifique vaillance dont les troupes russes donnent l'exemple quotidien et
qui fait l'admiration du monde entier.

« RAYMOND POINCARÉ. »

***

Le président, dans sa réponse au tsar, disait : « avec le concours de
nos alliés. »

C'est qu'en effet, pendant que nos braves remportaient la victoire en
Champagne, une autre victoire, également importante, était remportée en
Artois par les forces combinées de France et d'Angleterre.

L'armée britannique, commandée par le général Sir Douglas Haig, qui
avait succédé au maréchal French, avait exécuté une série d'attaques
dans la direction de Lens, attaques qui étaient combinées avec un effort
parallèle fait par notre troisième armée.

Cette double action simultanée fut couronnée par un important succès : la prise de Loos et celle de Souchez, les 25 et 26 septembre.

On se souvient des luttes épiques dont la « sucrerie de Souchez » avait
été le théâtre vers le commencement de 1915, luttes que nous avons
retracées au cours des chapitres précédents. Cette fois, le village lui-même
fut arraché aux Allemands et tomba entre nos mains.

Comme notre avance en Champagne, l'avance des troupes britanniques
en Artois dut se borner à l'occupation de la première ligne allemande
et s'arrêter à la seconde : elle fut enrayée par des contre-attaques violentes au nord-ouest de Lens, à peu près à l'endroit même où le grand
Condé, sous le règne de Louis XIV, s'arrêta pour gagner sa célèbre bataille.
L'arrivée de puissants renforts allemands sur la crête de Vimy nous
empêcha d'y progresser plus loin que les vergers de la Folie et le sud de
Thélus, près de la route d'Arras à Lille.

Sur la rive gauche de la rivière qui coule à Souchez et qui se nomme la Deule supérieure, est bâtie la petite ville de Loos. Les Allemands l'occupaient depuis le début de l'invasion, et, comprenant l'importance de sa position, ils l'avaient mise très fortement en état de défense. La ville était couverte par une série de tranchées creusées au sommet d'une crête allant dans la direction du nord. Elle était de plus protégée par Hulluch et Haisnes, et par une série d'ouvrages très forts dans la direction de l'est, vers Grenay. En face de Grenay était construit un bastion formidable, appelé le « double crassier ». Entre Haisnes et Hulluch, l'ennemi avait établi une très grosse fortification, connue sous le nom de « redoute Hohenzollern ». Enfin, à l'est de Loos, une très importante et très solide redoute, construite au sommet de la colline désignée sous le nom de « cote 70 », tenait sous le feu de son artillerie la route qui va de la Bassée à Lens.

Telle était la position, redoutablement défendue, comme on le voit, que les deux armées française et anglaise avaient la dure mission d'emporter.

*
* *

Le général Sir Douglas Haig utilisa séparément les divers éléments de son armée.

Le 5e corps était sous les ordres du général Gough ; Sir Douglas Haig lui donna l'ordre de marcher tout droit contre le sud de la Bassée.

Le 2e corps, commandé par le général Rawlinson, fut lancé contre Loos, avec l'espoir qu'il pourrait s'avancer jusqu'à Lens et pousser jusqu'à la pointe nord de la crête de Vimy.

L'armée allemande, très renforcée par l'arrivée de nombreuses troupes de réserve, était sous le commandement direct du kronprinz de Bavière.

La double attaque des deux corps anglais, menée avec un entrain irrésistible, surprit tout d'abord les Allemands, qui ne s'y attendaient pas, tout au moins avec cette violence. Ils commencèrent à battre en retraite, et ils perdirent ainsi la position de Hulluch et la ville de Loos, ainsi que toutes les mines avoisinantes. Les troupes anglaises leur tuèrent plus de quinze mille hommes, capturèrent deux mille huit cents prisonniers non blessés, parmi lesquels il y avait cinquante-trois officiers, et s'emparèrent de dix-huit canons, de trente-deux mitrailleuses et d'un nombreux matériel, composé de munitions de guerre et d'objets d'équipement.

Mais après ce recul, qui avait plutôt ressemblé à une véritable débandade, les Boches se ressaisirent, grâce à l'appui de puissants renforts envoyés en hâte. Toutefois ils ne purent réussir à reprendre les positions qu'ils venaient de perdre ; mais ils arrivèrent à un résultat, c'est de n'en pas perdre davantage.

En même temps que l'armée de Sir Douglas Haig enlevait ainsi la posi-

Loos. — 1ᵉʳ Black - Watch (Garde noire), 1915.
Tableau de H. Chartier.

tion de Loos, l'armée française sous les ordres du général d'Urbal débuta, comme sa sœur alliée, par un très brillant succès : la prise du village de Souchez.

Souchez est à cheval sur la route d'Arras à Béthune, au pied de l'extré-mité est de l'éperon de Notre-Dame-de-Lorette. Le château de Carleul lui sert en quelque sorte de bastion avancé. Inutile de dire que les Allemands avaient fortifié la position de la belle manière.

Le général d'Urbal commença par ordonner une intense préparation d'artillerie. Nos pièces lourdes furent mises en batterie et inondèrent de leurs terribles obus les positions allemandes, par un bombardement qui se continua cinq jours de suite, jour et nuit, sans interruption.

Cette préparation fut tellement efficace et réglée avec tant de précision que, le jour de l'attaque, nos fantassins purent, d'un seul élan, atteindre le parc du château de Carleul et pénétrer dans le cimetière de Souchez.

Pendant ce temps, une autre colonne d'assaut, dégringolant le long des dernières pentes de Notre-Dame-de-Lorette, atteignait le bois en Hache après une course de vingt minutes.

Nous avions donc bénéficié de l'élan irrésistible de nos troupes, et nous nous étions installés du premier coup dans des positions bien difficiles à conquérir.

Les Allemands, qui avaient évacué leurs défenses, essayèrent de se rattraper en faisant pleuvoir, sur les positions maintenant occupées par nous, un véritable déluge d'obus de tous calibres, tirés par leurs batteries échelonnées sur la route de Lens.

Le combat se poursuivit ainsi pendant toute la nuit du 26 septembre. Au jour, le commandement décida de déborder Souchez à l'est, pendant que le reste du corps d'attaque continuerait sa progression au nord.

Les Allemands, alors, se trouvaient dans une position difficile : ce double mouvement était pour eux une menace très grave, celle d'être coupés. Aussi abandonnèrent-ils Souchez, ainsi que les dernières tranchées du fameux *Labyrinthe*, en y subissant des pertes énormes et en laissant quinze cents nouveaux prisonniers entre nos mains.

Ils ne se consolèrent, d'ailleurs, pas facilement de ce recul forcé : à plusieurs reprises ils contre-attaquèrent violemment Loos et Souchez, jusqu'au 6 et au 8 octobre ; mais ce fut en vain, et leurs tentatives ne réussirent qu'à leur faire perdre à chaque fois un millier d'hommes tués et cent cinquante à deux cents prisonniers.

Ainsi, en même temps que les Anglais triomphaient d'un côté de la plaine de Lens, nous triomphions de l'autre. Mais, ainsi que nous l'avons déjà dit, la plaine elle-même nous échappait encore. Nous avions forcé sans coup férir la première ligne de tranchées ennemies, et, comme en Champagne, nous étions arrêtés en face de la seconde.

Il s'en fallut de bien peu, d'ailleurs, que l'armée allemande ne fût complètement coupée, comme en fait foi une relation trouvée sur le carnet d'un officier allemand fait prisonnier : « Je trouve les routes encombrées de convois, de voitures, de fourgons. Terrible tableau de retraite : à mon arrivée à Vimy, j'ai trouvé nos tranchées pleines de cadavres. Quelques-uns de mes hommes étaient devenus fous par l'effet de l'artillerie française. Nos pertes en officiers sont épouvantables. C'est un miracle que notre IVe corps ait pu empêcher nos lignes d'être trouées. Il a fallu faire appel à toutes les réserves... »

Quoi qu'il en soit, la double victoire de nos armées en Artois et en Champagne avait de grands et importants résultats.

D'abord elle faisait subir aux armées ennemies, tant en tués, blessés que prisonniers, une « saignée » de près de deux cent mille hommes et une grosse perte de matériel.

Ensuite, au point de vue moral, c'était un rude coup porté à cette réputation de « supériorité militaire indiscutable » des armées allemandes.

Déjà les échecs sanglants de la Marne et des Flandres étaient venus faire pâlir l'auréole de force « colossale » des armées du kaiser. Voici maintenant que les alliés, prenant l'offensive en deux points du front, font reculer les « invincibles légions » de l'empereur allemand, et que lesdites légions sont impuissantes à reprendre la plus petite parcelle du terrain qu'elles ont dû évacuer.

C'était donc un mauvais son de cloche pour la puissance militaire allemande, qui se faisait entendre comme un glas à l'entrée de l'hiver.

Nous allons entendre ce glas s'accentuer davantage à la fin de février 1916, en même temps que pâlira de plus en plus le prestige germanique au cours des efforts infructueux qui seront faits pendant plus de dix mois autour de Verdun, dont la défense héroïque que nous allons relater est la plus belle page non seulement de l'histoire de France, mais encore de l'histoire militaire du monde.

CHAPITRE VIII

VERDUN

La situation de l'Allemagne en 1916. — Les raisons de l'attaque de Verdun. — La vio-
lence de l'attaque. — Le général de Castelnau et le général Pétain. — L'attaque sur
Douaumont. — Le Mort-Homme et la cote 304. — L'attaque du fort de Vaux. —
L'héroïque défense du commandant Raynal. — Les pertes allemandes à Verdun. —
La reprise, par nos troupes, de Douaumont et de Vaux.

L'hiver de 1915-1916 s'était passé sans grandes actions sur le front
anglo-français : les inévitables duels d'artillerie, des combats aériens, de
petites « affaires » locales, suffisaient à remplir les communiqués quoti-
diens, qui ne contenaient, par conséquent, aucune nouvelle à sensation,
susceptible d'émouvoir l'opinion publique.

Or, cette opinion publique, si admirablement calme en France, était
loin de présenter la même tranquillité confiante en Allemagne et en Autriche.

On avait dit au peuple allemand, au début de la guerre, que la campagne serait une suite ininterrompue de succès rapides et successifs ; que
la France serait vite écrasée, et qu'en six semaines une marche triom-
phale amènerait à Paris les troupes du kaiser, pour défiler, en présence
de celui-ci, sous l'Arc de triomphe, devant les Français vaincus.

Or, non seulement au bout de six semaines on n'était pas « à Paris »,
mais encore les armées impériales avaient été battues sur la Marne ; puis
ce furent les infructueuses tentatives pour atteindre Calais, et la meur-
trière bataille de l'Yser.

Aussi, malgré les artifices dont l'état-major et le gouvernement allemands enveloppaient les nouvelles, savamment « truquées », fournies à
la population d'outre-Rhin, peu à peu avaient germé dans l'esprit des
Boches des idées de doute. La vue des innombrables blessés revenant du
front, la liste interminable des morts qui à la fin de janvier 1916 s'éle-

vait (chiffre avoué) à plus de deux millions d'hommes, tout cela transformait peu à peu en inquiétude lancinante le doute qui avait pénétré dans les cerveaux allemands.

Puis, brochant par-dessus tout, était survenue la « gêne » alimentaire du peuple. Sans aller jusqu'à dire que les Allemands souffraient de la famine, on peut sans crainte affirmer qu'ils subissaient une forte gêne. Le pain, l'affreux pain « K K », leur était parcimonieusement mesuré ; on distribua t dans les villes des « cartes de viande » et des « cartes de beurre » ; puis ce furent des « cartes de sucre », réduisant la ration individuelle à quelques grammes par semaine. Le lait, devenu rare, suffisait à peine à l'alimentation des petits enfants ; la police décrétait chaque semaine plusieurs « jours sans viande », et celle ci atteignait des prix fabuleux.

De plus, le blocus étroit et effectif exercé par les flottes anglo-françaises empêchait tout commerce de l'Allemagne avec l'extérieur, et le cours du « mark », aux bourses des États neutres, baissait d'une façon plus qu'inquiétante.

Il fallait donc provoquer, coûte que coûte, un événement important, un grand succès militaire propre à remonter le moral du peuple allemand, à relever le prestige de la dynastie des Hohenzollern, menacé par la longueur de la guerre, que l'on ne pourrait plus présenter comme victorieuse, propre enfin à éblouir les neutres par l'éclat d'une victoire des armées germaniques.

Ce succès, les Boches l'avaient bien espéré en Russie et en Pologne, où, comme nous le verrons dans un prochain volume, le manque de munitions de nos alliés avait permis une certaine avance allemande ; mais voici que les Russes « faisaient tête » et se retournaient victorieusement contre l'envahisseur, commençant par l'arrêter dans sa marche en avant, et s'apprêtant bientôt à lui faire piteusement rebrousser chemin.

Il fallait donc le chercher ailleurs, cet évènement. Or, c'était la France qui était toujours, pour les allemands, le « principal ennemi » ; c'est la France que poursuivait leur haine héréditaire. C'est donc sur le front français qu'ils vont chercher la victoire.

Et pour que cette victoire relève du même coup le prestige de la dynastie impériale, il faut qu'elle soit remportée par l'héritier du trône, par le kronprinz en personne.

Voilà pourquoi, au mois de février 1916, les barbares tentèrent un effort surhumain pour percer le front français, effort qui devait, dans leur pensée, leur ouvrir la route de Paris, de ce Paris tant convoité. Or, des trois routes de Paris, ils en avaient déjà « raté » deux : celle de l'Oise et celle des Flandres. Il ne leur restait qu'une ressource, celle de tenter de s'ouvrir la plus longue, la route qui passe par Verdun et descend la vallée de la Marne.

Les troupes du kronprinz allaient commencer leur attaque formidable sur Verdun.

**

Nous ne pouvons certes pas retracer, dans tous leurs détails, les événements qui se sont déroulés autour de cette forteresse : la bataille de Charleroi, qui remonte au mois d'août 1914, n'est pas encore entrée définitivement dans l'histoire, à plus forte raison celle de Verdun. Cependant, sans en faire la narration complète, il est possible à l'heure actuelle d'esquisser la physionomie générale de cette attaque, la plus formidable qui se soit jamais produite dans les fastes militaires. Mais, avant de parler des épisodes qui ont ajouté des pages glorieuses au livre des exploits de l'armée française, il est intéressant de reprendre chronologiquement le cours des événements, afin de mieux mesurer l'ampleur de l'attaque allemande et l'effort *kolossal* (c'est bien le cas, ici, d'employer le qualificatif cher aux Boches) que tenta l'ennemi pour briser notre aile droite.

On s'est demandé si notre commandement n'avait pas été surpris par l'attaque intensive de Verdun. Nous pouvons hardiment répondre que non.

Depuis longtemps, on avait envisagé une démonstration allemande sur la forteresse comme une des éventualités les plus vraisemblables. Seuls ceux qui ne connaissaient ni les intentions des ennemis, ni la puissance de leurs moyens d'action, ne voyaient pas qu'ils préparaient de terribles attaques et qu'une action formidable allait se produire en un point du front, pour essayer de le percer et de s'élancer, par la trouée ainsi faite, sur la route de la capitale.

Pendant tout le mois de février 1916, les Allemands avaient poussé une série d'offensives locales sur tous les points du front, *excepté sur le secteur de Verdun*. Il y avait là une tactique manifeste destinée à nous donner le change sur le véritable terrain où allait se produire la grande attaque et à nous empêcher d'y concentrer nos réserves. Et, en fait, l'armée du général Pétain, que notre commandement réservait pour l'honneur de faire tête à ce « coup de chien », n'était pas dans la région de Verdun et n'y put être amenée qu'après plusieurs jours.

Cependant plusieurs grands chefs n'avaient pas « coupé » dans la feinte allemande. Ils annonçaient depuis plusieurs semaines que l'ennemi porterait son gros effort sur les rives de la Meuse, et ils appuyaient leurs dires sur les observations des aviateurs, qui avaient signalé de très grosses concentrations de troupes ennemies dans la région au nord de la forteresse, où le kronprinz avait fait venir, non seulement des divisions, mais des corps d'armée nouveaux.

Deux courants d'opinions s'établirent alors dans notre haut état-major. Les uns tenaient pour certain que Verdun serait le point choisi par les Allemands pour leur suprême tentative de percer ; les autres persistaient à ne point envisager comme probable cette éventualité.

Notre front, qui s'allongeait alors à la hauteur du bois des Caures, était tenu surtout par des territoriaux et par des troupes africaines, et le camp retranché de Verdun était, ainsi que ses positions avancées, sous les ordres du général Herr.

Celui-ci réclamait des renforts : on mit alors à sa disposition, éventuellement, mais sans cependant l'acheminer tout de suite sur les lieux, le 20e corps d'armée, qui était au camp de Mailly.

C'est dans ces conditions que se produisit l'attaque du 21 février. Pendant trente-six heures, on ne parut pas en saisir toute la gravité, et cependant, sous la brutalité du choc des hordes allemandes, nous fûmes forcés de nous replier : *nous luttions, en effet, avec trois divisions contre sept corps d'armée !* Ce fut alors que la situation apparut sous son véritable jour.

Aucune voie ferrée nouvelle n'avait été construite dans la région. Depuis que les Allemands étaient à Saint-Mihiel, nous ne possédions qu'un seul chemin de fer pour ravitailler notre place forte. En outre, à la fin de février, la Meuse était en crue, et les ponts, exposés aux projectiles de l'ennemi, pouvaient disparaître d'un instant à l'autre.

Il faut se rappeler la situation géographique de la place. Verdun, bâtie sur la Meuse, se trouve à l'ouest de la chaîne de hauteurs appelée les « Hauts-de-Meuse », chaîne qui domine la plaine de la Woëvre qui s'étend à sa droite.

Les Hauts-de-Meuse portent des ouvrages très fortifiés, qui constituent la défense avancée de Verdun. Sur la rive droite de la Meuse, ce sont les forts de Douaumont et de Vaux, le plus au nord, sur la lisière même des « Hauts » ; puis, en arrière, les forts de Belleville, de Saint-Michel, de Tavanne, de Moulainville et de Belrupt, ces derniers à l'est de la ville. Au sud sont les forts du Rozellier et d'Haudainville.

Sur la rive gauche de la Meuse, au sud de la place, sont les forts de Dugny, de Landrecourt et du Regret ; à l'ouest, ceux des Sartelles, de la Chaume, de Choisel, et enfin, au nord, ceux de Bourrus, de Marre et de Vacherauville.

***

Le bombardement commença le 21 février, à 7 heures 15. Les canons allemands ouvrent le feu et arrosent notre secteur avec des obus de tous calibres, y compris des obus suffocants et des obus « lacrymogènes », c'est-à-dire dont l'explosion dégage des gaz provoquant les larmes et la fermeture des paupières.

Après une heure de ce terrible « arrosage », toutes nos communications téléphoniques étaient coupées, et les liaisons pour la transmission des ordres devaient se faire par des coureurs.

Nos abris commencent à céder ; aux bois des Caures et de la Ville, des éboulements se sont produits et des groupes de soldats ont été ensevelis sous les décombres.

Notre artillerie répond aussitôt au bombardement ennemi : elle canonne surtout la forêt de Spincourt, où le nombre des pièces allemandes est tellement formidable, que les aviateurs renoncent à les signaler isolément, disant que c'est un véritable « feu d'artifice ». A 16 heures, le tir allemand atteint son maximum de violence. Six *drachen* (ballons cerfs-volants ou « saucisses ») planent au-dessus des lignes.

Sous cette avalanche d'obus, nos premières lignes furent nivelées ; mais les garnisons se cramponnèrent partout où elles purent. Les Allemands n'arrivent qu'à s'infiltrer dans nos éléments avancés. Les contre-attaques sont vivement organisées, et, quand l'offensive ne réussit pas, la défense reprend, poursuivie avec méthode et opiniâtreté.

Au bois de Haumont, le terrain n'est ainsi cédé que pied à pied. Au bois des Caures, l'héroïque colonel Driant et ses braves chasseurs à pied reprennent toute la partie sud du bois et s'y établissent.

Du côté de la Woëvre, l'ennemi n'avait pas bougé. Il s'était contenté de bombarder quelques positions avancées et de lancer en plusieurs endroits des obus asphyxiants.

En somme, cette première journée de l'attaque n'avait pas donné à l'armée du kronprinz des gains considérables. Elle avait simplement réussi à prendre pied dans les tranchées de première ligne et parfois, mais au prix de lourdes pertes, dans les tranchées de soutien.

Toutefois ce n'était qu'un prélude. La pression va aller en s'accentuant de plus en plus, d'une façon plus énergique et avec une préparation d'artillerie encore plus terrible.

La tactique allemande, en effet, est peu variée : elle consiste à écraser avec les canons lourds chacun de nos centres de résistance et à créer autour d'eux une zone de mort par des tirs de barrage. Puis, une fois la destruction opérée, on envoie de l'infanterie pour s'assurer des résultats et occuper les positions détruites.

Cette infanterie est précédée de groupes d'éclaireurs, chacun d'une quinzaine d'hommes. Derrière eux marchent les grenadiers et les pionniers, et ensuite la première « vague » d'infanterie. L'artillerie a conquis la place, l'infanterie n'a plus qu'à s'y installer. Voilà le système que les Boches cherchent à mettre en pratique.

De son côté, notre artillerie s'efforce d'isoler les partis ennemis qui s'infiltrent partout. Nos garnisons de défense luttent jusqu'à la mort, et nos contre-attaques enrayent à chaque instant la marche de l'adversaire.

*
* *

Malheureusement, dans la journée du 22, notre retour offensif échoue au bois de Hautmont. La lutte reprend au bois des Caures, et, grâce à des projections de liquides enflammés, les Allemands parviennent, à Consenvoye, à se glisser jusqu'au fond du ravin.

Du côté de l'Herbebois, ils tiennent la corne nord-est sans pouvoir pénétrer plus loin. Là, nos troupes font des prodiges pour arrêter le flot assaillant, et elles y réussissent. Mais le feu de l'artillerie allemande redouble. Le village de Hautmont est particulièrement éprouvé. Les défenseurs, groupés autour de leur colonel, luttent jusqu'à la dernière minute, et ce n'est qu'à 18 heures que l'ennemi peut s'avancer parmi les ruines. La défense de Hautmont restera parmi les épisodes les plus émouvants de notre histoire militaire.

En fin de journée, nous avions perdu le bois de Ville. Nous travaillons toujours à découvert, les tranchées et les boyaux ayant été détruits. C'est la guerre en rase campagne. L'artillerie tire parfois à moins de cinq cents mètres, semant la mort dans les rangs adverses.

Mais il nous faut céder sous le flot, toujours montant, des corps d'armée qui nous assaillent. Dans la nuit du 22 au 23, nous évacuons Brabant, et le bombardement sur Samogneux est tellement intense, que nous ne pouvons pas y exécuter les contre-attaques préparées.

Plus à l'est, au contraire, notre ligne de résistance a été améliorée. Les Allemands se sont déployés dans le ravin de Hautmont et bombardent les fermes d'Anglemont et de Mormont avec des obus de 305 et de 380. Malgré cette pluie de fer, nos hommes tiennent stoïquement.

Une attaque allemande sur la Wavrille est d'abord repoussée à 6 heures du matin. Un autre mouvement offensif sur l'Herbebois provoque un combat qui dure jusqu'à 4 heures de l'après-midi. Mais, pendant ce temps, l'ennemi, continuellement renforcé, continue à attaquer la Wavrille et finit par déborder ; ce qui nous oblige, dans la soirée, à battre en retraite.

Dès le soir du 23, Samogneux se trouvait dans une position très critique, et on pouvait considérer le village comme perdu. Notre commandement prend, en conséquence, des dispositions pour mettre en état de défense la côte de Talon et la côte du Poivre. La division chargée de la

Transport des troupes en autobus sur les routes de Verdun.

garde de la rive gauche reçoit aussi ses instructions : elle devra prendre sous le feu de ses canons les forces ennemies de la rive droite. Un régiment d'infanterie se tient à cheval sur la route de Vacherauville-Samogneux, s'appuyant à droite sur la cote 344.

C'est sur cette dernière position que les Boches concentrent tout leur effort. Vingt fois ils reviennent à la charge, vingt fois ils sont repoussés. Mais, quand ils reviennent, ils sont toujours plus nombreux, malgré leurs pertes, grâce aux renforts qu'ils reçoivent continuellement. Et, dans la nuit du 24, ils finissent par s'accrocher à la cote 344.

Vers 13 heures, ils dépassent aussi la lisière du bois des Caures ; ils deviennent de plus en plus pressants du côté du bois des Fosses et rassemblent des contingents importants à l'est du bois de Rappe et au nord du bois de la Wavrille.

Deux de nos bataillons marchent alors contre eux ; ils enlèvent une partie du bois, mais le tir continu des mitrailleuses ennemies paralyse leur avance.

A 13 heures et demie, les Allemands font un retour offensif qui les met en possession de la lisière sud du bois de la Wavrille, où nos zouaves et nos tirailleurs étaient accrochés. Ils poussent leur avantage et débordent Beaumont. Le village est disputé pied à pied avant d'être envahi ; mais nos soldats doivent céder sous le nombre. Le bois de la Chaume tombe également entre les mains des Allemands.

A 14 heures et demie, des forces ennemies importantes débouchent entre Louvemont et la cote 347. Toutes nos troupes disponibles font un effort surhumain pour repousser l'envahisseur, qui tente un coup de main sur Ornes. Le village est attaqué de trois côtés à la fois. Malgré son courage, la garnison, débordée par le nombre des assaillants, est obligée de battre en retraite ; elle se retire en bon ordre à la faveur de l'obscurité.

On le voit, la situation devenait grave, car l'ennemi avançait de façon continue.

***

Alors le général de Castelnau vint à Verdun : ce fut le salut. Muni, en qualité de major-général, des pleins pouvoirs du général en chef, il examina la situation, la jugea d'un coup d'œil infaillible et prit toutes les décisions nécessaires au salut de la place, dont il confia la défense au général Pétain. Jamais choix ne fut plus heureux.

Le premier acte qui influa d'une façon décisive sur le cours des événements ultérieurs fut l'utilisation des camions automobiles pour le transport intensif des troupes et des munitions, car l'unique chemin de fer qui desservait Verdun était insuffisant et pouvait être coupé par de gros projectiles ennemis. On préleva donc, sur les diverses armées voisines, quatre mille sept cents camions et tracteurs qui, nuit et jour, en chapelet continu, établirent entre Bar-le-Duc et Verdun une communication ininterrompue. C'est grâce à eux que le 20e corps, amené du camp de Mailly à Bar-le-Duc en chemin de fer, put être transporté en douze heures de Bar-le-Duc à Douaumont. On l'embarquait le 24 février à 19 heures, et le lendemain matin, à 10 heures, il prenait part à la bataille.

Les jours suivants, les mêmes camions ont assuré le transport de l'armée du général Pétain tout entière, et, tout le temps qu'a duré cette bataille gigantesque, ils ont amené sans cesse, au prix des plus grands dangers et grâce à l'héroïsme tranquille de leurs « chauffeurs », les vivres, les munitions, les troupes fraîches ; ils ont ramené les blessés, les évacués, les unités relevées du front. Aussi le général en chef a-t-il pu légitimement citer à l'ordre de l'armée « les automobilistes de Verdun ».

*
* *

C'étaient toujours les mêmes troupes qui, depuis le 21 février, tenaient tête aux Boches en défendant pied à pied chaque position. En dépit des intempéries d'une saison très dure, des sacrifices en hommes et en matériel, elles barraient la route à l'ennemi et continuèrent à la lui barrer pendant toute la nuit du 24 au 25. Leur mission était de maintenir le front Bras-Douaumont : elles l'ont remplie jsuqu'au moment où de nouvelles unités sont venues les relever.

Les divisions qui ont ainsi reçu l'un des chocs les plus formidables de la campagne se sont distinguées au cours de maints combats, et par leur ténacité, elles ont permis aux réserves de retarder l'avance de l'ennemi. Elles ont joué un rôle de couverture, rôle écrasant qui a sans doute contribué à nous conserver Verdun. Leur héroïque activité a permis d'incessantes contre-attaques et a imposé aux Allemands des arrêts qui leur ont enlevé le bénéfice essentiel qu'ils attendaient de leur formidable entreprise contre la place et contre notre front.

Le haut commandement comprit ces immenses services rendus ; il cita le général Pétain à l'ordre de l'armée, avec ces mots : « A su rétablir une situation particulièrement délicate. » De plus, le général Pétain remplaça le général de Langle de Cary dans le commandement du groupe d'armées du centre dont fait partie l'armée de Verdun.

Au moment où l'ennemi commença son offensive, nous ne pouvions engager davantage de monde ; c'eût été, en effet, une lourde faute que d'aller trop vite. La principale vertu d'une offensive est de laisser jusqu'au dernier moment l'adversaire dans le doute sur le véritable point de l'attaque et sur les forces qui y seront employées.

Les Allemands auraient pu ne faire qu'une feinte sur Verdun et attaquer en masse Nancy, Amiens ou Calais. Notre devoir était de maintenir partout une juste balance de nos forces. Si nous avions trop tôt présenté la parade à Verdun, l'ennemi aurait pu réussir son coup principal sur tout autre point.

La difficulté, pour le commandement, est dans la maîtrise de ses nerfs, dans une appréciation raisonnée du choc à subir et de la riposte à y donner.

Or il importe de ne pas riposter à vide, quand il s'agit de mouvoir les masses colossales d'hommes qu'exige la guerre actuelle. Il faut éviter de les faire marcher pour rien.

L'assaillant, dans ces conjonctures, profite toujours, au début, de deux ou trois jours d'une supériorité relative. S'il ne sait pas l'exploiter à fond, son effort est vain.

La défense alors est sûre de sa décision. L'afflux des réserves va lui permettre de rétablir la situation, et cela d'autant plus aisément que la résistance des troupes aura été plus énergique pendant les premiers jours. C'est ce qui, grâce au général de Castelnau, s'est produit à Verdun.

*
* *

La nuit du 24 au 25 février marque la fin de l'avance rapide des Allemands. Les divisions qui se battaient héroïquement depuis le 21 devaient être relevées. L'ennemi, croyant toucher à la victoire, multipliait les attaques avec des bataillons de troupes fraîches, puisait à foison dans ses réserves de projectiles, et, pour remonter le moral de ses hommes, annonçait par ordre du jour que « Verdun serait la dernière grande bataille ».

Il pensait ainsi franchir rapidement les hauteurs de Douaumont et de Froide-Terre, et nous porter le dernier coup à Verdun, « dans un élan irrésistible. »

C'est à ce moment que notre haut commandement amena au combat les unités nouvelles qui devaient opérer le rétablissement nécessaire.

Il faisait un froid rigoureux. Des tourmentes de neige gênaient nos mouvements. L'artillerie allemande, par ses tirs de barrage, s'efforçait d'empêcher la progression de nos renforts.

Mais nos soldats, comprenant la gravité exceptionnelle de la situation, marchaient avec une patriotique ardeur et ne connaissaient aucun obstacle. Leur mission était nette : avancer vers le nord, former un barrage sur la ligne Bezonvaux-Louvemont, et donner ainsi aux réserves le temps d'intervenir, avec toute l'intensité nécessaire, sur la rive droite de la Meuse.

L'arrivée immédiate de deux brigades permit tout d'abord, dans la nuit du 25 au 26, de refouler l'adversaire. Mais, dans la matinée, les Boches débouchèrent en masse de Samogneux, tandis que d'autres éléments attaquaient la « côte du Poivre ».

Arrêtés à plusieurs reprises par notre infanterie et notre artillerie, ils parvinrent à pénétrer dans Louvemont vers 15 heures, après avoir anéanti le village.

Plus à droite, en avant de Douaumont, où se déroulait l'action principale, la situation se précisait peu à peu. On avait pu croire, vers
17 heures, que le village allait être complètement cerné. Mais une contre-
attaque des tirailleurs au nord et une vigoureuse manœuvre des zouaves
le dégagèrent. En fin de journée, nous entourions aux deux tiers
la masse dominante du fort.

Mais, au cours de l'après-midi, un parti de Brandebourgeois avait réussi,

Verdun. — Bords de la Meuse.

par surprise, à pénétrer dans le fort ; l'attaque brusquée, tentée par
nous, le lendemain, pour le reprendre, échoua.

De leur côté, les Allemands s'efforçaient d'ébranler notre nouvelle ligne
par des chocs répétés à l'ouest et à l'est de Douaumont. Leur seul gain fut
de prendre pied dans l'ouvrage d'Hardaumont. Et, pourtant, jamais pré-
parations d'artillerie ne furent aussi formidables ! Nos troupes de réserve,
aussi bien que nos troupes de première ligne, reçurent cet arrosage avec
un stoïcisme inégalable. Chaque poilu, quelle que fût la tâche à laquelle il
était attelé, restait impassible sous l'avalanche de mitraille.

Dans la journée du 27, l'attaque du village de Douaumont reprit avec
une violence nouvelle et des moyens matériels encore plus puissants.

Nos fantassins reçurent sans faiblir, et l'avalanche des projectiles, et la ruée des Allemands. Ils chargèrent à la baïonnette : c'était le moyen d'assurer leur supériorité.

La redoute à l'ouest du fort de Douaumont passa un moment aux mains des Boches : elle fut reprise de haute lutte, et les Allemands durent s'en retirer en abandonnant sur le terrain du combat des monceaux de cadavres.

L'ennemi réattaqua ensuite Douaumont. Comme la veille, les assaillants furent rejetés, et, comme la veille, les corps à corps témoignèrent de la maîtrise des baïonnettes françaises.

Nouvelle tentative de l'ennemi : des troupes fraîches, lancées à l'assaut, sont fauchées par nos fusils et nos mitrailleuses avant d'avoir pu aborder nos lignes.

Malgré ses pertes énormes, l'ennemi ne se tenait pas encore pour battu, et, après une accalmie relative qui dura deux jours, le bombardement de Douaumont reprit de plus belle. De 10 à 15 heures, le malheureux village fut couvert d'une telle quantité d'obus, que les soldats boches crurent bien que, cette fois, le chemin leur était frayé.

Ils s'élancèrent à l'assaut, coiffés de casques français pour avancer plus sûrement. Cette ruse, « cousue de fil blanc, » fut bien vite découverte. Les mitrailleuses entrèrent en danse, les fusils Lebel crépitèrent, et les vagues ennemies vinrent mourir les unes sur les autres.

Les Allemands demandèrent alors à leurs canons de bombarder Douaumont une fois de plus. Le bombardement fut tel, que le village resta aux mains de l'ennemi, qui ne réussit pas à en déboucher. Nous tenions, à moins de cinquante mètres, la lisière de Douaumont sous le feu de nos fusils.

Le 3 mars, nos canons bombardèrent à leur tour : Douaumont n'était plus qu'un amas, non de ruines, mais de cailloux, au milieu desquels gisaient de nombreux cadavres. Notre artillerie ayant suffisamment « travaillé », nos fantassins s'élancèrent à la nuit et reprirent le village. Au jour, le 4 mars, les Allemands, à l'aide de nombreux renforts, exécutèrent un puissant retour offensif, et Douaumont tomba de nouveau entre leurs mains.

*
* *

Les violents efforts de l'ennemi sur la rive droite de la Meuse n'avaient donc pas réussi à pratiquer, dans nos lignes, la brèche par laquelle ils comptaient arriver à Verdun. Les unités allemandes engagées, et surtout le 3e corps, durent être ramenées à l'arrière pour être reconstituées avec d'importants renforts venus des dépôts de l'intérieur et constitués, pour une bonne moitié, de recrues de la classe 1916.

Le vaniteux et sanguinaire kronprinz essayait, par tous les moyens, de remonter le moral de ses hommes, déprimés par la non-réussite de cette attaque, que l'on affirmait, au début, devoir être « foudroyante ». Aussi, dans un ordre du jour qu'il adressa à ses troupes le 4 mars, leur prescrivait-il de mettre à profit la période de repos relatif où elles se trouvaient pour se préparer à un nouvel effort « qui permettrait d'enlever Verdun, *cœur de la France* ».

Mais, avant de tenter cet effort suprême, le commandement allemand crut indispensable de posséder d'abord les positions du Mort-Homme et de Cumières, sur la rive gauche de la Meuse, positions d'où l'artillerie française prenait à revers les attaques qu'il projetait sur la rive droite.

Dans la journée du 6 mars, l'ennemi entreprit donc le bombardement général de toutes nos positions depuis la Meuse jusqu'à Béthincourt.

Il déploya, dans cette action d'artillerie, les mêmes moyens qui lui avaient servi lors des attaques précédentes : écrasement systématique des centres de résistance par un ouragan d'obus de gros calibre, destruction de nos ouvrages avancés, arrosage des voies de communication. Forges, son premier objectif, fut couvert de projectiles pendant plus de douze heures avant d'être assailli par la ruée des vagues de l'infanterie.

Situé dans un bas-fond, difficilement battu par les feux de nos canons, le ruisseau de Forges fut franchi par l'ennemi, qui commença à gravir les pentes nord de la côte de l'Oie.

Mais, quand les fantassins allemands abordèrent le grand mouvement de terrain qui va de Cumières à la côte de l'Oie, notre résistance s'accentua.

Pour donner l'assaut de la cote 625, au cours de la journée du 7 mars, ils n'employèrent pas moins d'une division, qui, après des pertes effrayantes, atteignit enfin son but.

La ligne française, partant du haut de la côte de l'Oie, fut portée devant le bois des Corbeaux. Le lendemain 7, les canons allemands concentraient leur tir sur ce bois, où leur infanterie pénétra.

Dès lors s'engagea une lutte opiniâtre pour la possession de ce boqueteau. Tout d'abord nous eûmes l'avantage ; tandis qu'une attaque allemande échouait sur Béthincourt, une autre attaque vigoureuse nous restituait une partie du bois des Corbeaux.

L'ennemi essaya de réagir, mais sans succès : plusieurs sections qui cherchaient à reconquérir le terrain perdu furent anéanties par notre feu, et, dans la journée du 8, nous pûmes ainsi rentrer en possession de la presque totalité du bois.

Mais, une fois de plus, les Boches usèrent de leurs formidables renforts. Des effectifs qu'on peut évaluer à trois régiments reçurent l'ordre d'enlever le bois des Corbeaux *à tout prix*.

Aux premiers coups de canon qui annoncèrent l'attaque, le colonel et les chefs de bataillon du régiment qui défendait le bois furent tués ou blessés : cette perte désorganisa la défense. Les troupes n'en firent pas moins héroïquement leur devoir, et, si elles durent céder ce qu'elles avaient, la veille, si brillamment reconquis, du moins empêchèrent-elles l'ennemi de dépasser les lisières, de sorte que le Mort-Homme demeura intact.

Le 14 mars, au matin, les Allemands mirent tout en œuvre pour nous arracher Béthincourt, le Mort-Homme et Cumières. A partir de 10 heures 20, leur artillerie travailla toute cette région, des bois Bourrus à Cumières : on compta jusqu'à *cent vingt obus par minute !*

Nos batteries, qui avaient repéré les rassemblements ennemis au nord du bois des Corbeaux, ne restaient pas muettes et répliquaient de toutes leurs bouches à feu.

Vers 15 heures, l'infanterie ennemie se mit en mouvement. Elle suivait immédiatement la marche du barrage d'artillerie qui la protégeait en la précédant.

Elle put ainsi atteindre notre première ligne, où beaucoup de nos hommes, asphyxiés et à demi enterrés, n'eurent pas la force de s'opposer à la reprise de la cote 265, qui tomba aux mains des Boches. Mais la cote 295 resta à nous.

Au cours de la nuit, nos contre-attaques nous firent même dépasser ce sommet. Cette opération locale, ainsi que plusieurs autres rectifications de front, furent l'occasion de magnifiques prouesses qu'accomplirent nos fantassins et nos zouaves.

Par une série de coups de main et de travaux bien menés, notre position fut sensiblement améliorée. Aussi, quand, le 16 et le 17 mars, l'ennemi, après de copieux bombardements, renouvela sa tentative contre la cote 295, fut-il repoussé d'une manière écrasante.

Pendant ces deux journées, notre artillerie lourde et nos 75, par leur tir combiné d'une très grande efficacité, secondèrent fort heureusement la tâche de nos braves poilus.

Une accalmie momentanée se produisit alors dans ce secteur.

L'ennemi, qui avait dépensé tant de forces, avait besoin de se refaire avec d'autres réserves. Mais tous ses sacrifices ne lui avaient servi à rien : le Mort-Homme nous restait.

** **

Les Allemands cependant, tout en faisant, comme nous venons de le voir, de gros efforts sur la rive gauche de la Meuse, n'avaient pas renoncé à leurs projets sur la rive droite.

La lutte pour l'entonnoir.
Dessin de J. Simont (d'après *l'Illustration*).

Après s'être reconstitués, ils allaient chercher, par une pression sur notre aile droite, à se rapprocher encore de Verdun ; de Verdun, « cœur de la France, » suivant le mot de l'inimitable kronprinz à ses soldats.

Du 8 au 10 mars, la bataille reprit, aussi acharnée, entre Douaumont et le fort de Vaux. Et, de nouveau, l'ennemi prononça un effort considérable.

Le 8 mars, alors que nous attaquions le bois des Corbeaux, il menait l'offensive sur nos lignes à l'est du fort de Douaumont. Cette offensive se développait avec rapidité jusqu'aux abords du promontoire sur le sommet duquel est bâti le fort de Vaux.

Son attaque lui permit d'entrer un instant dans le village de Vaux ; mais une brillante charge à la baïonnette nous y fit rentrer sans délai. Seul un pâté de maisons situé à l'est de l'église demeura, malgré des luttes acharnées, entre les mains des Boches.

Pendant toute cette affaire, aucun assaut n'avait été tenté sur le fort de Vaux.

Aussi la stupéfaction de nos généraux ne fut pas peu de chose, quand, en lisant le communiqué allemand du 9, ils y virent annoncé que « les régiments de réserve de Posen, nos 6 et 10, sous l'impulsion du général d'infanterie Von Gaeretzky-Cornitz, avaient emporté d'assaut le fort *cuirassé* de Vaux et de nombreuses fortifications voisines » !

C'est le mensonge éhonté des Allemands, pratiqué avec cynisme une fois de plus.

A l'heure même (14 heures) où paraissait ce radiotélégramme, un de nos officiers d'état-major entrait dans le fort de Vaux, constatait qu'il n'avait pas été attaqué et que la garnison y était parfaitement calme, malgré la violence du bombardement.

Par la suite, pour expliquer ce mensonge, les dépêches officielles allemandes durent déclarer que les Français avaient repris ce fort, dont, en réalité, ils n'avaient pas bougé.

Ce ne fut qu'après la publication de ce faux document que l'ennemi lança ses colonnes serrées contre les pentes mêmes que couronne le fort de Vaux.

Nos troupes en firent un terrible carnage, et, devant le réseau de fils de fer barbelés, les cadavres s'entassaient en véritables collines. D'ailleurs, les engagements ne furent pas plus heureux pour les assaillants sur le reste de la ligne Vaux-Douaumont.

Partout les combats acharnés qui s'y livrèrent tournèrent en notre faveur.

Devant le village comme devant le fort de Vaux, où les Allemands revenaient sans cesse à la charge, nous les repoussâmes sans laisser ébranler nos positions. En vain les renforts succédaient aux renforts : ils venaient se briser devant le courage de nos soldats.

Les hécatombes de soldats allemands montrent combien notre résistance fut héroïque.

L'ennemi poursuivit ses attaques en masse jusqu'au 11, sans avoir acquis un résultat en rapport avec le nombre des vies humaines qu'il avait sacrifiées.

Les déclarations des prisonniers prouvent que les journées de Vaux furent, pour les Allemands, au nombre des plus meurtrières de toute la campagne. Aussi bien durent-ils faire appel à des unités fraîches : les vides causés dans leurs rangs atteignaient soixante pour cent des effectifs !

Ce ne fut guère que le 16 mars que les opérations reprirent sur la rive droite de la Meuse.

Des bataillons reposés furent lancés à l'assaut, précédés par des milliers et des milliers d'obus. Le village et le fort de Vaux, après cette forte action d'artillerie, paraissaient, aux yeux des généraux allemands, des objectifs faciles à enlever de vive force. Mais ils durent déchanter.

Cinq attaques, préparées par ces bombardements effroyables, se succédèrent sans résultats. Dans un terrain défoncé par les explosions, nos soldats réussirent, à force de courage, à se maintenir en dépit de tout, et par cinq fois ils brisèrent net la ruée allemande.

Le 18, les mêmes tentatives se renouvelèrent : on compta six attaques. Certains corps ennemis tentèrent de démoraliser nos troupes en projetant sur elles des jets de liquides enflammés ; mais rien ne pouvait intimider nos poilus, qui restèrent maîtres de la situation.

En présence de leurs pertes, les Allemands durent s'arrêter de nouveau pour réorganiser leurs régiments décimés, et un calme relatif succéda, dans ce secteur, aux terribles journées qui venaient de s'écouler et qui avaient marqué l'insuccès général des tentatives ennemies.

Pendant que nous supportions, sur notre centre, ces assauts répétés, notre commandement avait volontairement ramené, dans la nuit du 24 au 25 février, notre ligne de Woëvre au pied des Hauts-de-Meuse. Les forces allemandes, contrairement à un de leurs mensonges lancé une fois de plus, n'eurent à livrer aucun combat : elles ne s'aperçurent, d'ailleurs, de notre repli que dix-huit heures après qu'il eut été effectué.

*
* *

Mais l'accalmie qui se manifesta ne devait pas être de longue durée. Il fallait, en effet, aux Allemands des avantages plus sérieux que ceux qu'ils avaient obtenus jusqu'ici. Ils voulaient s'emparer du fort de Vaux, enlever le Mort-Homme et la cote 304.

Pour enlever ces positions, il fallait conquérir d'abord le saillant que formait, de Béthincourt à Malancourt, la première ligne des tranchées françaises.

Ce fut une division « fraîche », la 11e division bavaroise, qui fut chargée d'exécuter ce programme.

Le 20 mars, à 7 heures du matin, un bombardement violent se déclencha sur la région de Malancourt et la forêt de la Hesse. Jusqu'à la fin de la

Le fort de Vaux le 15 mars 1916.

matinée, les explosions se suivirent d'une façon continue, donnant l'impression d'un roulement de tonnerre.

Vers 11 heures, le feu redoubla de fureur ; la corne sud-est du bois de Malancourt fut littéralement pilée par les obus de gros calibre. Des barrages de 150 et de 210 s'abattent dans les ravins avoisinants, barrages auxquels notre artillerie riposte aussitôt.

A tous ces symptômes, on pouvait affirmer que l'attaque était proche.

A 12 heures 30, nos aviateurs signalaient la descente, de Montfaucon vers les bois, d'un premier bataillon ennemi. En colonnes nombreuses, les Bavarois se dirigent, à travers champs, vers nos positions. Dans la forêt de Montfaucon, c'est un véritable grouillement de fantassins boches, sur lesquels tombent en plein nos obus.

Un peu avant 15 heures, le fracas des explosions de mines domine la canonnade ; les obus suffocants répandent à profusion leurs gaz délétères, et enfin, à 15 heures, l'infanterie allemande, précédée de ses grenadiers et de ses lanceurs de flammes, sort de ses tranchées.

Malgré notre organisation défensive, très solide pourtant, cette attaque parvint à prendre pied dans la partie est du bois de Malancourt et progressa jusqu'à la corne sud-est de ce bois, dénommée bois d'Avocourt.

Une contre-attaque fut aussitôt ordonnée. Avec un élan magnifique, elle partit dans la nuit ; mais elle se heurta aux inextricables réseaux de fils de fer des Boches. Essayer de pousser plus loin était inutile : le commandement résolut d'attendre.

Le lendemain, 21 mars, l'artillerie allemande reprit ses tirs de préparation. Toute la journée, le feu roulant se poursuivit sans arrêt. A 18 heures, l'attaque fut déclenchée et se rua sur nos tranchées. Mais la résistance est tenace. On se bat jusqu'au bout, et on ne recule que quand on se sent absolument menacé d'être pris.

Dans un élément de tranchée, trente défenseurs et deux mitrailleurs demeurent seuls pour résister au flot des assaillants. Longtemps ils tiennent l'ennemi en échec, tuant tout ce qu'ils peuvent tuer ; et quand ils se replient, c'est pour ne pas tomber vivants entre les mains des Boches, car ils savent bien que pour nos soldats, être prisonnier en Allemagne, c'est la perspective d'avoir à endurer des tortures cent fois pires que la mort.

Le courage de ces valeureux soldats a sa récompense : en dépit de tous leurs efforts, les Allemands n'ont atteint qu'un point avancé de notre position. Partout ailleurs ils ont piteusement échoué, et avec des pertes terribles.

Mais l'état-major ennemi ne sait pas renoncer à réduire le saillant des lignes françaises, que la possession du bois de Malancourt lui permet d'encercler davantage. Aussi de nouvelles actions limitées, mais acharnées, vont-elles s'engager.

*
* *

Cinq jours se passent en bombardements ininterrompus. Suivant leur tactique ordinaire, les Allemands veulent que leur infanterie, en abordant nos ouvrages, trouve un terrain déblayé de combattants. Aussi, le 28 au matin, toute l'artillerie qu'ils ont massée sur la rive gauche ravage le terrain par les explosions de ses énormes obus.

A 17 heures, l'infanterie se découvre, débouchant en vagues successives du mamelon d'Haucourt ; mais c'est pour tomber sous le feu de nos troupes.

Surprises, décimées par les mitrailleuses, elles s'arrêtent, tourbillonnent, refluent en désordre vers le nord et finissent par disparaître de ce côté.

Encore une fois, les Allemands ont manqué leur objectif et nous permettent de faire une riposte.

Le 29 mars, à 4 heures 30 du matin, notre artillerie fait une vigoureuse préparation, au moins égale à celle des Boches. Après quoi, quatre bataillons d'infanterie, accompagnés par des sapeurs du génie, s'élancent vers le bois d'Avocourt. En quelques minutes, les débris des réseaux de fils de fer sont dépassés, et les vagues d'assaut s'engouffrent sous bois : c'est le combat corps à corps, si recherché par nos fantassins, qui y peuvent manifester leur maîtrise.

L'ennemi cède et recule. Un capitaine et une soixantaine de prisonniers valides restent aux mains de nos soldats, qui s'emparent encore de huit mitrailleuses et d'un stock important de munitions. Bref, à 8 heures du matin, nous tenions la totalité du bois d'Avocourt, et nos hommes, victorieux, s'organisaient sur la position conquise.

Au premier moment, l'ennemi, saisi par la soudaineté et l'irrésistible violence de cette attaque, ne réagit pas ; mais ce répit devait être de courte durée.

A 9 heures et demie, l'infanterie allemande attaque à la grenade et s'acharne sur la face ouest. Chaque ligne de ses grenadiers est abattue par nos feux ; mais aussitôt une autre la remplace. C'est en vain. Sur quelques points, les Boches arrivent au corps à corps, mais c'est pour leur perte. A 2 heures de l'après-midi, ils sont maîtrisés. D'innombrables cadavres attestent leur effort et le prix qu'il leur a coûté.

Le 30 mars, c'est sur la région de Malancourt que l'ennemi porte ses coups. Après une lutte acharnée entamée dans l'après-midi, il réussit à s'emparer du village et de deux ouvrages de flanquement. Le 31, la hauteur 295, attaquée avec furie, résiste à tous ses assauts. Les Allemands, parvenus un instant jusqu'à notre première ligne, en sont vite chassés, et l'ensemble du saillant tient toujours énergiquement.

Mais l'adversaire va s'obstiner contre une position aussi facile à attaquer qu'elle est difficile à défendre. Dans ces conditions, convenait-il de pousser plus loin notre résistance sur cette ligne? Le général Pétain ne le pensa pas.

Il donna donc l'ordre d'évacuer dans la nuit la rive gauche du ruisseau de Forges, Béthincourt excepté, et de reporter sur la rive sud toute l'organisation de la résistance. Ainsi l'ennemi trouva devant lui, pour arrêter sa progression ultérieure, un obstacle très gênant : les fonds fangeux du ruisseau de Forges, tout hérissés de fils de fer.

L'opération du repli fut si bien menée, que les Boches ne découvrirent rien du mouvement. Le 2 avril, après une préparation d'artillerie intense, leur infanterie s'avança sur un terrain où elle eut la surprise de ne rencontrer aucun Français, et, comme elle s'installait dans sa facile conquête, notre artillerie ouvrit sur elle un feu extrêmement meurtrier.

Le 4 avril, après quarante-huit heures de calme relatif, l'ennemi revient à l'attaque de Haucourt-Béthincourt. Son premier assaut échoue complètement sous notre feu ; mais le lendemain 5 avril, en même temps que nos troupes amélioraient leurs positions à Avocourt, les Boches se ruèrent à nouveau contre les deux villages. Devant Béthincourt, ils semèrent leurs cadavres par centaines, mais ils réussirent à pénétrer dans Haucourt.

On jugea alors le moment venu d'évacuer Béthincourt, dont la situation était trop avancée. L'opération fut exécutée avec méthode et sans pression de l'ennemi.

Les Allemands avaient donc réussi à réduire le saillant de notre front sur la rive gauche ; mais ils avaient dû y employer vingt jours de combats, au cours desquels ils avaient perdu jusqu'à soixante pour cent des effectifs qu'ils y avaient engagés. Le saillant une fois réduit, ils n'avaient accompli que la première partie de leur programme.

La suite va commencer, plus funeste encore pour eux. Le 9 avril, sur tout le front, ils vont entamer une action formidable, livrer une grande bataille, et cette bataille sera un nouvel échec de leur offensive violente.

*
* *

La lutte, sur la rive droite de la Meuse, reprit le 30 mars, avec une nouvelle vigueur. De violentes tentatives contre nos tranchées aux abords de Douaumont, tentatives qu'appuient des gaz asphyxiants et des jets enflammés, restent sans effet.

Mais pendant quelques jours la bataille va se rallumer aux environs de Vaux. Depuis le 18 mars, les Allemands, suffisamment « échaudés » dans cette région où nous leur avions infligé des pertes terribles, n'avaient rien tenté de ce côté.

Le 31 mars, ils reprirent la partie, engageant à la fois deux actions extrêmement puissantes : l'une au nord-ouest de l'étang de Vaux, l'autre sur le chemin de Vaux à Souville. L'une fut facilement repoussée, mais l'autre réussit à progresser.

Après un bombardement formidable et une avalanche d'obus suffocants, les vagues de l'infanterie ennemie vinrent battre nos positions. La première reflue rapidement vers ses tranchées ; la seconde s'installe un peu plus avant, et la troisième, précédée de lanceurs de flammes, parvient à nous faire reculer. En même temps une pluie de fer s'abat derrière nos lignes d'avant, mettant un rideau infranchissable entre nos troupes de contre-attaque et celles qui subissent la violence du choc. Tous les chemins sont défoncés par les obus : il faut attendre.

Mais le commandement a pris immédiatement les dispositions pour arrêter l'assaillant et le rejeter dans sa ligne. Dans la nuit du 1er au 2 avril, chacun est à son poste, et la même volonté d'arrêter l'ennemi anime officiers et soldats.

Le 2 avril, au petit jour, deux compagnies de chasseurs à pied enlèvent en quelques instants les deux lignes de tranchées qui nous ont été prises au nord de Vaux. Attaquées par une colonne allemande, elles parviennent à l'arrêter ; mais elles n'ont plus le temps d'accomplir leur mission primitive et doivent revenir en arrière.

Il est 6 heures du matin. Le bombardement continue, plus terrible que jamais. Qu'on imagine la force d'âme nécessaire aux héros qui se cramponnent à cette zone de mort, sans cesse battue par des projectiles monstres, inondée de vapeurs empoisonnées !

Et cependant, malgré l'horreur de cette situation, pas un courage ne fléchit, pas une défaillance ne se manifeste. Chacun accomplit noblement son devoir.

Vers midi, le bombardement augmente encore, si possible : la succession des éclatements d'obus et des coups de canon ne forme plus qu'un grondement continu. Enfin, après huit heures de ce déluge de fer et de feu, l'attaque se déclenche sur un front de trois kilomètres.

Elle est menée par près de cinq régiments, qui s'avancent en colonnes serrées. La résistance de nos troupes tient du prodige, mais elles doivent céder sous le nombre. L'infanterie allemande profite de son avance pour se diriger vers Fleury ; mais elle n'obtient aucun succès sur le fort de Vaux. D'ailleurs, la riposte ne va pas tarder.

De nouvelles troupes sont là, prêtes à attaquer les Boches : c'est un régiment dont le colonel s'est illustré dans nos guerres coloniales. A 6 heures du matin, il s'élance, repoussant les Allemands, qui doivent se replier vers Douaumont en longeant le ravin de la Caillette.

Dans le secteur de Vaux, nous sommes rentrés dans la partie ouest du village. Malgré de lourdes pertes, nos hommes ont fait leur devoir et conjuré le péril.

Le lendemain, nos progrès continuent. L'ennemi tente un retour offensif, aussitôt brisé. Le 5, après une forte préparation d'artillerie, notre progression s'affirme encore.

Cependant, le 6 avril, dès le matin, les Allemands nous inondent de gros obus. Une attaque se prépare, et l'on voit, dans les tranchées boches, luire les baïonnettes des fantassins.

Mais nos tirs de barrage les arrêtent net : à peine sortis de leurs tranchées, ils sont aussitôt fauchés par le feu de nos canons et anéantis.

Le 8, nous repoussons une attaque à la grenade au nord du fort de Vaux, et dans la nuit du 8 au 9, poussant nos avantages dans la région de Douaumont, nous y occupons deux tranchées.

Ainsi, le 9 avril, nous sommes revenus, sur le front de l'attaque allemande du 31 mars, à nos positions principales : notre ligne était donc rétablie. Aussi le général Pétain adressa-t-il à ses troupes l'ordre du jour suivant :

« Le 9 avril est une journée glorieuse pour nos armes. Les assauts furieux des soldats du kronprinz ont été partout brisés ; fantassins, artilleurs, sapeurs, aviateurs de la deuxième armée, ont rivalisé d'héroïsme. Honneur à tous!

« Les Allemands attaqueront sans doute encore. Que chacun travaille et veille pour obtenir le même succès qu'hier.

« Courage !... *on les aura !* »

*
* *

Pendant le courant d'avril, les combats locaux continuèrent ; mais la fin du mois fut marquée par une attaque magnifique de nos troupes pour reprendre le fort de Douaumont qui, on l'a vu, était occupé par un détachement de Brandebourgeois.

Le 21 avril, le général Mangin adressait à ses troupes un ordre du jour ainsi conçu :

« Soldats de la 5e division,

« Vous allez reformer vos rangs éclaircis. Beaucoup d'entre vous iront porter au sein de leur famille l'ardeur guerrière et la soif de vengeance qui les animent.

« Mais il n'est point de repos pour les Français tant que le sauvage ennemi foule le sol sacré de la patrie. Point de paix pour le monde tant que le militarisme prussien n'est pas abattu.

« Donc, vous vous préparerez à de nouveaux combats où vous apporterez la certitude absolue de votre supériorité sur cet ennemi que vous avez vu si souvent s'enfuir ou lever les bras devant vos baïonnettes et vos grenades.

« Vous en êtes sûrs maintenant : tout Allemand qui pénètre dans une tranchée de la 5e division est mort ou prisonnier. Toute position attaquée par la 5e division est une position prise. Vous marchez sous l'aile de la victoire. »

Quatre semaines se passèrent. Le 22 mai, la 5e division d'infanterie se montrait digne de ses glorieuses traditions et de son chef éminent : elle enlevait, après une puissante préparation d'artillerie, trois lignes de tranchées allemandes, emportait la majeure partie du fort de Douaumont et se maintenait dans sa conquête.

Le 22 mai au matin, un peu avant 8 heures, une escadrille de nos avions partait vers les lignes ennemies : quelques instants après, six ballons captifs allemands faisaient explosion, privant ainsi l'artillerie allemande de ses meilleurs moyens d'observation.

L'heure de l'assaut approche : tous les hommes en savent le prix.

Ces braves ont combattu à Neuville-Saint-Waast, ils ont participé à l'offensive de Champagne ; ils ont donc pu juger les adversaires qu'ils vont trouver en face d'eux.

Leur tâche est minutieusement répartie : le centre doit enlever le gros morceau, les ruines du fort. La droite et la gauche tenteront d'encercler l'ennemi.

A 11 heures 50, tous s'élancent : malgré les chutes mortelles de beaucoup d'entre eux, ils avancent toujours, aussi impétueux dans leur élan sublime. A midi, l'avion de commandement signale qu'une flamme de bengale brûle sur le fort de Douaumont : le 129e de ligne a mis tout juste onze minutes pour emporter trois lignes de tranchées et atteindre son objectif.

Sur la gauche, toutes les tranchées allemandes à l'ouest du fort jusqu'à la route de Fleury sont tombées en notre pouvoir, et le 26e de ligne a rempli sa mission.

En même temps, des détachements d'infanterie et du génie ont pénétré dans l'enceinte et protègent les sapeurs chargés de détruire les organes de flanquement. Les flammes de bengale continuent à brûler, attestant notre progression.

Compte rendu est fait au commandant de la 10e brigade que l'encerclement s'opère dans d'excellentes conditions. Les angles sont atteints, on y installe des mitrailleuses.

Mais, à l'est du fort, le 74e de ligne s'est heurté à de grosses difficultés. Sa gauche a avancé rapidement, tandis que sa droite a été soumise à des feux terribles. Cependant nous tenons plus des deux tiers du fort ; seul, l'angle nord-est demeure au pouvoir des Allemands. Ainsi, cette attaque brillante nous avait restitué presque en entier le fort de Douaumont. Malheureusement, quelques jours après, le fort retombait entre les mains de l'ennemi.

*
* *

Tout en attaquant avec rage nos positions de la rive droite de la Meuse, dont la résistance opiniâtre démontrait l'importance, les Allemands ne restaient pas inactifs sur la rive gauche. Le 3 mai, ils commencèrent leur grand effort sur nos positions de ce côté, c'est-à-dire sur la cote 304, sur le Mort-Homme et sur Cumières.

Plus de cent batteries allemandes concentrèrent leur action sur la cote 304 et ses abords immédiats : on eût dit que le sommet de ces hauteurs était devenu un volcan.

Des colonnes de fumée jaune, noire, verdâtre, montaient vers le ciel, et ces fumées étaient si denses qu'au dire des aviateurs l'atmosphère en était obscurcie jusqu'à huit cents mètres d'altitude.

Dans l'après-midi du 4 mai, à 4 heures, l'infanterie allemande lança son attaque. Deux fois elle fut repoussée. Le lieutenant-colonel Odent tomba glorieusement à la tête des débris de ses compagnies, qu'il conduisait à la contre-attaque.

Au cours de la journée du 5, les Boches essayèrent de nous déloger du bois Camard, où se trouvait le 66e régiment d'infanterie, ainsi que de la cote 287.

Le bombardement commença à 4 heures du matin. Qu'on se figure des pièces de 105, de 150, de 210, exécutant des tirs de barrage à l'allure du 75 ! Les abris les mieux protégés vibraient comme des peaux de tambour ; souvent ils s'écroulaient ensevelissant sous les décombres les hommes qui s'y trouvaient.

Jusqu'à 3 heures 30 de l'après-midi, le bombardement se poursuivit avec une égale violence. Beaucoup de ceux qui n'avaient pas été blessés demeuraient sans armes, leurs fusils ayant été brisés par des éclats d'obus, leurs baïonnettes tordues ; très peu de mitrailleuses étaient intactes. Cependant, malgré ce déluge effroyable, le moral de nos hommes restait parfait.

Vers 4 heures, les vagues ennemies débouchèrent, A cette vue, tous nos soldats valides, ayant nettoyé comme ils avaient pu leurs fusils pleins de terre, se dressèrent dans les trous d'obus et ouvrirent le feu. Celles de nos mitrailleuses que l'artillerie ennemie avait épargnées entrèrent également en action. Les premiers rangs allemands furent fauchés.

Un flottement se produisit alors dans les colonnes d'attaque : l'occasion était belle pour nos poilus d'en finir avec l'agresseur, malgré les fatigues endurées.

Un vent d'héroïsme souffla sur le régiment. Les débris des compagnies bondirent hors des trous et chargèrent les Allemands à la baïonnette avec cette *furia francese* à laquelle rien ne saurait résister. L'ennemi, culbuté,

Verdun. — Une rue.

s'enfuit à toutes jambes, non sans avoir laissé pas mal de prisonniers entre nos mains.

Un simple fait, entre mille, donnera une idée de la supériorité de nos fantassins. Il ne restait au capitaine de Maistre qu'une poignée d'hommes. Un revolver dans une main, un gourdin dans l'autre, cet héroïque officier n'hésita pas à se ruer avec ses soldats sur un parti nombreux d'Allemands, et il les mit en déroute après en avoir lui-même assommé quelques-uns de vigoureux coups de trique.

Le 7 mai, l'ennemi essaya d'enlever la cote 304 par trois côtés à la fois. Dès le petit jour, le bombardement redevint effroyable. Les tirs de barrage au sud de la cote 304 interdisaient toute communication avec l'arrière. Mais les Boches avaient devant eux deux régiments d'élite, le 114e et le 125e de ligne, dont, au cours de toute la guerre, la valeur ne s'était pas une seule fois démentie. Composées en grande partie de Poitevins, de Vendéens et de Berrichons, ces deux glorieuses phalanges étaient une réunion de héros.

Le 114e manœuvrait comme à la parade, soutenu avec beaucoup d'efficacité par les sections de mitrailleuses. Une compagnie s'ébranla au son de la *Marseillaise* et fonça sur l'ennemi, qui n'eut d'autre ressource que la fuite, au cours de laquelle il fut rudement pourchassé.

Le 125e n'eut pas une attitude moins brillante : il réussit à refouler sur leur point de départ les Boches qui avaient envahi le secteur.

Puis, quand toutes nos liaisons eurent été établies, notre chaîne se porta en avant et, par un « rétablissement » opportun, se fixa de nouveau sur la cote 304.

*
* *

Nous résistions donc avec succès sur la rive gauche. Mais le kronprinz, dans son entêtement tenace, n'était pas lassé par plus de trois mois d'une bataille continue, au cours de laquelle ses troupes avaient perdu *plus de trois cent mille hommes !*

Ne réussissant pas sur la rive gauche, il reporta son effort sur la rive droite et lança contre le fort de Vaux, du 1er au 7 juin, les attaques les plus violentes que cette guerre ait vues se produire.

Au nord-ouest du fort de Vaux, devant le ravin qui part de l'étang, est un petit retranchement appelé R[1], entre le fort et le village. De tous côtés il est entouré d'ennemis. Là position est dure, et cependant il faut la tenir.

Le 1er juin, à 8 heures du matin, les Allemands parviennent à s'emparer d'un élément de tranchée française en saillie à l'ouest de R[1], qui n'est pas attaqué : on s'est borné à échanger des grenades avec la tranchée d'en face.

Toute la nuit le bombardement s'était poursuivi. Le ravitaillement du fort de Vaux était rendu impossible par la pluie d'obus qui l'entourait d'un cercle infranchissable. La garnison, commandée par l'héroïque commandant Raynal, se trouvait privée de tout moyen de communication avec notre armée et commençait à souffrir de la soif.

Cependant on guettait la sortie des Allemands, qui se produisit à 8 heures du soir. Aussitôt, à la voix de deux officiers, le jet de grenades commence, et les assaillants refluent en désordre. On donne l'ordre de lancer une fusée, pour demander à notre artillerie un tir de barrage en avant de R[1].

Malheureusement, la fusée, au lieu de s'élever, incendie le dépôt à proximité, remplissant la tranchée de flammes rouges et vertes.

A 10 heures, le feu est maîtrisé, et en même temps arrive une petite provision d'eau : huit litres, ce qui fait à peine une gorgée par homme !

Dans la nuit du 2 au 3 juin, à 2 heures, les Allemands attaquent de nouveau. Le capitaine qui commande à R¹ les laisse approcher jusqu'à quinze mètres, et alors il les fait faucher par un feu de salve et par les grenades. Les officiers lancent des grenades comme leurs hommes.

Mais, toujours, les barrages d'artillerie isolent le retranchement. La soif devient plus intense : heureusement une averse fournit de l'eau, qu'on recueille dans des toiles de tente.

Toute la journée, le bombardement continue. A 8 heures et demie du soir, les Boches tentent une nouvelle attaque : elle est repoussée comme les précédentes ; il en est de même pour une autre tentative qu'ils risquent le lendemain matin.

Dès lors le succès de la défense est acquis : le 5 juin, à 9 heures du soir, les valeureux défenseurs de R¹ sont relevés. Leur colonel, rendant compte de l'affaire au général commandant la 124e division, avait écrit : « Nous luttons à outrance. Les hommes et les officiers, qui ont fait preuve d'un admirable dévouement et d'une abnégation au-dessus de tout éloge, sont résolus à se faire tuer jusqu'au dernier, pour assurer la garde de leurs positions. »

Les hommes du 101e : Parisiens, Beaucerons, soldats de l'Ile-de-France, n'ont pas failli à cette énergique résolution.

*
* *

Cette résistance opiniâtre et victorieuse de la petite garnison de R¹ avait achevé de convaincre le kronprinz que, pas plus qu'il n'avait pris Douaumont d'assaut, il ne prendrait le fort de Vaux de vive force.

C'est pourquoi, durant des semaines, les Allemands avaient travaillé à investir l'ouvrage ; et ce que leur infanterie ne pouvait leur donner, ils allaient le demander à leurs canons.

On estime que, depuis la fin de mars, les Boches n'ont pas tiré sur le fort moins de huit mille projectiles lourds par jour, ce qui fait plus de *six cent mille obus de gros calibre !* Le fort lui-même était entièrement ruiné, la porte était obstruée, la seule entrée accessible était la poterne nord-ouest. C'est par là que se faisait, tant bien que mal, le ravitaillement de la petite garnison du commandant Raynal. Autour de l'ouvrage, impossible de travailler : les boyaux étaient nivelés à mesure qu'on les creusait !

Le 1er juin, les Allemands poussèrent une violente attaque qui nous obligea à replier les éléments de notre ligne avancée. Quelques blessés pénétrèrent dans les ruines du fort, encombrant ainsi la garnison plutôt que lui apportant un secours.

Le 2 juin, la progression ennemie s'était accentuée et avait rendu impossible l'accès de la poterne du nord-ouest. La garnison se trouvait entièrement coupée de ses ravitaillements.

Il y eut alors de beaux actes de dévouement.

Puisqu'il était impossible de communiquer par coureurs, on décida d'employer les signaux optiques ; mais l'installation était insuffisante, et le poste correspondant ne recevait pas les messages. Un volontaire se présenta pour aller le prévenir. Il partit, évita le feu des Allemands, fit changer l'emplacement du poste... et *revint !*

Un jeune homme, l'aspirant Besset, réussit à quitter le fort pour donner des nouvelles de la garnison, et, lui aussi, *revint* auprès de ses camarades, qu'il ne voulait pas abandonner.

Un soldat de la 124e division, le brancardier Vannier, inlassablement allait ramasser les blessés, tentait de les abriter dans les ruines, et les pansait. Quand il n'avait plus de blessés à soigner, il partait chercher de l'eau, car l'eau était la grande préoccupation.

C'est une des plus rudes souffrances que celle de la soif. Des coureurs isolés arrivaient, au prix de quels risques ! à passer avec une faible provision ; mais il s'agissait de donner à boire à cent cinquante hommes, auxquels s'étaient joints près de quatre cents réfugiés. C'était une tâche surhumaine. On avait tenté, du dehors, d'envoyer au fort des corvées d'eau : aucune n'avait pu y pénétrer.

Le fort, cependant, tint bon quatre jours encore.

L'ennemi est parvenu à s'avancer dans la partie supérieure ; mais les Français occupent et utilisent les ruines des locaux intérieurs. Aux fenêtres, aux ouvertures, derrière chaque pan de mur effondré, des mitrailleuses sont installées, des tireurs s'abritent, et tout ennemi qui s'aventure dans les cours est aussitôt abattu. Les cadavres allemands gisent en véritables grappes humaines.

La lutte continue dans ces proportions titanesques. Les Allemands imaginent alors de descendre au bout d'une corde des paniers remplis de grenades, et, quand ces paniers sont à bout de course, ils y jettent une grenade « retardée » et lancent le tout dans les fenêtres des locaux où se défendent nos héroïques fantassins : ils n'obtiennent aucun succès, la garnison lutte toujours...

Mais il y a des limites aux forces humaines. Le dernier message envoyé

par le commandant Raynal contenait ces mots : « Nous arrivons aux
bornes. Gradés et soldats ont fait tout leur devoir. Vive la France ! »

Verdun. — Sentinelle rue Beaurepaire, le 11 juin 1916.

Le 6 juin est la journée suprême. Au matin, le brancardier Vannier
entraîne quelques camarades, des blessés qui ne veulent pas être pris
vivants, et, par un soupirail, la petite troupe parvient à s'échapper et
à rejoindre l'armée.

12

A son colonel qui l'embrasse et le félicite, Vannier, qui a déjà la croix de guerre avec deux palmes et la médaille militaire, répond : «Mon colonel, j'aimais mieux être tué que d'être pris par les Boches ! »

Le 7, les Allemands avaient enfin raison de la garnison, épuisée par la soif ; ils entraient dans ce fort, dont les cadavres de leurs hommes tapissaient les approches.

Le transport des blessés fut pénible. Quand le dernier d'entre eux fut porté hors de la casemate, le commandant Raynal abandonna, lui aussi, la place qu'il avait défendue avec tant d'héroïsme.

Voici ce que raconte à ce sujet un journal autrichien, le *Wiener Tagblatt* :

« Le commandant fut conduit directement sur une position où l'attendait le commandant de la division allemande. Le général salua le brave commandant français avec une grande courtoisie. Le commandant Raynal répondit en saluant d'un geste rigidement martial. Raynal a une sympathique figure de soldat, brun, les yeux noirs, lumineux.

« Le général allemand fit alors savoir au commandant Raynal que le général Joffre l'avait nommé commandeur de la Légion d'honneur, et le félicita vivement. Ce fut émouvant de voir l'effet de cette nouvelle sur le visage brun, impassible, du vaillant officier. La figure fut comme illuminée d'un éclair, et les yeux brillèrent. »

Le commandant Raynal eut ensuite l' « honneur » (???) d'être présenté au kronprinz, qui, en raison de son héroïque défense, lui rendit son épée en l'autorisant à la conserver à Mayence, où il allait être conduit en captivité.

Telle est la tragique et sublime épopée du fort de Vaux.

*
* *

La fin de juin 1916 fut marquée par une puissante offensive des Boches sur la rive droite de la Meuse.

La possession du fort de Vaux ne leur suffisait pas : il leur fallait un succès décisif, surtout au moment où l'armée russe, comme nous le verrons dans un autre volume, passant à l'offensive, faisait aux Autrichiens, en un mois, près de trois cent mille prisonniers. Il fallait donc une « victoire », pour relever le moral affaissé du peuple allemand.

Cette victoire, le kronprinz la cherchait à Verdun, et, pour y arriver,

il tâchait de s'emparer successivement de nos positions de la rive droite
de la Meuse.

Après Douaumont, après Vaux, c'est sur Thiaumont que se portèrent
les efforts des armées allemandes ; et le 23 juin, le cent vingt-quatrième
jour de cette bataille sans précédent, fut marqué par une offensive plus
formidable que jamais, dans laquelle, sur un espace de quelques kilomètres, les ennemis engagèrent *trois corps d'armée.*

Le front d'attaque peut se diviser en trois secteurs différents.

1° Entre la cote 321 et la cote 320, l'ennemi multiplia sans cesse
ses attaques jusqu'à la nuit. C'est là qu'il porta son principal effort,
ayant pour objectif l'ouvrage de Thiaumont. *Trois divisions prirent part
à l'assaut.*

Jusqu'à midi nos troupes résistèrent victorieusement à tous les assauts,
infligeant à l'ennemi des pertes terribles. Nos 75 et nos mitrailleuses
causèrent dans les rangs allemands des ravages épouvantables. De l'aveu
d'un prisonnier, la 11e compagnie du 12e régiment d'infanterie prussienne
fut complètement détruite, et les autres perdirent soixante pour cent
de leurs effectifs.

Vers 1 heure et demie, les Allemands revinrent à la charge avec de
nouveaux renforts. Cette fois, ils réussirent à faire céder notre ligne un
peu à l'est de l'ouvrage de Thiaumont. Le commandement allemand jeta
aussitôt dans la brèche toutes ses réserves disponibles, et, sous la pression de forces trop supérieures, nos vaillants soldats abandonnèrent la
première ligne de tranchées. L'ouvrage lui-même, débordé, ne put continuer sa résistance. A 2 heures il était évacué, et ses défenseurs, dans
un ordre parfait, se repliaient sur nos positions de doublement. Il y eut
alors un moment critique.

Les bataillons allemands, continuant leur avance, marchaient rapidement le long de la route de Douaumont à Fleury, et, suivant la voie
ferrée, approchaient de ce dernier village.

Avec un grand sang-froid, notre commandement lança au moment
opportun une vive contre-attaque : les Allemands furent rejetés, par des
charges à la baïonnette, jusqu'au delà de la route de Bras.

Tous leurs efforts pour avancer de nouveau sur Fleury furent vains
ce jour-là. Les quelques avantages de terrain qu'ils gagnèrent furent
payées par des pertes énormes. On peut affirmer que les trois divisions
engagées perdirent, au bas mot, la moitié de leurs effectifs ; et notre
ligne nulle part ne fut rompue.

2° Depuis la partie sud du bois de la Caillette jusqu'au bois Fumin,
l'ennemi attaqua violemment à quatre reprises différentes, avec une
division, mais sans résultats.

3° Les secteurs du Chenois et de la Laufée furent également le théâtre de violents combats, dont l'issue nous fut favorable. Nos troupes résistèrent inlassablement, faisant preuve d'un merveilleux héroïsme.

Malheureusement, le lendemain 24, une attaque allemande menée par plus de trois corps d'armée permettait aux troupes du kronprinz de prendre pied dans les maisons du village de Fleury.

Malgré cela, Verdun « tenait » toujours ; les Boches n'avançaient pas.

Et, à la fin de juin et au commencement de juillet, une formidable offensive franco-anglaise le long de la Somme venait jeter le trouble dans les plans de l'état-major allemand. Il fallut distraire de l'attaque de Verdun, qui résistait toujours, de nombreux effectifs pour les porter au front que menaçaient les troupes françaises et britanniques. Continuée pendant l'été, notre offensive avait abouti pour nous à une magnifique victoire, remportée d'accord avec nos alliés anglais. Cette victoire nous avait, au commencement de novembre, valu 75 000 prisonniers boches, plus de 400 canons et 1 000 mitrailleuses.

A la fin d'octobre, par une victorieuse attaque, les troupes de Verdun, sous les ordres du général Nivelle et du général Mangin, avaient repris aux Allemands les forts de Douaumont et de Vaux.

Dès lors, le plan du stupide et vaniteux kronprinz était jeté à terre, et Verdun était sauvé.

*
* *

Les Allemands, à la fin de février, avaient annoncé à l'Europe que la place devait tomber en quelques jours. Notre défensive, un peu surprise au début, s'était ressaisie, et, pendant dix mois, nos vaillants soldats avaient arrêté l'effort le plus formidable qui ait jamais été donné, sous le plus terrible des bombardements.

Et l'ennemi a perdu plus de cinq cent mille hommes !

C'était donc pour lui une défaite morale vis-à-vis des neutres. Déjà ceux-ci commençaient à s'en émouvoir.

Pendant ce temps, l'armée serbe, reconstituée, avait rejoint nos contingents anglo-français, que, comme nous l'expliquerons ailleurs, les alliés avaient débarqués à Salonique pour aller châtier les Bulgares, devenus les alliés des Turcs et des Allemands, et par conséquent nos ennemis.

Les Italiens avaient envahi le territoire autrichien : l'Italie, entrée en guerre au mois de mai 1915, marqua victorieusement les débuts de sa campagne dans une région géographiquement très difficile : celle des Alpes tyroliennes. Elle subit, en même temps que nous à Verdun, un assaut formidable de l'artillerie lourde autrichienne. Comme nous, elle y résista héroïquement. Ses troupes emportèrent d'assaut la ville de Gorizia.

Les Russes, après avoir fléchi devant l'artillerie boche, pourvus à leur tour de canons puissants, étaient vainqueurs au Caucase, vainqueurs en Asie mineure, et envahissaient la Hongrie, pendant que la flotte anglaise infligeait à la flotte allemande, dans la mer du Nord, au mois de mai, la plus cruelle des défaites. A la fin d'août, nos frères latins les Roumains, poursuivant leur idéal national, étaient venus se joindre à nous pour combattre, eux aussi, contre les nations de proie.

La situation de l'Entente était donc meilleure que jamais : ce n'était plus pour nous l'espoir, c'était la certitude de la victoire. Nous ne disions plus : « On les aura ! » nous pouvions presque dire : « On les a ! »

CHAPITRE IX

L'ACCENTUATION SCIENTIFIQUE DE LA GUERRE

La mise en œuvre des sciences appliquées. — Les gaz asphyxiants. — Les armes à feu.
— Le tir à longue distance. — Les projectiles explosifs. — Les avions et leurs trois
catégories. — Les « saucisses ». — Le moteur à explosion. — La science à l'arrière.

Au cours de l'année 1917, qui marquait le quatrième millésime de la
lutte gigantesque entre les nations du monde, le caractère « scientifique »
de la guerre s'est accentué de plus en plus.

Notre grand Pasteur, un *savant* dans la plus haute acception du terme,
un homme qui voyait dans la science un instrument de progrès et non
un instrument de destruction, avait, dans une page célèbre, écrit cette
phrase admirable :

« C'est l'ignorance qui sépare les hommes et la science qui les rapproche. »

C'était vrai dans la pensée du grand savant français, qui a consacré
sa vie au salut de l'humanité ; ce n'est plus vrai dans la pensée des savants
allemands, pour qui la science n'est que le moyen de détruire plus sûrement et plus complètement ses semblables, et cela seul suffisait à démon-
trer la fausseté de ce principe, cher à nos socialistes-bolcheviks, que « la
science n'a pas de patrie ».

Il suffit de comparer la science française à la science allemande pour
voir que, tout au contraire, rien n'est plus séparé par des frontières que
la science comprise par deux races aussi différentes que la race de nos
vieux Gaulois et celle des Germains.

Pour ceux-ci, la science n'est que matière à destruction : destruction
des hommes et destruction des choses. Tout l'effort intellectuel des savants
d'outre-Rhin était dirigé dans le seul but de réaliser des machines à tuer,
à incendier, à détruire. Aussi, bien que les alliés de l'Entente eussent hésité
longtemps avant de se servir des modernes moyens des barbares, il leur

a bien fallu pourtant se décider à les mettre en œuvre. Ce serait duperie que d'employer des armes courtoises contre des adversaires déloyaux et féroces ; pour se servir du dicton populaire : « Avec les loups, il faut hurler. »

*
* *

La première application scientifique faite par les Allemands dans la voie de la barbarie fut l'emploi, généralisé par eux, des *gaz asphyxiants*.

Cet emploi avait été pourtant condamné par les conventions internationales, qu'avaient signées les délégués plénipotentiaires de l'Allemagne. Mais qu'est-ce qu'un traité aux yeux des Boches? Un simple « chiffon de papier », comme l'a cyniquement avoué leur chancelier de Bülow ! Aussi violèrent-ils sans se gêner les conventions auxquelles ils avaient adhéré précédemment et employèrent-ils, au mépris du droit des gens et des lois de la guerre, les gaz asphyxiants, d'abord dans la guerre de tranchées, puis, plus tard, dans le bombardement.

Que sont donc ces « gaz asphyxiants »?

Ce sont des gaz qui doivent être, non seulement « irrespirables », mais encore « toxiques », de façon que leur introduction dans les voies respiratoires provoque des accidents graves pouvant entraîner la mort. De plus, ces gaz doivent avoir une grande densité par rapport à l'air, de façon que leur poids les fasse s'accumuler dans les cavités du sol et ramper à la surface de celui-ci en couches épaisses.

Les premiers gaz employés par les Boches furent du chlore et des vapeurs de brome. Très dangereux à respirer, ces gaz, par leur grande densité, s'entassaient à la surface du sol et y rampaient en épaisses volutes qui rendaient intenables les régions où ils s'étaient ainsi dégagés. Il fallut improviser la lutte contre les gaz. On y parvint en munissant les hommes de « masques » spéciaux, dans lesquels les yeux étaient protégés par des glaces, s'appliquant exactement sur le visage, et dans lesquels la respiration se faisait à travers des tampons d'ouate imprégnée de substances chimiques susceptibles de fixer les gaz toxiques à leur passage. Ainsi « masqués », les poilus prenaient l'apparence d'animaux fantastiques.

Puis ce furent d'autres gaz plus complexes, chefs-d'œuvre des chimistes d'outre-Rhin, en particulier le gaz appelé « gaz moutarde » dont la respiration, né fût-ce qu'un instant, amenait en quelques heures des troubles graves, souvent suivis de mort.

En présence de cet usage systématique de moyens interdits par les lois de la guerre, les puissances de l'Entente protestèrent d'abord par l'intermédiaire des puissances neutres. Rien n'y fit, et les Boches utilisèrent de plus belle leurs gaz toxiques.

Alors les Alliés durent se résigner à en faire autant. A chimiste, chimiste et demi. Nos savants et ceux d'Angleterre se chargèrent de prouver péremptoirement aux Allemands que notre chimie valait et dépassait la leur. Finalement, les « gaz » que nous envoyions sur les troupes boches étaient autrement efficaces que ceux dont ils se servaient contre nous.

Dans la guerre de tranchées, ces gaz sont lancés directement, en nappes épaisses, sur l'adversaire, à partir de récipients où ils sont comprimés à haute pression. Mais on a été amené, pour lutter à armes égales avec nos sauvages ennemis, à envoyer ces gaz au moyen d' « obus asphyxiants », dont l'explosion dégage la provision de gaz qui s'y trouve accumulée. Là encore, et bien malgré nous, nous avons dû faire comme les Allemands. Inutile de dire que nous avons fait mieux.

*
* *

Le tir des armes à feu a été perfectionné, au cours des deux dernières années, dans une proportion extraordinaire.

Le fusil automatique est devenu le « fusil-mitrailleur », véritable mitrailleuse portative, d'une manœuvre et d'un transport faciles. La portée efficace de ces armes a été étendue à 2 500 mètres, et même à 3 000 mètres pour certains modèles ; elle permet donc d'effectuer de véritables tirs de barrage et d'employer des balles où, primitivement, on était obligé d'employer des obus de petit calibre.

L'artillerie a été améliorée par la création de pièces plus portatives, basses sur leurs affûts. Quant au calibre des canons d'usage courant, il a été partout augmenté, à tel point que le calibre de 105 millimètres a remplacé presque partout l'ancien 75, de si illustre mémoire, aux effets duquel nous devons, en partie, la victoire de la Marne.

Les projectiles ont été, de leur côté, l'objet de perfectionnements importants.

Nous sommes loin, hélas ! de l'ancien « boulet » rond en fonte de fer, qui était le projectile classique lancé par les bouches à feu lors des guerres du premier Empire. C'était par le choc de pareils projectiles que l'on faisait à la longue des brèches aux fortifications assiégées, et, tout au plus, dans les combats en ligne, l'artillerie en remplaçait-elle le tir par celui des « boîtes à mitraille », dont la portée atteignait à peine quelques centaines de mètres.

Quand il s'agit de démolir à longue distance des pièces d'artillerie ennemies ; quand il fallut « arroser » de loin des troupes retranchées, démolir des forts aux épaisses cuirasses de béton ou d'acier, ces projectiles primitifs, archaïques, furent vite reconnus insuffisants. On n'avait même plus la ressource de l'ancienne *bombe*, en fonte creuse, chargée de poudre noire et allumée par une mèche. On s'adressa alors à l'*obus* cylindro-ogival, lancé par une pièce dont l'âme, munie de rayures en spirale, donne à son tir de la portée en même temps que de la précision, et dont l'explosion est provoquée par une *fusée*.

Mais la poudre noire dont étaient, au début, chargés ces nouveaux projectiles, n'avait pas une puissance explosive suffisante pour les effets qu'on en attendait. Il fallait donner aux parois de fonte de l'obus une épaisseur telle qu'elles pussent résister au choc de la décharge du canon ; aussi l'effet destructeur de ces obus primitifs n'était-il pas énorme.

Pour augmenter l'intensité de cet effet, on chercha à remplacer la poudre noire par un explosif plus puissant : la nitroglycérine et ses dérivés, les dynamites. Malheureusement les obus ainsi chargés étaient par trop sensibles aux chocs de toutes sortes auxquels ils pouvaient se trouver exposés, et pouvaient même éclater dans l'âme de la pièce. Le coton-poudre (fulmi-coton ou pyroxyle) ne donna pas de résultats bien supérieurs·

Ce n'est qu'en 1885 que le problème fut résolu d'une façon complète par l'invention de la *mélinite*, due à notre compatriote Turpin. C'était l'explosif rêvé pour les projectiles, explosif à la fois très puissant et très stable. Nous fûmes les premiers à posséder cette poudre, qui, grâce à des indiscrétions criminelles, fut vite imitée à l'étranger, principalement en Allemagne, sous le nom de *picrine*.

Mais on chercha à faire plus encore et à augmenter la puissance de l'obus en augmentant la charge d'explosif qu'il contenait. Comme on ne pouvait pas augmenter le volume extérieur du projectile, qui est limité pour chaque calibre, on chercha à accroître la capacité réservée à l'explosif en diminuant l'épaisseur des parois et en constituant celles-ci d'un métal plus résistant que la fonte.

Ainsi fut réalisé *l'obus en acier*.

On alla plus loin encore, en « allongeant » ledit obus de telle façon que le projectile qui, en fonte, contenait 1 kg. 700 de poudre noire, reçut 2 kg. 400 de mélinite et, quand il fut « allongé », put en renfermer une charge de près de 10 kilos.

C'est à ce système d'obus en acier à parois minces et à forte charge qu'est due l'efficacité de notre canon de 75. Les Boches l'ont appréciée à leurs dépens, et ce n'est qu'après en avoir fait la dure expérience qu'ils se sont mis à fabriquer, eux aussi, des obus d'acier à parois minces. Les *marmites*, comme les ont baptisées nos poilus, sont donc une invention bien française, comme celle de la poudre sans fumée, due aux découvertes de l'illustre ingénieur M. Vieille, membre de l'Académie des sciences.

L'explosion de tous ces obus est provoquée par une *fusée*, vissée sur la partie ogivale du projectile et destinée à le faire éclater quand il rencontre un obstacle résistant.

Travail féminin dans les usines de guerre. — Le chargement des obus à balles.

L'action de cette fusée diffère, d'ailleurs, selon les résultats qu'il s'agit d'obtenir. Par exemple, pour rompre un réseau de fils de fer barbelés, on emploie des fusées « instantanées », qui font éclater l'obus au moindre contact. Au contraire, si l'on veut que l'obus ne fasse explosion qu'après avoir parcouru, en vertu de son choc, un certain trajet à l'intérieur de l'obstacle rencontré, on utilise des fusées « avec retard », ce retard pouvant être réglé à volonté au moment du tir.

Enfin les pièces de campagne légères comme le 75, ou lourdes jusqu'au calibre de 150 millimètres, tirent des « shrapnells » ou obus à balles concurremment avec des obus explosifs.

Il en résulte la nécessité d'un double approvisionnement, ce qui peut présenter, à certains moments, des inconvénients sérieux. Aussi a-t-on cherché à combiner un type *unique* de projectiles, réunissant à la fois les propriétés des shrapnells et celles des obus explosifs. Nous ne parlerons pas des nôtres par discrétion patriotique ; mais nous pouvons sans inconvénient parler de ceux que fabriquait la maison Krupp. Ce sont des shrapnells dans lesquels les balles sont noyées dans une masse d'un explosif très puissant : le *trinitrotoluène*. Ces obus « omnibus » paraissent avantageux en ce sens qu'ils ne nécessitent qu'un approvisionnement unique.

Enfin, dans la variété des projectiles employés au cours de cette guerre, citons trois sortes bien spéciales : les obus *incendiaires*, projetant, par explosion, des matières susceptibles d'allumer et d'entretenir un incendie ; les obus *éclairants*, qui, lors de l'éclatement qui a lieu en l'air, projettent une poudre métallique, qui brûle en répandant une lumière d'une extrême intensité, qui éclaire le sol sous-jacent dans un très large rayon ; enfin les obus à *gaz*, dont l'explosion répand, autour du point de chute, des gaz asphyxiants.

On voit donc que les projectiles ont été notablement perfectionnés.

*
* *

Mais le *tir* des canons, lui aussi, a fait des progrès considérables, progrès dus à l'utilisation judicieuse des données scientifiques.

Pour en donner une idée, nous rappellerons simplement les tristes exploits du canon à l'aide duquel les Allemands ont pu bombarder Paris d'une distance de 120 kilomètres, et dont un obus, tombant sur une église le Vendredi saint, à 3 heures, c'est-à-dire à l'heure de la mort du Sauveur, fit soixante-quinze victimes, réunissant ainsi, dans un exploit doublement criminel, le sacrilège à l'assassinat.

Pour réaliser une portée aussi considérable, il faut, d'abord, employer un projectile de masse considérable, afin que la résistance de l'air ait sur lui une influence *relativement* moindre. Cette résistance est, en effet, proportionnelle à la *surface* du corps qui se meut à travers l'atmosphère. Or considérons un projectile ayant la forme d'un cube de 1 décimètre de côté. Si la densité du métal dont il est fait est égale à 10, son poids sera de 10 kilos, et sa *surface totale*, somme de celles de ses six faces, sera de 6 décimètres carrés, ou 600 centimètres carrés.

Partageons maintenant ce cube en *centimètres cubes :* nous aurons *mille* petits cubes, d'un centimètre de côté et pesant chacun 10 grammes. Le *total* de leurs poids sera toujours de 10 kilogrammes ; mais le total de leurs surfaces sera de mille fois 6 centimètres carrés, c'est-à-dire 6 000 centimètres carrés, soit *dix fois plus* que celle du cube unique de même poids. La division d'un mobile en masses plus petites augmente donc l'importance *relative* de la résistance que l'air oppose à son mouvement, et la longue portée est interdite aux projectiles de faible masse.

Une seconde condition est une *grande vitesse initiale*. Il est nécessaire, en effet, que cette vitesse soit grande pour compenser la déperdition rapide due à la résistance de l'air.

Mais, pour augmenter la vitesse initiale, il faut utiliser *progressivement* toute la force expansive de la poudre. Celle-ci doit donc être puissante et mettre à brûler complètement tout le temps que le projectile emploie à parcourir l'âme de la pièce. C'est ce qu'on appelle l'utilisation *optima* de la puissance expansive de la poudre.

Or il faut, pour lancer rapidement un gros projectile, une charge considérable, qui, par suite, mettra d'autant plus de temps à brûler complètement. Il faut donc que le canon soit *assez long* pour que la poudre ait le temps de brûler entièrement pendant le temps qui s'écoule entre l'inflammation de la charge et la sortie du projectile.

Dans les grosses pièces de marine du calibre de 305 millimètres, la longueur de la pièce atteint 50 et 60 fois le calibre. La longueur du canon allemand à longue portée était de plus de 100 calibres. Ce calibre étant de 210 millimètres, c'est donc pour la longueur totale de la pièce, un chiffre voisin de 20 *mètres*.

Il y a lieu d'admettre une vitesse initiale voisine de 1 500 mètres par seconde. Dans ces conditions, le canon étant pointé sous l'angle de 45 degrés correspondant à la portée maximum, le projectile, quand il atteint le sommet de sa trajectoire, doit se trouver, dans l'atmosphère, à une altitude de 30 *kilomètres*.

Cette altitude est, d'ailleurs, un des facteurs principaux de la longue portée.

En effet, à cette hauteur, l'air est très raréfié ; la pression barométrique n'y est plus que de quelques centimètres de mercure. La résistance opposée au mouvement du projectile est donc plus faible, et celui-ci peut conserver pendant plus longtemps une vitesse voisine de celle qu'il avait en pénétrant dans ces couches d'air raréfié.

Ainsi, par une application judicieuse des données scientifiques, on a réalisé pour les canons une portée insoupçonnée jusqu'ici.

*
* *

Un nouvel engin de guerre a fait son apparition sur le front, au cours des deux dernières années de lutte : nous voulons parler des *tanks*.

Qu'est-ce donc qu'un tank?

Un tank est simplement un chariot automobile blindé, armé de canons

et de mitrailleuses, muni d'un moteur protégé et propulsé par des roues
« à chenilles », ce qui lui permet, grâce à la longueur de l'*empattement*
ainsi réalisé, de franchir les fossés, les tranchées, de passer par-dessus les
obstacles, de ramper, en un mot, à la surface d'un sol aussi cabossé que
possible, comme le ferait une gigantesque tortue.

Et c'est, en effet, à un animal antédiluvien que l'on ne peut s'empêcher de comparer instinctivement ces mastodontes métalliques, dont la

Colonne de tanks Renault.

marche titubante par-dessus crevasses et saillies du sol rappelle le dan-
dinement lourd d'un éléphant.

Leur première apparition sur les champs de bataille du front britannique fut une stupeur pour les Allemands qui voyaient arriver sur eux
ces masses invulnérables à leurs coups, et d'où s'échappait un tir continu et meurtrier.

Il faut, à « l'équipage » de ces « chars d'assaut », une dose d'endurance
peu commune pour supporter l'existence à bord. La température y est,
en effet, étouffante. Le bruit du moteur, le fracas des détonations de
l'artillerie, les secousses et les cahots indescriptibles qui secouent le
véhicule au cours de son invraisemblable randonnée en font un séjour
qui n'a rien de confortable.

Malgré cela, nos intrépides alliés britanniques sont passés maîtres dans
la construction et dans la manœuvre de ces formidables machines de guerre,
qui rappellent, avec le progrès moderne, les anciens « chars de guerre »
des armées de l'antiquité. Et, chez nous, le célèbre constructeur d'auto-

mobiles Louis Renault a encore perfectionné, en l'allégeant, la construction de ces redoutables engins. Les petits « tanks Renault » ont été un des facteurs de la victoire.

Pourquoi leur a-t-on donné ce nom de *tanks* qui, en anglais, signifie *réservoirs?* Sans doute parce que leur forme massive, les parois métalliques

Un tank français en marche.

de leur cuirassement rappellent l'aspect des réservoirs d'eau ou de pétrole construits de feuilles de tôle assemblées.

En tous cas, leur apparition fut une nouveauté bien inattendue, et leurs premiers effets furent foudroyants. Naturellement les Boches, si aptes à s'approprier les trouvailles d'autrui, construisirent aussitôt des tanks qu'ils voulurent de dimension « kolossale », avec des tourelles blindées. La pratique a montré qu'ils étaient inférieurs aux tanks plus mobiles de nos armées.

* *

Les progrès les plus marqués du matériel de guerre ont porté sur l'*aviation*.

Au début de la guerre, en 1914, les avions présentaient un type unique ou presque unique développant une vitesse de 100 à 120 kilomètres à l'heure sous l'action d'un moteur de 50 à 80 chevaux. Ces avions portaient un seul aviateur, rarement' deux. Leur armement se composait, le plus souvent, d'un fusil automatique système Winchester, et ils emportaient quelques bombes de petit calibre, du poids de 8 à 10 kilos chacune.

Les besoins de la guerre ne tardèrent pas à montrer l'insuffisance de l'aviation militaire réduite à cette forme par trop simple, et l'on eut vite fait de comprendre qu'il fallait un type d'avions correspondant à chacune des trois missions qu'avait à remplir ce navire aérien, c'est-à-dire l'*observation*, la *chasse* et le *bombardement*.

On a donc dû créer des types d'*avions de reconnaissance*, destinés aux *observations* ; des types d'*avions de chasse*, dont la mission est de poursuivre, de combattre et de détruire les avions ennemis, et des types d'*avions de bombardement*, les plus puissants de tous, pouvant enlever une provision importante d'explosifs qu'ils doivent laisser tomber sur les lieux ou les troupes qu'il s'agit d'arroser de projectiles.

Les *avions de reconnaissance* sont les auxiliaires indispensables du grand état-major. Ce sont eux qui s'en vont, au loin, derrière les lignes ennemies, observer les mouvements des troupes de l'adversaire, repérer l'emplacement de ses divisions, de ses dépôts de munitions, de ses batteries d'artillerie. Les aviateurs qui montent ces avions spéciaux sont munis d'appareils photographiques de haute précision, qui leur permettent de rapporter, à l'appui de leur observation personnelle, des documents indiscutables, qui viennent authentifier « ce que leurs yeux ont vu ».

Ces avions de reconnaissance sont également les auxiliaires indispensables du tir de l'artillerie lourde, qui est devenue l'arme prépondérante de la guerre moderne.

En effet, aux distances énormes auxquelles tirent les gros canons actuels, les artilleurs ne peuvent pas apercevoir le but sur lequel ils pointent leur pièce d'une façon purement « géométrique ». Une fois leur coup tiré, ils ne sauraient pas si l'objectif du tir a été atteint.

Mais l'avion de reconnaissance est là.

Par des signaux, soit optiques le jour, soit lumineux la nuit, il indique aux pointeurs si le coup est juste, s'il est « trop long » ou « trop court », s'il est « à droite » ou « à gauche ». Dans les avions des derniers types, chaque aviateur avait à sa disposition un petit poste de T. S. F. (télégraphie sans fil) qui lui permettait de transmettre directement ses observations à l'officier qui dirige et commande le tir. Ainsi celui-ci, sans apercevoir le but qu'il doit atteindre, sait cependant s'il l'atteint et, en cas d'écart, connaît la valeur de cet écart.

Tel est le rôle de l'avion de reconnaissance et d'observation. On comprend, sans qu'il soit besoin d'en dire plus long, combien grande est son importance.

*
* *

L'*avion de chasse* est le « franc-tireur » de la guerre aérienne.

Son rôle est de foncer sur tout avion ennemi, quelle qu'en soit la nature, de l'attaquer et de le détruire s'il est possible.

Ce rôle de « chasseur aérien » convient à merveille au tempérament audacieux de nos hommes volants français ; il met en relief leurs qualités de courage, d'initiative, parfois de valeur téméraire, toujours d'abnégation patriotique, de mépris du danger poussé jusqu'aux limites suprêmes de l'héroïsme.

Ces avions, de petite taille, ont des moteurs dépassant 150 chevaux et pouvant atteindre une vitesse de 200 kilomètres à l'heure. Le plus souvent, ils sont montés par un seul aviateur, quelquefois par deux.

Quand un « chasseur » aperçoit un avion ennemi, il s'élance sur lui et, selon le tempérament propre de son pilote, tantôt l'attaque de front, tantôt, par des manœuvres de voltige aérienne d'une effrayante audace, il se laisse tomber sur lui en le dominant, ou cherche à l'attirer par une chute simulée, après quoi il se redresse quand il le juge en bonne position pour lui faire essuyer de la façon la plus efficace le feu nourri des balles de sa mitrailleuse.

Le langage populaire a donné un nom à ceux des héros de l'air qui ont abattu au moins *cinq* avions boches ; il les appelle des AS ! Et la liste de nos « as » est déjà longue. Il suffit, pour n'en citer qu'un seul, de rappeler l'héroïque Guynemer, mort après avoir descendu 54 avions allemands.

Et la statistique officielle, chez nous, est à la fois sincère et impitoyable ; elle ne compte comme avions abattus que ceux qui sont tombés *à l'intérieur de nos lignes*, alors que les Boches comptaient, pour enfler le chiffre de leurs victoires imaginaires, à l'actif de leurs aviateurs, ceux de nos avions qui, simplement endommagés, venaient tomber à l'intérieur de nos lignes, c'est-à-dire en dehors des leurs.

Nos « as » se sont montrés des virtuoses de l'aile, des héros sans pareils, qui n'ont eu d'égaux nulle part ; leur courage tranquille, leur audace souriante ont été à la hauteur du rôle qu'ils ont eu à remplir ; ils avaient conscience de l'importance de leur tâche, dont ils ne se dissimulaient pas les dangers et dont ils ont accepté allègrement les risques.

La Patrie leur en est reconnaissante, et les lauriers qu'ils ont moissonnés par gerbes leur font une couronne qu'ils n'ont, certes, pas volée.

***

L'avion de bombardement est le troisième élément de la trilogie aérienne ; il en est, peut-on dire, l'expression la plus complète.

L'avion de bombardement, en effet, doit être à la fois puissant, rapide et peu vulnérable. Puissant, pour pouvoir emporter une somme importante de projectiles à forte charge, ainsi qu'une provision d'essence suffisante pour assurer la consommation élevée de son moteur de grande force pendant un temps assez long. Il faut, en effet, qu'il puisse accomplir des raids à grande distance de ses bases, qu'il ait, comme l'on dit, un grand « rayon d'action ».

Il doit être rapide, afin de n'être pas à la merci des avions de chasse, d'une part, et, d'autre part, de ne pas constituer une cible trop aisée pour les canons de défense antiaérienne qui lancent, dans l'atmosphère, de véritables « rideaux » d'obus explosifs destinés à constituer des tirs de barrage aériens.

Et enfin il doit être peu vulnérable ; son « fuselage », c'est-à-dire la sorte de nacelle où prennent place les aviateurs, où sont installés les appareils de direction, de pointage, de T. S. F., est blindé, tout au moins à l'épreuve des balles de mitrailleuses.

Les avions de bombardement actuels réalisent ces multiples conditions.

Nous ne décrirons pas les nôtres pour ne pas dévoiler des secrets militaires ; nous nous bornerons à donner les principales caractéristiques des fameux avions allemands, les *gothas*. Qu'il suffise au lecteur de savoir que les nôtres ne leur sont pas inférieurs en qualité, au contraire.

Les *gothas* ont 24 mètres d'envergure, de bout en bout des ailes. Ce sont des « biplans », c'est-à-dire qu'ils sont formés de deux surfaces portantes parallèles réunies par des montants. Leurs moteurs, au nombre de deux, ont 260 chevaux chacun, ce qui fait 520 chevaux, et, dans les derniers types, les deux moteurs ont chacun 350 chevaux, soit une force totale de 700 chevaux. Sous l'impulsion de leurs hélices, la vitesse de ces avions dépasse 150 kilomètres à l'heure.

Ils sont à trois et même à quatre places. Ils portent trois mitrailleuses; quelques-uns même sont armés d'un petit canon. Ils ont à bord une véritable usine électrique, fournissant le courant nécessaire à l'éclairage d'un puissant projecteur, au fonctionnement de la T. S. F., au chauffage des vêtements des aviateurs, par des résistances serties dans les tissus. Aux grandes altitudes atteintes, le froid, en effet, est intense, et il faut le combattre énergiquement.

Ils emportent une provision d'essence leur permettant des raids de 300 kilomètres de distance, et ils enlèvent en même temps une cargaison importante de bombes de grande puissance destructrice ainsi que des « torpilles aériennes », chargées au trinitrotoluène.

Le rôle de ces avions ne se borne pas seulement à bombarder des villes, des dépôts de munitions ou des gares de chemin de fer ; ils constituent

Le tir contre avions. — Un 75 en action.

A remarquer au premier plan le canonnier avec le débouchoir. Il reçoit les ordres et indication par téléphone. Un écoutoir ingénieux l'isole des bruits extérieurs et facilite sa besogne.

de véritables « machines de guerre » qui interviennent pendant la bataille. Alors ils descendent près du sol, volent à faible altitude et font pleuvoir sur les troupes ennemies une pluie de grenades et la grêle des balles de leurs trois mitrailleuses. Ce sont des engins de combat des plus redoutables.

Nos aviateurs et les aviateurs britanniques ont acquis la maîtrise incontestée de l'air. Sous ce rapport, nous avons dominé nettement nos ennemis.

L'appoint de l'aviation américaine, tant au point de vue du matériel nombreux et perfectionné que du personnel entraîné de façon admirable, n'a fait que confirmer cette maîtrise de l'air possédée par les alliés de l'Entente.

Et cette maîtrise de l'air a assuré la victoire définitive.

Disons, pour terminer ce qui concerne les progrès de l'aviation depuis la guerre, que les exploits qui, avant 1914, constituaient des « records » exceptionnels sont, aujourd'hui, chose tout à fait courante.

Ainsi le vol à 4 000, 5 000 et même 6 000 mètres est réalisé à tout moment par des aviateurs, non seulement isolés, mais « en escadrilles ». Les vitesses de 200 kilomètres à l'heure ont été obtenues, et des avions anglais sont allés de Londres à Constantinople avec, seulement, quelques escales intermédiaires.

Cela nous montre que, avec la paix conclue par la victoire, l'aviation a devant elle la plus belle des carrières ; elle permettra le transport rapide des dépêches et des voyageurs « très pressés ». A 200 kilomètres à l'heure, on ira de Brest à New-York en une journée ; on pourra partir de Paris le matin, aller déjeuner à Marseille et être de retour pour le dîner.

*
* *

Mais, si la guerre a marqué le triomphe de l'aviation, en revanche elle aura été la condamnation presque complète du dirigeable.

Les nombreuses catastrophes dont ont souffert les fameux *zeppelins* sont présentes à toutes les mémoires. Un dirigeable, en effet, non seulement est vulnérable à cause de ses grandes dimensions, mais encore les blessures qu'il reçoit sont mortelles : un petit obus de 35 millimètres éclatant dans l'enveloppe de l'aéronef suffit à enflammer l'hydrogène qu'elle renferme et par suite à amener la perte de l'engin « corps et biens ».

Aussi les dirigeables ne sont-ils plus guère employés que par la marine comme éclaireurs aériens, destinés à survoler les escadres en croisière au large des côtes et à leur signaler, de loin, l'approche des navires ennemis.

En revanche, l'aéronautique a pris une autre forme : celle des ballons captifs d'observation, à qui leur forme de cylindres courts, terminés par deux calottes sphériques, forme qui les fait ressembler à d'énormes cervelas, a fait donner le nom populaire de « saucisses ».

La saucisse, retenue à terre par un câble d'acier fin, enroulé sur un treuil actionné par un moteur, enlève dans une petite nacelle un seul observateur, relié au sol par un fil téléphonique, grâce auquel il peut transmettre ses observations.

Ces saucisses peuvent atteindre des altitudes considérables. Malheureusement leur fixité en fait des cibles pour les canons de l'ennemi, qui s'efforce de les abattre en les enflammant à l'aide d'obus incendiaires.

Dans ce cas, l'aéronaute se laisse tomber de la nacelle, soutenu par un parachute dont les portants le soutiennent sous les aisselles. L'expérience a montré que le dispositif était efficace, et que dans presque tous les cas, l'aéronaute arrivait au sol sain et sauf.

Ascension d'un ballon saucisse.

Enfin il faudrait un volume entier pour citer les innombrables utilisations, pendant cette guerre, du moteur à explosion sous toutes ses formes.

L'automobile, d'abord, aura dominé en reine : camions, tracteurs, voitures, motocyclettes furent l'essaim, toujours en mouvement, qui assura les communications auxquelles ne suffisait plus la voie ferrée. Les convois de camions chargés de munitions ont, en particulier, assuré la victoire de Verdun, et leurs conducteurs ont inscrit une belle page à l'histoire de l'automobile militaire.

Le moteur à essence se manifeste encore sous d'autres applications.

Les projecteurs, de plus en plus puissants, sont alimentés par des groupes électrogènes actionnés par des moteurs d'automobile. Les appareils de T. S. F., les bobines d'induction pour les voitures de radiographie des ambulances du front, les stérilisateurs d'eau par l'ozone, tout cela utilise le merveilleux moteur à explosion, si précieux par sa légèreté et l'instantanéité de sa mise en marche. Il n'est pas jusqu'au creusement des tranchées pour lequel on ait employé des excavateurs actionnés par des moteurs à pétrole.

En résumé, cette guerre aura pris, de plus en plus, le caractère d'une guerre scientifique, au cours de laquelle les applications de toutes les sciehces auront joué un rôle de plus en plus grand.

*
* *

Ce n'est pas seulement pour les choses concernant directement la guerre que les sciences ont été mises à contribution : les besoins de l'arrière, les nécessités de la vie des nations, troublée par la prolongation des hostilités, auront amené savants et techniciens à s'unir pour rechercher les solutions de nombreux problèmes posés par les circonstances.

L'un des plus typiques est celui qui a été résolu en Allemagne pour la fabrication artificielle des nitrates, si indispensables à la fabrication des explosifs.

Ces nitrates, l'Allemagne, comme tous les pays de l'Europe, les tirait du Chili, où on les trouve à l'état naturel et où ils forment d'importants et riches gisements.

Mais, dès le début des hostilités, le blocus des flottes alliées arrêta toute importation vers l'Allemagne. Celle-ci se fût donc trouvée en présence d'une situation sans issue, si ses chimistes, plagiant, d'ailleurs, en cela, des découvertes françaises dues à notre compatriote Charles Tellier, le « père du froid », n'avaient réalisé la synthèse directe des nitrates à partir de l'azote atmosphérique. Et ainsi l'Allemagne a pu être sauvée d'un désastre qui, sans cela, eût été sans précédent.

Il en fut de même chez nous. L'industrie des produits chimiques était, avant la guerre, une sorte de monopole allemand. Dès que les hostilités furent ouvertes, il fallut bien improviser la nouvelle industrie : c'est aujourd'hui chose faite. En France, en Angleterre, en Italie, des usines se sont élevées comme par miracle, où l'industrie chimique a pris une extension rapide, enlevant aux Boches leur fameux monopole.

Un fait analogue s'est passé pour l'industrie des instruments d'optique. Les fameuses maisons Zeiss, d'Iéna, et Gœrz, de Berlin, avaient à peu près monopolisé la fabrication des « jumelles à prismes », volées d'ailleurs par les constructeurs boches à un officier du génie italien nommé Porro. La guerre nous trouva dépourvus en cette matière.

Grâce à l'initiative du général Bourgeois, directeur du Service géographique de l'armée, qui a su grouper et organiser les constructeurs français, nos opticiens ont fabriqué pendant la guerre plus de mille jumelles par jour, d'une qualité au moins égale à celles des établissements d'optique allemands.

Voilà encore un monopole qui échappe à nos ennemis.

CHAPITRE X

LA BATAILLE DE LA SOMME

Les forces allemandes sur le front français. — 150 divisions. — Le combat d'Ablaincourt.
— La prise de Sailly-Saillisel. — Les Anglais à Baumont-sur-Ancre. — Les résultats
de la bataille : 150 000 prisonniers, 350 canons, 1 500 mitrailleuses. — Le dégagement
de Verdun : la victoire de Bezonveau. — Les conséquences.

Au moment où nous avons interrompu notre tableau de la Grande Guerre,
nous avons laissé l'armée française attaquant les Allemands sur la Somme
et reprenant, devant Verdun, les forts de Vaux et de Douaumont, ce
qui transformait en une véritable défaite pour les Boches leur formidable
attaque contre notre citadelle de l'Est.

Il n'est pas inutile de récapituler, au moment où nous reprenons notre
récit, de passer en revue l'état des forces ennemies sur notre front de
bataille.

Les armées allemandes, entre la mer du Nord et les Vosges, étaient
partagées en deux groupes : l'un, allant de la mer à l'Oise, sous les
ordres du kronprinz Ruprecht de Bavière ; l'autre, allant de l'Oise aux
Vosges, sous les ordres de ce sinistre oiseau de proie, le kronprinz héritier
d'Allemagne, le fils aîné de Guillaume II.

Le groupe du kronprinz Ruprecht de Bavière comprenait :

La IVe armée, commandée par le duc de Wurtemberg ; elle avait pris
position entre la mer du Nord et la Douve ;

La VIe armée, placée sous le commandement du général von Falken-
hausen ; ses divisions s'étendaient de la Douve à Monchy ;

La Ire armée, dont le général en chef était le général von Below, qui
était en position entre Monchy et Péronne ;

La IIe armée, enfin, sous les ordres du général von Gallwitz, échelonnée
de Péronne à l'Oise.

Le *groupe du kronprinz allemand* était composé de la manière suivante :

La VIIe armée, placée sous le commandement du général von Schubert ; elle avait ses troupes réparties sur le terrain allant de l'Oise à Berry-au-Bac ;

La IIIe armée, dont le commandant en chef était le général von Einem, s'échelonnait de Berry-au-Bac à Rouvroy ;

La Ve armée, à la tête de laquelle se trouvait le kronprinz en personne, dont les divisions étaient disposées entre Rouvroy et les Éparges ;

Enfin un groupe de corps d'armée, placé sous les ordres du général von Strauz, était en position entre les Éparges et la Moselle.

Cet ensemble de forces militaires sur notre front ne comprenait pas moins de 130 *divisions* qui se répartissaient de la manière suivante :

20 divisions étaient postées sur la Somme ;

29 divisions avaient pris position devant Verdun ;

81 divisions étaient échelonnées sur le reste du front franco-britannique.

Mais, indépendamment de ces 130 divisions, placées en position de combat, il y avait une réserve de 7 divisions disponibles, « haut-le-pied » pour employer le terme militaire, et un groupe de 13 divisions en voie de reconstitution, après avoir été très éprouvées par les combats précédents. Cela portait à 150 le total des divisions ennemies opposées à nos héroïques poilus et à leurs valeureux alliés, les « Tommies » britanniques.

****

A la fin d'octobre 1916, la bataille de la Somme tirait à sa fin.

Cependant les derniers engagements, ceux qui devaient en être le couronnement final, n'étaient pas encore effectués. Nous allons en faire un rapide récit.

Le 10 octobre, une brigade française, composée des 109e et 409e régiments, avait attaqué les abords d'Ablaincourt. Presque en même temps, la 4e armée anglaise, placée sous les ordres du général Rawlinson, réalisait, le 12 octobre, une avance de près d'un kilomètre devant Gueudecourt. En vain les Boches essayèrent-ils de reprendre le terrain qu'ils avaient dû céder ; ils en furent pour leurs frais de contre-attaque et furent repoussés avec des pertes importantes.

Le 14 octobre, nos régiments s'élançaient à l'est de Belloy et s'emparaient, par un hardi coup de main, du hameau de Génermont et de la sucrerie voisine, qui fut disputée avec acharnement et ne resta entre nos mains qu'après avoir changé plus d'une fois de possesseurs. Mais nous réussîmes à nous y maintenir en faisant 1 100 prisonniers dont 15 officiers ;

de plus, nous capturâmes trois canons de campagne, sans compter un nombre
respectable de mitrailleuses et du matériel varié.

Mais ces actions de détail n'étaient, pour ainsi dire, que les « prépa-
rations » d'une opération de plus grande envergure et d'une plus haute
portée pratique : nous voulons parler de la prise de Sailly-Saillisel, qui

Marsouins du régiment colonial du Maroc occupant un saillant reconquis dans la Somme.

eut lieu dans la nuit du 15 au 16 octobre, de concert avec les troupes de
l'armée britannique.

Le village de Sailly est situé sur une croupe qui s'avance, en formant
une sorte d'éperon dominant la région environnante, au nord de Péronne,
entre l'Ancre et la Tortille, affluent de la Somme.

Le village fut attaqué de trois côtés à la fois par nos troupes, qui
escaladèrent les pentes avec cet entrain caractéristique du soldat français.

L'ennemi, comprenant l'importance de la position que nous venions
d'enlever, essaya de nous en rejeter par des contre-attaques extrêmement
violentes. Ces contre-attaques n'eurent d'autre résultat que de faire perdre
beaucoup de monde aux Allemands, de nous amener à occuper le village
dans son entier, alors que nous n'en tenions, au début, que la plus grande
partie.

Les Boches sont tenaces, entêtés même ; ils ne se tinrent pas pour battus et revinrent à l'attaque de notre nouvelle position ; ils dirigèrent en
même temps une offensive entre Biaches et la Maisonnette. Cette offensive

fut brisée par nos bataillons, pendant que nos alliés anglais enlevaient brillamment les tranchées baptisées par l'ennemi des noms de « tranchée Stuff » et de « tranchée Regina ».

La prise de Sailly privait les Allemands d'un de leurs points les plus importants, de celui qui constituait le meilleur observatoire sur toute la région environnante.

En vain, dans une série de contre-attaques acharnées, les Boches tentèrent-ils de nouveau de nous faire lâcher prise ; ces efforts furent inutiles, et nos succès allaient bientôt s'augmenter de prises nouvelles, celles du village de Saillisel, d'Ablaincourt et de Pressoire.

*
* *

En liaison étroite avec l'armée britannique, nous organisâmes, le 3 novembre, une attaque qui, en nous mettant à même d'occuper quelques hauteurs dont la possession était importante, nous permit de nous approcher du Transloy.

Les Allemands, comprenant toute la portée de notre avance, s'efforcèrent de l'enrayer par une résistance désespérée, à laquelle participèrent les corps d'armée des généraux von Garnier, von Daimling et von Marshall. Malgré leurs efforts acharnés, nous continuions à avancer vers Saillisel, chaque jour un peu plus que la veille.

Enfin, le 11 novembre, le jour de la fête de saint Martin, à 2 heures 30 de l'après-midi, trois bataillons d'infanterie française, de la division du général Lecomte, s'élancèrent intrépidement à l'assaut et enlevèrent le village de Saillisel, prenant 8 mitrailleuses et capturant 300 prisonniers. Trois jours auparavant, le 7 novembre dans la matinée, malgré une tempête effrayante et des torrents de pluie, nous avions emporté les villages d'Ablaincourt et de Pressoire, dans lesquels nous faisions plus de 500 prisonniers.

Ces prises successives de villages importants ne faisaient pas l'affaire des Allemands ; ils cherchèrent à nous déloger de nos conquêtes. Le 15 novembre, ils dirigèrent une puissante contre-attaque sur Ablaincourt, et entre Bouchavesnes et Lesbœufs. Un moment ils purent croire à un succès, car ils avaient réussi à pénétrer dans Pressoire ; mais nos poilus, par un énergique retour, les en chassèrent définitivement.

Pendant que les Boches se faisaient ainsi battre dans leur contre-attaque, nos alliés anglais remportaient, le 13 novembre, un succès important sur les deux rives de l'Ancre.

Ce jour-là, dès 6 heures du matin, malgré une pluie battante succédant à un brouillard épais, l'armée britannique avait vigoureusement pris l'offensive et enlevé Saint-Pierre d'abord, puis Beaumont, ensuite Hamel, après cela la hauteur marquée sur la carte sous le nom de *cote* 135, et enfin le village de Beaumont-sur-Ancre.

Les Allemands, en voyant le vaste développement de l'offensive de nos alliés, avaient compris qu'il s'agissait d'une opération des plus sérieuses et non d'un simple « coup de main » ; ils mirent en ligne plusieurs divisions et une nombreuse artillerie de campagne.

Mais ni le nombre de leurs bataillons, ni le tir de leurs canons de 77 n'eurent le don de faire reculer les braves « Tommies ». Les défenses boches furent enfoncées, et quand nos alliés eurent occupé tous les villages mentionnés plus haut, quand ils firent le compte de leurs prises, il se trouva qu'ils avaient fait à l'ennemi 5 700 prisonniers, dont 70 officiers. Et, cinq jours après, étendant et développant leur succès premier, ils atteignirent le village de Grandcourt, dans lequel ils capturèrent encore 750 Boches qui levèrent les bras en criant « kamarad ! »

Ces succès importants marquaient la fin de la bataille de la Somme.

En réalité, cette bataille était, pour les armées alliées de l'Entente, une magnifique victoire, tant par son importance que par ses résultats immédiats.

Au point de vue de son importance, on peut dire que ce fut elle qui détermina le recul formidable que les Allemands devaient exécuter quatre mois plus tard, sur tout l'ensemble du front compris entre Arras, à l'ouest, et Vailly, à l'est.

Au point de vue des résultats immédiats, elle se traduit par les chiffres suivants. Commencée le 1ᵉʳ juillet 1916 et terminée le 15 novembre, cette bataille de quatre mois avait fait tomber entre les mains des troupes franco-britanniques : 105 000 *prisonniers*, 150 *canons d'artillerie lourde*, 200 *pièces d'artillerie de campagne et plus de* 1 500 *mitrailleuses*.

Les pertes infligées à l'ennemi avaient été considérables.

D'après les estimations les plus dignes de foi, ces pertes atteignaient un total de plus de 700 000 hommes. Nos ennemis avaient d'ailleurs, comme l'on dit, « bien fait les choses ; » ils avaient mis en ligne, à un moment, jusqu'à 137 *divisions*, soit environ 1 500 000 hommes. Parmi ces divisions, comprenant chacune de 11 à 12 000 hommes, quelques-unes perdirent plus de la moitié de leurs effectifs, et trois d'entre elles eurent chacune plus de 8 000 tués.

Évidemment, la victoire fut payée cher, et les pertes des armées alliées furent élevées ; mais le résultat au moins était atteint, non seulement au point de vue matériel, mais encore au point de vue de l'effet moral.

Elle montrait, en effet, que, malgré l'obstination de leurs assauts, malgré les formidables masses d'hommes que les Allemands lançaient à l'attaque de nos lignes, malgré les pluies de fer et de feu que leurs canons lourds faisaient tomber sur nous, les bataillons de nos héroïques soldats formaient un rempart formidable que nulle puissance ne parviendrait à renverser.

Et, du même coup, les armées ennemies étaient frappées dans leurs éléments vitaux, en même temps que les grands chefs allemands étaient atteints dans leur prestige de conducteurs d'armées, de stratèges infaillibles.

Enfin cette offensive, si puissamment menée par les armées françaises et anglaises, en occupant les ennemis sur le vaste front de la Somme, avait permis au général Nivelle, en reprenant les forts de Douaumont et de Vaux, de dégager Verdun. C'était donc un succès immense, gros des conséquences les plus heureuses.

Le roi d'Angleterre voulut reconnaître par une récompense éclatante le mérite du général sir Douglas Haig, qui commandait l'armée britannique : il le nomma maréchal, en même temps que les citations les plus élogieuses étaient adressées aux généraux Gough et Rawlinson, commandants des 4e et 5e armées anglaises.

Le Gouvernement français ne voulut pas être en reste vis-à-vis du chef de nos vaillantes cohortes. Le général Foch avait mené nos troupes à la victoire : il reçut la plus haute récompense que l'on puisse décerner à un général en chef : la médaille militaire.

Et ce fut la bataille de la Somme qui, en consacrant sa haute valeur de chef d'armées, le désignait pour le poste qu'il devait occuper dix-huit mois plus tard : celui de généralissime des armées alliées, réunies enfin sous les ordres d'un chef unique et ne formant plus qu'une seule phalange.

Ce ne fut pas l'un des moindres résultats de la victoire de la Somme.

*
* *

L'année 1916 devait, d'ailleurs, s'achever devant Verdun par un succès des plus brillants, succès qui devait compléter le dégagement définitif de notre importante forteresse.

Nous avons vu que, le 24 octobre et le 2 novembre, nos troupes avaient repris les forts de Douaumont et de Vaux. Le fort de Douaumont avait été enlevé par le bataillon Nicolaï, du régiment marocain, sous les yeux du général en chef ; celui de Vaux par des détachements des divisions Lardenelle, Passaga, Andlauer et Arlabosse.

Douaumont. — Aspect d'un coin du champ de bataille.
Au fond, le glacis du fort (cliché de *l'Illustration*).

Six mille prisonniers dont 138 officiers, 66 canons, 144 mitrailleuses tombèrent entre nos mains.

Mais ce double triomphe allait être couronné par une victoire décisive : celle de Louvemont-Bezonvaux, remportée le 15 décembre 1916.

Une fois que furent repris les forts de Douaumont et de Vaux, les troupes du génie s'emparèrent du terrain nouvellement reconquis et y effectuèrent, en hâte, des travaux d'importance. Ainsi, on construisit plus de 30 kilomètres de routes, dont une en madriers, pour le passage des pièces d'artillerie lourde ; on installa plus de 10 kilomètres de chemin de fer à voie étroite destinés à faciliter le transport des munitions et des approvisionnements de toutes sortes.

On creusa tout un réseau de tranchées, de boyaux de communication, de parallèles ; on organisa des postes d'écoute, des stations de T. S. F., des postes de commandement ; on creusa de véritables grottes pour en faire des dépôts de munitions bien abrités, et on y accumula des stocks formidables d'obus de tous calibres.

L'artillerie, pendant ce temps, était mise en batterie le plus près possible des lignes ennemies, car le but du général Nivelle était d'écraser les Allemands sous une pluie de projectiles, et, une fois cet écrasement réalisé, de s'emparer de leurs canons par une attaque à la grenade.

Entre Bezonvaux et la Meuse, les Allemands avaient échelonné 5 divisions ; ils avaient disposé de nouveaux travaux de fortification, creusé d'autres tranchées, installé des fortins et des réduits pour battre de flanc les fronts de leurs lignes de tranchées.

Mais la violence de notre bombardement leur fit perdre la notion exacte des choses. Nos obus tombèrent en pluie serrée sur les deux rives de la Meuse : ils dirigèrent leurs efforts de contre-batterie sur la rive gauche, tandis que notre commandement allait porter son attaque sur la rive droite du fleuve.

Quatre divisions allaient prendre part à l'attaque : elles étaient sous les ordres des généraux Guyot de Salins, Muteau, Passaga et Garnier du Plessis ; le tout constituait une armée à la tête de laquelle se trouvait le général Mangin.

Le général Nivelle avait donné l'ordre de lancer l'attaque le 15 décembre. Ce jour-là, sous une pluie glaciale, mêlée de neige, tombant en rafales, les troupes se tenaient prêtes à exécuter l'ordre du général en chef.

Notre artillerie lourde avait fait un « arrosage » intensif de toutes les positions occupées par l'ennemi. Elle avait, en particulier, détruit Hardaumont, Bezonvaux, Louvemont et Vacherauville. Cet arrosage fut d'une telle violence que, sur un front de plus de 10 kilomètres, l'artillerie ennemie fut, à un moment donné, réduite au silence le plus complet.

C'était le moment choisi par le commandement pour donner l'assaut.

14

A 10 heures, par une éclaircie du ciel, nos poilus s'élancèrent en avant, avec la *furia francese* tradltionnelle : au bout d'nne heure, ils étaient maîtres de toute la ligne allant de Vacherauville à Louvemont et à la cote 378.

La division du général Guyot de Salins. accompagnée par des escadrilles d'avions qui mitraillaient les Boches, franchit victorieusement tous les obstacles, et son commandant ajouta, dans son rapport, que ses régi-

Pendant la bataille. — Deux coureurs arrivent au poste de commandement du général
(Cliché de *l'Illustration*.)

ments avaient progressé « sans aucune difficulté » : c'est la modestie succédant à l'héroïsme.

A Vacherauville et à Louvemont, les Allemands tentèrent une résistance plus accentuée ; cette résistance fut annihilée en un clin d'œil par l'irrésistible élan des régiments qui formaient la division du général Muteau.

A droite, la division du général Passaga enlevait, à 3 heures, l'ouvrage de Bezonvaux, et, au centre de la ligne d'attaque, la ferme des Chambrettes tombait, au même moment, entre les mains de nos valeureux soldats.

Ainsi, grâce à cette brillante offensive, si savamment préparée, si hardiment exécutée, notre front se trouvait rétabli sur les lignes mêmes qu'il occupait le 21 février 1916, lorsque commença la grande offensive du Kronprinz contre Verdun. Celui-ci avait donc perdu tous les avantages momentanément acquis et avait sacrifié, en pure perte, près de 500000 hommes pour se trouver rejeté sur ses positions initiales.

Les Allemands avaient dû reculer de plus de 3 kilomètres sur un front de 10 kilomètres. Leurs batteries étaient démolies par le tir accablant des nôtres, leurs approvisionnements détruits, leurs communications d'arrière fortement compromises.

Ces cinq heures d'assaut avaient suffi à nous assurer un butin considérable, des prises importantes.

Un coup de main le 22 octobre (1916) dans le ravin des Fontaines, d'où allait partir, le surlendemain, l'attaque dans la direction de Vaux ; deux Allemands sortent de leurs trous à la vue de nos premiers grenadiers et se rendent ; toute une section de 25 hommes en fit autant (cliché de *l'Illustration*).

Ainsi nous capturâmes, 11 387 prisonniers, parmi lesquels se trouvaient 115 officiers ; nous nous emparâmes de 284 canons, de 107 mitrailleuses et de 44 lance-bombes.

Verdun était décidément, pour nos armées, une victoire éclatante ; pour les Boches, c'était la plus piteuse des défaites.

* *

Après cet éclatant succès devant Verdun, une période d'accalmie régna sur tout le front, pendant la dernière période de l'hiver 1916-1917.

Partout, de la mer à la Meuse, ce ne furent qu'escarmouches locales, que tentatives restreintes de part et d'autre. Les deux ennemis se tâtaient sans s'aborder de face. Les Boches, « échaudés » par leurs précédentes déconvenues, ne se hasardaient pas à risquer une nouvelle attaque qui aurait augmenté le chiffre de leurs pertes. Ils nous savaient sur nos gardes et tout disposés à les recevoir encore plus chaudement que nous venions de le faire.

Le mois de janvier 1917 se passa ainsi, et les seuls événements notables furent les raids accomplis par les aviations alliées sur les gares, les arsenaux, les usines allemandes de la région du Rhin et de celle de la Moselle.

Ce n'est qu'à la fin de février 1917 que l'activité se réveille, plus vive, des deux côtés du front.

A partir de ce moment, on sent que la trêve imposée par l'hiver va prendre fin. Des pointes sont poussées à chaque instant ; des reconnaissances pénètrent dans les tranchées avancées ; des escarmouches incessantes se dessinent.

Les Anglais se mirent, les premiers, à accomplir des « actes de guerre » ; ils dessinèrent, le 7 février, un mouvement en avant tellement accentué, tellement bien appuyé par leur artillerie, que l'ennemi, en présence de cette marche en avant, dut se résoudre à évacuer Grandcourt ainsi que la ferme de Baillescourt.

Nos alliés continuèrent plusieurs jours leur mouvement de progression, si bien qu'au bout d'une semaine, c'est-à-dire le 15 février, ils avaient fait reculer le front allemand sur une profondeur de 1 200 mètres et sur une longueur de plus de 5 kilomètres.

Les Boches essayèrent alors de réagir et de se tourner contre nous.

Le 15 février, grâce à une forte supériorité numérique, ils réussirent à s'emparer d'une position qui formait une saillie de nos lignes à gauche de Maisons-de-Champagne et à nous enlever 500 prisonniers et 30 mitrailleuses.

Mais, entre le 8 et le 12 mars, tout le terrain qu'ils avaient enlevé leur fut repris par nos poilus, et même ceux-ci forcèrent l'ennemi à reculer au delà de sa ligne de départ.

Ainsi se préparait, par une série de petits succès locaux, le mouvement de recul général qu'allaient exécuter, au printemps, les armées allemandes commandées par le feld-maréchal von Hindenburg.

CHAPITRE XI

LA RETRAITE ALLEMANDE DU PRINTEMPS DE 1917

Le recul de l'Ancre. — L'union des armées alliées. — Le recul de Hindenburg et l'avance anglaise. — L'opinion publique préparée, en Allemagne, à l'annonce de la retraite — La « ligne Hinderburg » et la mythologie allemande. — Les dévastations de l'ennemi : 264 villages, 225 églises incendiés. — L'avance du général Fayolle. — L'avance anglaise vers le Catelet. — La destruction du château de Coucy. — L'encerclement de Saint-Quentin.

Les efforts désespérés qu'avaient faits les Allemands, en vain d'ailleurs, pour percer notre front à la fin de 1916, les échecs sanglants dont leurs tentatives avaient été suivies, leur avaient démontré à la fois l'inanité de leurs efforts et la solidité de notre résistance.

Ils leur avaient démontré autre chose : la cohésion, la coordination étroite qui existait déjà entre les armées françaises et les armées britanniques.

Avec leur esprit de division, avec le sens, inné chez eux, de la discorde et du trouble, ils avaient conçu l'espoir de séparer les actions militaires des deux nations combattantes. Attaquant tantôt nos lignes, tantôt les lignes anglaises, ils comptaient mettre en défaut l'esprit de solidarité entre les troupes de l'Entente ; ils s'attendaient à ce que, faisant montre d'un égoïsme dont ils se sentaient évidemment capables, les armées des deux nations alliées n'agissent chacune que « pour son compte », en se désintéressant du sort de sa voisine.

Ils avaient compté sans l'admirable esprit de l'Alliance franco-anglaise.

Tous ces calculs avaient été déjoués.

Dès que les Anglais, pressés par trop fort, paraissaient fléchir, les Français arrivaient à la rescousse. Dès que les Français avaient à soutenir une attaque par trop violente, les troupes britanniques se portaient aussitôt à leur aide.

Aussi, après avoir dû se reconnaître incapable de nous vaincre sur les champs de bataille, l'Allemagne étudiait-elle et préparait-elle le moyen de les abandonner en subissant le minimum possible de pertes en hommes et en matériel.

A cette époque, la révolution, — on peut dire la trahison, — russe n'avait pas encore fait sentir ses effets néfastes, et d'importantes armées allemandes étaient immobilisées sur le front oriental de la guerre. Les Boches commençaient à ressentir les effets de la disette d'effectifs, causée par les hécatombes d'hommes qu'avaient provoquées leurs attaques en masse. Pour tenir toute l'étendue des lignes de leur double front, du côté français et du côté russe, il leur fallait en réduire la longueur.

Il était donc indispensable, pour nos ennemis, de renoncer au « saillant » de leur front dans la région de Noyon ; il leur fallait rétrécir leur ligne ; en un mot, il leur était indispensable de « battre en retraite », quelque dure que dût leur sembler cette décision, en attendant que des circonstances favorables leur permissent pas de rétablir leurs lignes primitives.

Cette « retraite stratégique » (ainsi l'avait baptisée Hindenburg) se fit en deux temps : le premier fut le repli des positions allemandes sur la droite de leurs positions, c'est-à-dire le long de la rivière de l'Ancre.

Les Boches commencèrent par préparer, selon leur habitude, une ligne de résistance à l'arrière de leurs positions, afin d'y trouver un abri sûr au cours de leur repli.

Cette ligne était jalonnée par une série de positions fortifiées, qui s'alignaient entre Arras et Vailly. Nous retrouverons tout à l'heure ces lignes défensives.

Ce fut le 17 février que l'ennemi commença l'exécution de sa manœuvre de repli. Il faut dire que, étant données les attaques incessantes de l'armée britannique, ce repli ne pouvait guère être considéré comme « volontaire », mais bien plutôt comme « forcé ».

Le 17, les Anglais poussaient en avant et progressaient ainsi de plus d'un kilomètre en profondeur sur la rive sud de l'Ancre, dans la direction de Miraumont. Les Allemands « firent tête » tant qu'ils purent ; mais, le 24, l'élan de l'armée du général Gough fut tellement accentué que la retraite allemande dut s'accentuer aussi.

Cette retraite ne tarda pas à s'étendre vers l'est. Les Boches abandonnèrent, pour ainsi dire sans combattre, cette zone qu'ils avaient si fortement pourvue de défenses et sur laquelle ils avaient lutté avec tant d'acharnement au cours de la bataille de la Somme.

Serre, Miraumont, Pys, Warlencourt furent, en premier lieu, occupés par les bataillons anglais. Puis ce fut le tour de Ligny, de la Barque, de Gommécourt, de Puisieux-au-Mont et de Thilloy, le 28 février.

Le terrain ainsi reconquis par nos vaillants alliés comprenait une bande longue de 17 kilomètres et large de 3. Pendant la fin de février 1917, les « Tommies » firent près de 2 500 prisonniers.

Dès le commencement de mars, les Allemands tentèrent de réagir et

dessinèrent plusieurs contre-attaques ; ce fut en vain. L'entrain des
soldats du général Gough eut raison de leur retour offensif ; ils durent
se résoudre à abandonner Irles le 10 mars, et, trois jours après, à évacuer le bois Loupart et le village de Grévillers.

Cavalerie anglaise traversant un village reconquis sur les Allemands.

Cette « retraite de l'Ancre » était, en quelque sorte, le prélude, le « premier acte », de la grande « retraite de l'Oise », qui devait être effectuée
quinze jours plus tard.

**

L'annonce de cet événement devait porter une rude atteinte à l'orgueil
germanique ; aussi fut-elle soigneusement « préparée » par une savante
et longue campagne de la presse d'outre-Rhin.

Les journaux boches avaient, en effet, travaillé l'opinion allemande
pour l'amener à envisager de gaîté de cœur la possibilité d'un recul là
où, naguère, on ne lui parlait que d'avance victorieuse et irrésistible. Il
fallait faire avaler au peuple allemand la retraite décidée par son idole,

le maréchal Hindenburg, l'homme « à la statue enclouée », retraite commandée par une série de circonstances des plus impérieuses.

Ainsi fut-il fait.

Dès la fin de la bataille de la Somme, la *Gazette de Voss*, le *Berliner Tagblatt*, les *Munchener Nachtrichten*, la *Germania* parlaient de l'opportunité d'un repli et indiquaient même la ligne jusqu'à laquelle ce repli devait avoir lieu. Cette ligne allait de Lille à Verdun, en passant par les Ardennes et par Mézières-Charleville.

Nous avons vu plus haut comment le repli avait commencé sur les rives de l'Ancre. Les Boches se décidaient donc à abandonner une partie de leurs gains territoriaux, un coin de la fameuse « carte de guerre » dont ils se montraient si orgueilleux.

Cette retraite, ainsi que celle de l'Oise que nous allons raconter maintenant, était donc l'aveu non déguisé de la supériorité des Alliés, bien que la presse boche l'eût qualifiée de « conception géniale » de la part de Hindenburg !

Le général en chef des armées allemandes comptait tirer un grand profit de ce raccourcissement de sa ligne de front.

En repliant ses divisions entre Arras et Vailly, il espérait ainsi pouvoir constituer une armée de manœuvre, formée d'une dizaine de divisions rendues libres par cette opération ; il escomptait, en outre, la possibilité de consolider sa position sur les deux points d'appui principaux, la crête de Vimy et le plateau de Craonne ; enfin il pensait que la réalisation de son « repli stratégique » et l'occupation de ses nouvelles positions bouleverseraient tous les plans que l'état-major franco-britannique avait dû élaborer en se basant naturellement sur les anciennes positions occupées par les forces allemandes.

Ce n'est un mystère pour personne, si peu initié que l'on soit aux secrets de la science militaire, qu'une retraite est une opération difficile à exécuter, parce qu'elle se fait sous le feu de l'ennemi qui poursuit les armées en recul.

Les Boches avaient décidé de pratiquer leur repli en dévastant de fond en comble le terrain qu'ils abandonnaient : villages, maisons, fermes, châteaux, arbres, forêts, tout devait, en conséquence, être abattu, détruit, coupé au ras du sol ou incendié. Ces féroces barbares ne laisseraient qu'un désert derrière eux.

Hindenburg avait choisi la ligne qui devait former son nouveau front défensif et que les Allemands avaient baptisée la « ligne Hindenburg » ; elle passait par les points principaux suivants : Vimy, Cambrai, Saint-Quentin, Laon.

A la différence des ouvrages utilisés jusqu'alors et qui étaient constitués par une série de tranchées parallèles, la « ligne Hindenburg » était formée d'une série de zones fortifiées, faites de retranchements très forts établis sur des hauteurs, et soutenus en arrière par des fortifications profondes. Le tout, d'ailleurs, enserré dans un inextricable réseau de fils de fer barbelés, de postes de mitrailleuses enterrés et nombreux, de galeries bétonnées.

La mythologie germanique se donna libre essor pour nommer les différentes parties de cette fameuse « ligne Hindenburg » : toutes les divinités du Walhalla y passèrent ; tous les personnages de la « tétralogie » de Wagner furent mis à contribution.

C'est ainsi que l'on eut une « ligne Siegfried » ; plus loin, une « ligne Wotan » ; à un autre endroit, une « ligne Brunnhilde » ; ailleurs, une « ligne Faffner », une « ligne Loge », etc...

Ainsi, entre les deux points d'appui principaux, qui étaient la crête de Vimy et le plateau de Craonne, se trouvaient échelonnées de longues zones de résistance, formidablement armées d'artillerie et formant ainsi, pour les armées allemandes en retraite, des appuis absolument sûrs.

Si l'on suit sur la carte la série de ces positions, on y trouve d'abord la position si forte de Vimy, puis la ligne Drocourt-Quéant, puis celle allant de Hermies au bois d'Havrincourt, ensuite la région du Catelet, la ligne des hauteurs qui s'alignent entre la Somme et l'Oise, le massif boisé de Saint-Gobain, les forts de la Malmaison et de Condé et, pour terminer, la crête du Chemin-des-Dames et le plateau de Craonne.

*
* *

Quand Hindenburg sentit que l'offensive anglo-française devenait plus pressante, il donna à ses généraux l'ordre de commencer le mouvement de retraite.

Alors les divisions allemandes se replièrent petit à petit, ne laissant sur les postes avancés que des rideaux de troupes destinés à masquer le recul des éléments principaux et à retarder la poursuite de l'ennemi par une résistance désespérée.

Ce fut le 15 mars que le mouvement de recul, déjà amorcé sur l'Ancre, se développa, au sud, le long des lignes tenues par les troupes françaises.

Ce jour-là, l'armée britannique du général Gough, en liaison avec l'armée française commandée par le général Fayolle, s'aperçut que la résistance diminuait devant elle. Aussi nos alliés poussèrent-ils de l'avant vers Saillisel, tandis que nos troupes progressaient parallèlement vers Beuvraignes. Le lendemain, 16 mars, les deux armées avançaient encore jusqu'au sud de Lassigny.

Le 17 mars, au matin, le général Gough, qui, conformément au plan d'offensive arrêté au quartier général, devait commencer l'attaque entre

Archiet et Transloy, vit bien qu'il n'avait plus affaire à « une armée »,
mais simplement à des couvertures d'arrière-garde. A midi, les premiers
détachements anglais entraient dans Bapaume, ou plutôt dans ce qui restait de Bapaume, dont les maisons, l'église, les édifices avaient été détruits
et incendiés. Aussitôt l'artillerie allongeait son tir, atteignait les Boches

Convoi anglais traversant Bapaume.

dans leur retraite vers Cambrai et canonnait sans interruption les détachements ennemis.

Les Anglais, élargissant leur mouvement en avant, occupèrent successivement les villages d'Achiet, de Bucquoy, de Villers-Carbonnel, d'Étre-
pigny.

Pendant ce temps-là, les armées françaises du groupe commandé par le
général Franchet d'Espérey se portaient en avant et accentuaient, dans
la nuit du 16 au 17 mars, leur mouvement de progression. Elles étaient
« en ordre de marche », précédées par des escadrons de cavalerie. Mais
les Boches refusèrent le combat et s'échappèrent dans la direction du nord.

Alors la cavalerie française pénétrait dans Roye et dans Lassigny, chassant devant elle les arrière-gardes ennemies, et entrait à Nesles le 18 mars.

Au même moment, d'autres escadrons de nos cavaliers pénétraient au
galop dans la vieille cité historique de Noyon, heureusement sauvé. Dans
leur précipitation à s'enfuir, les Boches n'avaient pas eu le temps de la
détruire ou d'en incendier les monuments.

Ainsi se précisait, par des conquêtes successives, l'avance du général Fayolle.

D'autre part, l'armée du général Humbert pressait fortement les Allemands, qu'elle forçait à se retirer sur l'Ailette et la forêt de Coucy. Les Anglais, de leur côté, poursuivant leur avance, arrivaient à Nesles, où ils se soudaient à notre cavalerie.

Noyon.

Le 19 mars au soir, après avoir battu des détachements ennemis, capturé des convois et fait un important butin en matériel, l'armée du général Humbert, s'emparant de Tergnier, arrivait à 7 kilomètres de Saint-Quentin.

Entre le 19 et le 21 mars, les troupes britanniques réussirent à occuper 60 villages. Mais la résistance allemande commençait à se manifester plus sérieuse ; les Boches arrêtaient peu à peu leur mouvement de retraite, en un mot, ils « faisaient tête ».

Mais que de ruines derrière eux ! Quelle désolation dans ces contrées dévastées par ces Vandales ! 264 villages, 225 églises dont il ne reste que des décombres ; plus de 30 000 maisons complètement rasées. Hideuse conception de la guerre par la « Kultur » allemande !

Mais la haine qu'ils ont ainsi semée germera sur notre sol ; ils en payeront cher la moisson, et les générations futures recueilleront, de la bouche de leurs aînés, le récit de ces atrocités, qui entretiendra dans les cœurs français une haine inextinguible de l'Allemagne.

*
* *

On était arrivé au 22 mars.

Les troupes du général Gough trouvèrent les Allemands en pleine défensive le long de la ligne Arras-Roisel-Vermand. De même, l'armée du général Fayolle trouvait de la résistance entre Roupy et Crozat, ainsi que celle du général Humbert sur l'Ailette.

Les Boches allaient se retrancher sur leur « ligne Hindenburg ».

C'est alors que le général Fayolle entreprit de chasser l'ennemi des sommets compris entre la Somme et l'Oise, de Saint-Quentin à Moy, afin de les occuper, d'en faire des observatoires pour les mouvements des armées allemandes et d'y installer de l'artillerie dans le but de commander les positions sous-jacentes.

Mais Hindenburg, pressentant les intentions du général français, s'efforça précisément de nous empêcher de franchir la ligne des canaux de Saint-Quentin à Tergnier.

A cet effet, il provoqua des inondations autour de la Fère et accumula de grands effectifs dans la région de Grand-Seraucourt.

Mais l'entrain extraordinaire de nos troupes déjoua toutes les mesures prises par l'ennemi. Nos soldats, par une série d'attaques brillantes, eurent raison de tous les obstacles.

Dès le 22 mars, les Boches avaient tenté de nous rejeter de la rive orientale du canal de Saint-Quentin, près de Mondescourt, et le 23, lançant sur nos positions des colonnes d'assaut fortes de 20 000 hommes, ils avaient, un instant, réussi à nous faire légèrement reculer à Artemps. Mais nos divisions contre-attaquèrent avec vigueur une fois de plus, et rejetèrent les assaillants jusqu'à Grand-Serancourt.

Le 24 mars, les Allemands, harcelés sans répit, sont refoulés jusqu'aux tranchées de Savy et de Gibercourt.

Voyant l'ennemi fléchir, le général Fayolle se décide à « battre le fer pendant qu'il est chaud ». Il fonce vigoureusement sur le centre des positions allemandes dans le but d'annuler toutes les attaques que les Boches pourraient tenter en partant de la position de Saint-Gobain, qui constituait un de leurs principaux points d'appui.

Le 24, nos soldats s'emparaient lestement des forts de Liez et de Vendeuil, au nord de la Fère, et, le 25, après une lutte terrible, enlevaient les crêtes dominantes de la région d'Essigny-le-Grand, privant ainsi les Allemands d'un excellent observatoire en même temps que d'une position d'où leur artillerie commandait les alentours.

Triste retour. — Tableau de Samson (Phot. Vizzavona).

Les divisions de Hindenburg firent naturellement l'impossible pour reprendre le terrain d'où on les avait si brutalement chassées ; tous leurs efforts furent inutiles. Malgré des assauts répétés, menés avec un courage qu'il faut reconnaître, leurs bataillons vinrent se briser contre le mur de nos baïonnettes et ils furent repoussés partout.

Après ces combats très durs, il y eut quelques jours d'accalmie. Mais le général Fayolle n'entendait pas s'endormir sur ses succès ; il reprit bientôt l'offensive qu'il avait si brillamment commencée ; et le 3 avril, sur un front de 13 kilomètres, entre l'Épine-de-Dallon et Benay, il lançait ses bataillons dans une attaque générale.

La résistance que les Boches offrirent à notre assaut fut farouche et désespérée ; ils avaient à nous opposer des forces importantes pour repousser notre attaque. Cependant tous leurs points d'appui furent contraints de succomber l'un après l'autre : tels furent Dallon, Cerizy, Giffécourt et les hauteurs au sud d'Urvillers.

Une fois en possession de ces points importants, les divisions du général Fayolle reprirent leur progression continue, malgré les difficultés du terrain détrempé, sous les rafales de pluie mêlée de neige qui fouettaient nos hommes au visage.

En dépit de la résistance des ennemis et de la fureur des éléments, les Allemands furent vigoureusement harcelés et contraints d'abandonner les sommets de Grugies, d'Urvillers et de Moy, qui commandaient Saint-Quentin au sud et qui, tous, avaient été transformés par d'importants travaux en autant de formidables forteresses.

Non seulement nos troupes enlevèrent ces positions tant défendues, mais encore près d'Urvillers, au nord de la ferme de la Folie, elles s'emparèrent de trois lignes de tranchées, d'un fort réseau de fils de fer barbelés, de nombreux camions et de trois obusiers, tout en faisant quelques centaines de prisonniers.

La progression française continua pendant plusieurs jours encore, et le 13 avril, nos poilus enlevèrent plusieurs lignes de tranchées nouvelles.

Alors le recul des Boches s'arrêta et la guerre de tranchées reprit, scandée par le long et terrible duel des deux artilleries lourdes.

Le fort de la lutte allait se porter sur un autre point.

Saint-Quentin était, du côté de l'est, complètement cerné par nos troupes. D'autre part, les régiments anglais entouraient étroitement et serraient de près la ville, du côté nord-ouest.

C'est de ce côté qu'allaient se développer les nouvelles phases de l'offensive.

*
* *

Dès le début du repli allemand, dès que le mouvement de retraite se fut nettement dessiné, sir Douglas Haig avait pris comme objectif de son avance la ligne allant de Cambrai à Saint-Quentin.

Cette ligne, en effet, constitue une dépression dirigée du nord au sud, et à son centre se trouve une sorte de relèvement, qui est le Catelet. C'est sur cette proéminence que se tourna tout l'effort de l'armée britannique.

Les Allemands avaient pressenti cette offensive et s'y étaient préparés ; ils avaient organisé de puissants travaux de défense en avant de Cambrai, entre Bullecourt, Quéant et Havrincourt. Tranchées, réduits bétonnés, abris souterrains pour mitrailleuses, boyaux de communication, réseaux de fils de fer barbelés, rien n'y manquait.

Les troupes de sir Douglas Haig commencèrent leur attaque par une série de coups de main dirigés contre ces défenses, du côté du sud, dans la direction du Catelet.

Le 23 mars, nos alliés s'étaient établis sur une ligne allant de Beaurains à Etreillers. Les Allemands, inquiets de les voir installés dans une position dont ils appréciaient l'importance, cherchèrent à les en déloger et lancèrent contre eux, du 24 au 27 mars, une série d'attaques acharnées. Mais ce fut inutilement qu'ils firent décimer leurs bataillons.

Les soldats britanniques, non seulement repoussèrent victorieusement tous les assauts, mais encore purent élargir et étendre leurs positions dans la direction de Croisilles.

Le 26 mars, ils s'emparèrent de Lagnicourt ; le 28, ils enlevèrent Neuville-Bourjonval. Pendant ce temps-là, au sud, leurs cavaliers avaient occupé Roisel le 24 mars, et, à la date du 31 du même mois, les villages de Liérancourt, de Villers-Faucon, de Hendicourt, de Marteville, de Vermand, d'Hervilly et de Sainte-Émilie étaient à eux.

Ce fut alors que les corps d'armée sous les ordres du général Rawlinson se rapprochèrent de Saint-Quentin et procédèrent à l'encerclement de plus en plus étroit de la ville.

Le 1er avril, les Anglais enlevaient Savy après un combat acharné ; le lendemain, c'était le tour de Holnon, de Francilly, de Villecholles. L'avance de nos alliés se dessinait plus caractéristique ; elle devenait générale et incessante.

Les obstacles accumulés par l'ennemi autour de Cambrai se trouvaient fortement ébranlés. Les jours suivants, les « Tommies » s'emparaient de

Boursies, d'Hermies, de Demicourt. En même temps, leur marche s'accentuait au sud dans la direction du canal.

Cette avance graduelle mais sûre rapprochait ainsi nos alliés de la

Ruines du château de Coucy.

grande route allant de Cambrai à Saint-Quentin, route qu'ils dominaient déjà complètement en la tenant sous le feu de leurs batteries.

**

Tandis que les soldats de sir Douglas Haig progressaient ainsi d'une manière régulière et continue, les corps d'armée français commandés par le général Humbert ne restaient pas inactifs et exploitaient heureuse-

15

mènt les résultats de leur avance entre l'Aisne et l'Ailette, à travers cette riche région dévastée par la sauvagerie allemande.

Le 22 mars, le général Humbert avait passé l'Ailette et arrivait au pied de la colline au sommet de laquelle s'élevaient les ruines imposantes du château de Coucy, chef-d'œuvre de l'architecture militaire du moyen âge.

Les Boches, voyant qu'ils ne pourra'ent pas tenir sur la position, l'évacuèrent ; mais auparavant, ils firent sauter le vieux et majestueux donjon, celui qui avait abr.té ces fiers seigneurs dont l'altière devise était :

> *Je suis ne roy, ne duc, ne comte aussy :*
> *Je suis le sire de Coucy.*

Rien ne devait trouver grâce devant les barbares qui avaient détruit la cathédrale de Reims : le donjon de Coucy s'écroula, démoli par l'explosion de mines au trinitrotoluène.

Les Boches avaient commis une infamie de plus !

Le 27 mars, nos troupes entraient dans Coucy-la-Ville, dans Verneuil, et nos poilus s'étendaient en bordure de la forêt de Saint-Gobain et de celle de Coucy.

A la droite de nos positions, les divisions de Hindenburg s'étaient maintenues sur le saillant formé par le plateau de Vrigny, d'où elles pouvaient surveiller et battre simultanément les dépressions de Soissons et d'Anizy-Pinon. Afin d'asseoir plus solidement encore leur situation, les Allemands tentèrent de nous déloger des hauteurs que nous avions conquises. Dès le 22 mars, ils avaient lancé une violente attaque sur notre droite.

Mais leur assaut fut un insuccès complet ; nous reprîmes le train continu de notre avance méthodique sans subir le moindre arrêt.

Le 1er avril, nos bataillons d'assaut attaquaient les lignes allemandes aux abords de Laffaux et de Vauxaillon. Ce dernier village fut abandonné par les Boches après un dur combat, à la suite duquel ils durent laisser la place, tandis que, profitant de notre succès, nous élargissions nos positions dans le nord de Landricourt. Notre supériorité dans une foule d'actions de détail continua ainsi à s'affirmer jusqu'au 12 avril.

A cette date, les Allemands étaient refoulés à la lisière sud de la forêt de Saint-Gobain, et nous resserrions de plus en plus le cercle de notre investissement autour de ce massif qui est le bastion avancé commandant la plaine de Lens.

CHAPITRE XII

VIMY ET CRAONNE

L'offensive franco-anglaise. — Les points allemands. — La crête de Vimy et le plateau
de Craonne. — La préparation d'artillerie des Anglais. — L'aviation britannique. —
Les armées Horne et Allenby. — L'attaque française sur Craonne. — Les régiments
africains à l'assaut. — Le succès français. — Les manœuvres défaitistes. — La prise
de Moronvilliers. — Le Chemin-des-Dames. — L'échec du kronprinz. — Le canal de
Saint-Quentin. — Le résultat de l'offensive de printemps.

La fameuse « retraite stratégique », la « conception géniale » du feld-
maréchal Hindenburg était donc terminée.

Afin de donner le change à l'opinion d'outre-Rhin, la presse allemande,
stylée par le gouvernement impérial, s'empressa de la présenter comme
un succès sans précédent dans l'histoire militaire. Elle devait nous
retarder plus longtemps, en même temps qu'elle avait rendu le front
boche « plus mobile pour l'attaque ».

Mais tout ce bluff allait être réduit à néant par la science des généraux alliés.

Les armées françaises et anglaises n'avaient pas un seul instant cessé
de harceler les bataillons du kaiser en retraite, et au moment même où
Hindenburg croyait pouvoir faire marcher ses divisions de réserve, voici
qu'il allait voir se dessiner contre lui l'offensive combinée des deux
armées alliées et qu'il allait être forcé d'accepter la bataille avant l'heure
qu'il avait choisie avec soin pour la livrer avec le plus de chances.

Au commencement du mois d'avril, les forces allemandes sur le front
français s'élevaient à 145 divisions, c'est-à-dire à 1 450 000 hommes. Sur
ces 145 divisions, 45 étaient tenues en réserve. Mais les armées de l'Entente avaient la supériorité et du matériel et du nombre ; l'Angleterre
avait, en effet, voté le service obligatoire, et ses armées, renforcées de ses
héroïques contingents du Canada et de l'Australie, s'étaient augmentées
sans cesse.

Le général Nivelle et le maréchal sir Douglas Haig avaient combiné leur offensive dans le dessein d'user le plus vite possible les relèves de Hindenburg.

Les deux chefs alliés se proposaient également de réduire à néant les deux points d'appui de la ligne de retraite allemande, c'est-à-dire d'une part la *crête de Vimy* qui commande la plaine de Douai, et d'autre part le *plateau de Craonne* qui commande toute l'étendue de la plaine de Laon.

Tel était l'objectif que se proposait d'atteindre l'offensive combinée qu'allaient mener les armées françaises et britanniques.

*
* *

Nos lecteurs peuvent se souvenir des événements de guerre dont la fameuse « crête de Vimy » avait antérieurement été le théâtre.

Cette position, d'une importance stratégique exceptionnelle par suite même de sa position géographique, occupée par les Allemands, avait résisté aux attaques françaises en décembre 1914, en mai, juin et septembre 1915.

Cette crête, longue arête dirigée du nord-ouest au sud-est, s'abaisse en pente douce vers l'ouest, tandis qu'elle tombe presque à pic, d'une hauteur de 60 mètres, sur la plaine de Lens et de Douai. Elle avait été utilisée par les Boches avec toutes les ressources de la fortification moderne, et ils en avaient fait une position défensive de premier ordre.

C'est contre ces formidables défenses que le maréchal sir Douglas Haig allait lancer deux armées britanniques : celle du général Horne, au nord, et celle du général Allenby, au sud.

L'attaque commença par une préparation d'artillerie sans précédent.

D'un côté, les Boches avaient massé, sur une longueur de front de 20 kilomètres, plus de 3 000 pièces de canon, principalement d'artillerie lourde.

De l'autre, nos alliés anglais avaient aligné, en face de cette artillerie ennemie, plus de 4 000 pièces, qui, *pendant sept jours consécutifs, lancèrent sur les lignes allemandes plus de six millions d'obus de tous calibres !*

En outre, comme prélude, comme « ouverture » de cette gigantesque symphonie de bouches à feu, une lutte aérienne avait inauguré l'action.

Les avions britanniques, affirmant d'une façon décisive leur supériorité sur l'aviation boche, accomplirent de véritables tours de force.

C'est ainsi qu'ils prirent 1 700 vues photographiques des batteries et des positions ennemies ; qu'ils effectuèrent 17 opérations de bombardement

intensif ; qu'ils abattirent 15 avions allemands, en contraignirent 31 à
atterrir désemparés.

Et ces magnifiques exploits aériens, les aviateurs anglais les accomplissaient en dépit des conditions atmosphériques les plus dures ; la pluie, la
neige tombaient, en effet, sans interruption, et c'est dans des rafales per-

Section du génie anglais, munie de l'outillage nécessaire pour l'établissement des fils de fer barbelés,
traversant un terrain défoncé par les tirs de l'artillerie.

pétuelles que les avions britanniques devaient s'envoler pour l'exécution
de leurs raids audacieux.

Le 9 avril 1917, le maréchal sir Douglas Haig donna l'ordre d'attaquer.

A 5 heures 30 du matin, les bataillons anglais s'élancèrent sur une longueur de front de 20 kilomètres, du sud de Givenchy-en-Goëlle jusqu'au
Cojeul. Et, comme si le Ciel avait voulu manifester son aide à nos alliés,
la pluie cessa vers 8 heures.

Au nord, les divisions canadiennes de l'armée du général Horne escaladèrent les pentes de Vimy, sous le commandement du général Bying.
Admirablement soutenus par le feu de l'artillerie, ces héroïques soldats
avancèrent sous la protection d'une véritable voûte de fer, voûte faite
des obus lancés par les 4 000 canons de l'artillerie anglaise, et qui
se déplaçait progressivement, avec une régularité géométrique, au
fur et à mesure de l'avance de l'infanterie dont elle avait à protéger les
mouvements.

C'est alors que tombèrent aux mains de nos alliés la ferme de la Folie, le hameau des Tilleuls, la cote 132, le village de Thélus.

Le lendemain ce fut le village et le bois de Farbus.

Le 10, au soir, toute la partie septentrionale de la crête qui résistait encore fut enlevée et occupée solidement par les Anglais. C'était un heureux et brillant début.

Au centre, par conséquent à l'est d'Arras, l'avance britannique fut encore plus foudroyante. Saint-Laurent-Blangy fut emporté avec un brio extraordinaire, et les « Tommies » se lancèrent en plein à travers les positions allemandes échelonnées le long de la Scarpe, vers un important système de fortifications établi pour relier Athies à Fenchy. Le 9 avril, ces deux villages furent conquis de haute lutte. Il en fut de même, le lendemain, 10 avril, pour Fampoux.

Au sud, pendant ce temps-là, l'armée du général Allenby s'était emparée de Tilloy, de Neuville-Vitasse et avait, en outre, enlevé de nombreux abris bétonnés ainsi que quantité de réduits fortifiés et armés de mitrailleuses.

En deux journées de bataille, les deux armées des généraux Horne et Allenby avaient fait 11 000 prisonniers, capturé 100 canons, 60 mortiers, 170 mitrailleuses. C'était, pour les troupes britanniques, un succès éclatant.

*
* *

Ces heureux débuts de l'armée anglaise constituaient une préface pleine de promesses pour l'offensive générale.

Celle-ci, commencée d'une manière si brillante, devait se continuer sans trêve ni merci et sans laisser aux troupes de Hindenburg « le temps de souffler ».

L'armée du général Allenby avait devant elle la troisième ligne allemande, qui s'étendait au sud de la Scarpe, couvrant les villages de Rœux, de Monchy-le-Preux, de Wancourt, de Héninel et de Hénin-sur-Cojeul.

Le général Allenby lança ses troupes le long de la Scarpe, vers Rampoux, s'y fraya avec énergie un passage et envoya ses escadrons en avant, prenant pour objectif l'investissement complet de la position constituée par le village de Monchy. L'artillerie et les mitrailleuses boches, dissimulées dans les bouquets d'arbres, ouvrirent alors un feu terrible sur la cavalerie anglaise. Celle-ci, voyant qu'elle ne pourrait arriver à investir Monchy, s'élança, avec une intrépidité presque téméraire, à l'assaut du village lui-même.

Nos alliés anglais à l'assaut : Les corps à corps de " Devils Wood " (bois du Diable), un des boqueteaux fortifiés de la région Longueval, Guillemont. Ginchy. Dessin de J. Simont (d'après *l'Illustration*).

Cette audace sans pareille eut sa récompense : Monchy tomba entre les mains de nos alliés. L'infanterie, appuyée par l'action irrésistible des tanks, atteignait le village par l'ouest et y pénétrait de son côté en même temps que la cavalerie.

Ainsi tombait le pivot du centre de la ligne allemande.

Pendant que s'accomplissaient ces opérations, la droite de l'armée Allenby attaquait, par le sud, les villages de Wancourt et de Héninel.

Le 11 avril, dès le petit jour, les bataillons anglais débouchaient de Croisilles et prenaient le village de Bullecourt. Du coup, les positions allemandes de Wancourt et de Héninel se trouvaient sous une menace sérieuse.

Hindenburg comprit le danger et résolut d'y parer par une action énergique. Il lança toutes ses troupes disponibles dans une furieuse contre-attaque qui fut menée avec une grande violence, et, grâce à la supériorité numérique des effectifs qu'il avait engagés, il réussit à enlever Bullecourt à nos alliés.

Mais, pour trouver les effectifs ainsi engagés, il avait dû prélever des troupes qui tenaient le saillant Wancourt-Héninel. Le général Allenby comprit cette faute de son adversaire ; il en profita en tacticien habile. Attaquant aussitôt Wancourt et Héninel ainsi dégarnis de défenseurs, il enlevait ces deux villages dans la journée du 12 avril.

*
* *

Nous avons laissé l'armée du général Horne au moment où ses bataillons, après avoir enlevé de haute lutte la falaise de Vimy, voyaient se dérouler sous leurs yeux le panorama de la plaine de Lens et de Douai.

Hindenburg, sentant la menace que la conquête de nos alliés constituait pour lui, s'efforça de paralyser leur avance, en dirigeant sur les positions occupées par les troupes britanniques un feu d'artillerie d'une violence exceptionnelle.

Cette pluie de feu arrêta le général Horne dans sa progression vers l'est, mais non pas dans sa progression générale. L'éminent officier, tournant ses efforts dans une autre direction, entreprit un mouvement enveloppant vers le nord.

En exécution de cette manœuvre, ses troupes se dirigèrent vers Givenchy-en-Gohelle, qu'elles attaquèrent par le sud. Le 13 avril au matin, elles enlevaient le village.

Ce même jour, après une longue et copieuse préparation d'artillerie, l'armée britannique put élargir son action ; elle prit de biais les pentes sud de la crête de Vimy et lança une attaque violente dans la direction de l'est.

Malgré une résistance désespérée que firent les Allemands, nos braves alliés, poussant leur élan irrésistible, s'emparèrent du village de Vimy, du Petit-Vimy, de Villerval et de Bailleul ; et, en même temps, le mouvement dessiné dans 'a direction du nord faisait tomber entre leurs mains le village d'Angres et les tranchées qui défendaient Loos au sud.

C'était donc la continuation du succès des armées anglaises.

Le lendemain, c'est-à-dire le 14 avril, les troupes du général Horne entraient dans l'importante cité industrielle de Liévin. Celle-ci n'est pour ainsi dire qu'un faubourg de la ville de Lens, de ce centre minier d'une importance exceptionnelle, autour duquel se groupent des corons, des cités ouvrières considérables, des puits de mine nombreux et des crassiers. A midi, la cité Saint-Pierre tombait entre les mains de nos alliés, qui, pendant la nuit, achevaient d'emporter les défenses établies entre Liévin et Lens.

L'investissement de cette dernière ville était donc commencé.

Cette suite d'actions, menées avec une méthode et un entrain dignes de tous éloges, avait fait tomber aux mains des troupes anglaises plus de 14 000 prisonniers et 104 canons. Tel était, pour nos alliés, l'inventaire de *la bataille de Vimy.*

Nous allons voir comment, de leur côté, les soldats français, dans le même temps, se couvrirent de gloire à la bataille de Craonne.

*
* *

Aussitôt que le maréchal sir Douglas Haig eut enlevé la crête de Vimy, le général Nivelle, en conformité du plan adopté, s'occupa d'enlever à son tour le second point d'appui de la ligne allemande, le fameux *plateau de Craonne.*

Que de souvenirs éveille ce nom célèbre dans les fastes militaires !

C'est sur le plateau de Craonne que, au cours de son immortelle campagne de France, Napoléon avait battu à plates coutures, en 1814, les armées prussiennes commandées par Blücher.

Ce plateau de Craonne, par sa situation topographique, a une importance exceptionnelle : il commande, en effet, l'Ile-de-France ; il protège les Ardennes et la région de Laon ; il constitue une menace pour la Champagne. C'est un véritable rempart, dont la hauteur de Laon forme une sorte de bastion avancé, et l'on se rappelle qu'après la bataille de la Marne, en septembre 1914, il avait résisté à toutes nos attaques.

C'est là que les Allemands avaient organisé, par de prodigieux travaux de défense, leur fameuse « ligne Siegfried ». Cette ligne était un ensemble de tranchées profondes, de réduits souterrains, d'abris blindés, armés de mitrailleuses, protégés par des réseaux inextricables de fils de fer, où les Boches pouvaient se retirer et résister d'une façon très efficace. Ils n'avaient laissé, en avant de ce système de défense, qu'un mince rideau

Position conquise pendant la bataille pour la prise de Craonne.

de troupes de première ligne, qui avaient reçu les ordres les plus sévères : elles devaient se défendre jusqu'au dernier homme, de façon à laisser à la masse des troupes le temps de s'abriter dans les réduits souterrains et s'y organiser pour la défensive.

Pour réaliser ce plan que, naturellement, les journaux d'outre-Rhin présentaient comme une conception « géniale », Hindenburg avait rassemblé une force globale de plus de 400 000 hommes sur les plateaux de Craonne et de Moronvilliers. Les positions fortifiées étaient armées d'une nombreuse et puissante artillerie et disposaient de mitrailleuses innombrables.

Le général Nivelle divisa notre offensive en deux périodes : la première, le 16 avril, sur un front de 40 kilomètres, entre Coucy et Soissons ; la seconde, le 17 avril, à l'est, sur un front de 15 kilomètres, entre Prunay et Auberive.

Voici quelle était la disposition générale des forces françaises.

A gauche, sous les ordres du général Mangin, se trouvait la 6e armée. Au centre, le général Mazel commandait les corps de la 5e armée. Ces deux armées constituaient un « groupe » à la tête duquel était le général Micheler.

A droite était le général Anthoine, commandant la 4e armée, sous le commandement supérieur du général Pétain. La 10e armée, sous les ordres du général Duchêne, était placée en réserve et conservée pour exploiter le succès éventuel des autres divisions.

Pendant dix jours entiers, nos batteries lourdes accablèrent de projectiles les positions ennemies. Ce feu terrible fut dirigé sur toute l'étendue du front comprise entre Saint-Quentin et l'est de Reims.

Une préparation par avions devait avoir lieu en même temps que celle de l'artillerie. Malheureusement, par suite d'une incompréhensible série de malentendus, l'opération, qui avait été soigneusement préparée, ne put avoir lieu ; peut-être aussi les conditions atmosphériques, qui se montrèrent exceptionnellement mauvaises, mirent-elles au départ des appareils un obstacle difficile à surmonter.

Cependant, le 16 avril, le groupe d'armées du général Micheler attaquait, malgré la tempête, entre Soupir et Courcy.

Les Allemands, nous l'avons dit, avaient tout préparé en vue d'une résistance opiniâtre. Inutile de dire que cette résistance se produisit et fut acharnée.

Mais les Boches avaient affaire aux divisions du général Mangin. Les régiments d'Afrique, commandés par cet intrépide « conducteur d'hommes », donnèrent à cette occasion la mesure du maximum d'héroïsme que l'on puisse attendre de soldats français.

S'élançant à l'assaut, sans souci des rafales de mitraille et des shrapnells qui les arrosaient de leur pluie mortelle, nos valeureux fantassins escaladèrent les falaises de craie, bousculèrent l'ennemi dans leur élan irrésistible et réussirent à le chasser de sa première position, à laquelle il s'était pourtant désespérément « accroché ».

Sur un front de 8 kilomètres, deux de nos divisions, dont les unités étaient disposées sur l'Aisne, entre Vailly et Braye, attaquèrent les falaises crayeuses et réussirent à les enlever le 17 avril ; mais cette conquête fut chèrement achetée au prix de pertes très lourdes.

Toutefois, au cours des trois jours suivants, les 18, 19 et 20 avril, nos vaillants soldats purent goûter la saveur de la victoire et récolter le fruit de leurs efforts surhumains ; ils purent, en effet, grâce à une habile manœuvre de leur général, refouler l'ennemi en pleine retraite, et s'emparer du même coup de 72 canons ainsi que d'un grand nombre de mitrailleuses, pendant qu'à droite le 2e corps colonial, par une attaque impétueuse, réussissait à chasser les Boches de la ferme de Heurtebise.

***

Nous venons de voir ce que fit l'armée du général Mangin. A sa droite était l'armée commandée par le général Mazel.

Au cas où l'on aurait réussi à rompre le front allemand, le 32e corps d'armée français devait marcher sur Neufchâtel, appuyé à droite par la 37e division, tandis que la 14e division devait prendre pour objectif de ses attaques le fort de Brimont situé au nord de Reims, près du canal de l'Aisne à la Marne et de la ligne du chemin de fer.

Dès le premier jour, les troupes du général Mazel marquèrent une avance importante : elles parvinrent à s'emparer de la deuxième position allemande, au sud de Juvincourt. Pour la première fois, des tanks français entrèrent en jeu. Les bataillons d'assaut s'accrochèrent aux pentes de la butte sur laquelle est construit le fort de Brimont, la brigade russe enleva le village de Courcy ; mais, là comme à Soupir et à Vailly, nos pertes furent lourdes, tant était fort le système défensif organisé si patiemment par l'ennemi.

Néanmoins, les résultats furent d'une grande importance.

En dépit des contre-attaques répétées des Allemands, malgré le tir en rafale de ses pièces lourdes qui nous canonnaient sur les positions nouvellement conquises, le soir du 16 avril, nous pouvions dénombrer plus de 10 000 prisonniers. Si les Boches en avaient fait autant, on aurait illuminé à Berlin et donné, aux écoles d'Allemagne, un jour de congé.

Mais, mettant en œuvre les avant-gardes de cette armée de trahison, de *défaitisme*, qui à l'intérieur de notre pays travaillait sourdement pour eux, les Allemands organisèrent chez nous une campagne de pessimisme qui réussit à semer l'inquiétude dans les esprits. On se mit, tout à coup, à incriminer les grands chefs, alors que, si l'on cherchait bien, c'est à l'intrusion d'hommes politiques, et principalement d'un ministre néfaste, dans les affaires militaires que l'on dut l'arrêt inattendu d'une offensive qui avait débuté par une victoire.

En dépit de cette campagne, dans laquelle apparaissait nettement la main sinistre de l'Allemagne, nos généraux ne se laissèrent pas démonter ; mieux que les autres ils savaient que les avantages remportés, s'ils avaient été payés cher, n'en étaient pas moins réels, positifs et indiscutables.

Dès le 17 avril, l'armée du général Anthoine, partant d'Auberive, marcha à l'attaque des hauteurs de Moronvilliers, hauteurs qui forment un observatoire important, dominant et commandant toute la région environnante.

A 5 heures du matin l'assaut fut donné.

Les forces ennemies qui défendaient la position ne comprenaient pas moins de 8 divisions, 4 en ligne et 4 en réserve ; quant à l'artillerie allemande, son importance se chiffrait au nombre de 200 batteries. C'est dire à quelle tâche s'attelaient nos valeureux soldats.

Mais, pour nos « poilus », il n'est rien d'impossible : ils le firent bien voir.

Malgré les rafales de mitraille qui s'ajoutent aux rafales de la pluie et de la neige qui font rage, nos bataillons s'emparent de quatre ou cinq lignes de tranchées le long de l'ancienne voie romaine et, continuant leur avance victorieuse, s'élèvent sur le massif le long d'un front de 11 kilomètres. Dans le corps du général Hély d'Oissel, la division du général Le Gallais franchit le bois de la Grille, celle du général de Lobit enlève brillamment le mont Cornillet. A droite, par contre, dans le corps d'armée du général Dumas, la division du général Naulin ne peut atteindre le Mont-Haut ; mais la division marocaine du général Degoutte enlève le mont Sans-Nom. Ainsi s'achève la journée du 17.

Le 18, la division Naulin atteint la crête du Mont-Haut ; le 19, de nombreuses contre-attaques ennemies sont brisées par l'intrépidité de nos hommes. La division du général Éon parvient à s'emparer du Téton, dont l'honneur de la prise revient au 11e régiment. La division du général Mordacq s'empare d'Auberive, et, le 20, le général Éon s'empare du Casque.

En trois jours, grâce à la science profonde du général Pétain, qui avait combiné tous les détails de cette action, nos armées avaient fait 5 000 prisonniers, capturé 50 canons, 120 mitrailleuses et avaient enlevé aux ennemis une position dont l'importance justifiait leur défense acharnée.

*
* *

En somme, notre offensive était couronnée de succès, et les objectifs principaux qu'elle se proposait avaient tous été atteints.

Les armées des généraux Mangin et Mazel, cependant, ne se reposaient pas sur leurs lauriers et continuaient à confirmer, par des actions de détail, les succès premiers qu'elles avaient remportés au début de leur marche en avant.

Une opération importante leur restait à faire : celle de réduire le saillant de Vailly, qui constituait un avantage pour les lignes allemandes. C'est à quoi furent employées les deux armées placées sous le haut commandement du général Micheler.

Dans la nuit du 17 au 18 avril, les villages de Chivy et de Chavonne furent enlevés, et nos troupes atteignirent les abords immédiats de Braye.

Le 18, nos bataillons continuèrent leur marche en avant, excités par les succès des jours précédents. Ils prirent Ostel, Braye-en-Laonnois, tandis que d'autres unités s'emparaient de Nanteuil-la-Fosse. En même temps, par une attaque énergique, nous enlevions Vailly et la tête de pont de Condé.

Départ d'une première vague d'assaut.

C'était là une éclatante manifestation de la supériorité de notre commandement et de celle de nos troupes : l'armée française venait ainsi de s'installer sur toute la longueur du plateau et en atteignait le bord opposé, celui qui domine la vallée de l'Ailette.

Les Allemands tentèrent de réagir et de nous rejeter de notre nouvelle position : une puissante contre-attaque, menée par tout un corps d'armée boche, du sud de Juvincourt, fut brisée par nos feux et contrainte de se replier après avoir subi des pertes terribles.

En même temps, le général Mazel, par une manœuvre d'une grande virtuosité, arrivait à cerner un fort point d'appui des lignes ennemies. A la suite de cette manœuvre, les Boches qui occupaient cette position durent se rendre. Nous fîmes ainsi 1 300 prisonniers et prîmes 180 mitrailleuses.

L'échec général des armées allemandes se compliquait donc d'une série d'échecs de détail.

Le kronprinz avait dirigé en personne les opérations ; il essaya de « sauver sa mise » en faisant appel à des forces nouvelles. Cent vingt mille hommes des divisions de réserve allemandes furent envoyés sur la ligne de feu pour rétablir l'équilibre détruit : ce fut en vain.

La réduction du saillant de Vailly fut promptement achevée. Les villages de Laffaux, de Condé, de Jouy, d'Aizy tombèrent l'un après l'autre entre nos mains le 19 avril. Partout, en dépit des contre-attaques les plus acharnées, les troupes du général Micheler purent conserver les positions qu'elles avaient conquises.

Quels étaient en résumé les chiffres par lesquels pouvaient se traduire les succès de nos armées au cours de cette bataille de Craonne-Moronvilliers, qui avait duré du 16 au 20 avril 1917?

Nous avions fait, en tout, au cours de cette bataille, que les « défaitistes » à la solde des Boches avaient essayé de présenter comme un échec, 19 672 *prisonniers*. Et la meilleure preuve que c'était une véritable victoire que nos troupes venaient de remporter, c'est que le kaiser retira leurs commandements aux deux généraux allemands qui commandaient sur le front de l'Aisne.

*
* *

Malgré tous leurs insuccès, les Boches « insistèrent » et revinrent à la charge.

Nous avons vu que l'ineffable kronprinz avait fait venir 120 000 hommes empruntés à ses divisions de réserve. Nous allons voir la façon dont il essaya de s'en servir.

Il fallait à tout prix nous déloger des importantes positions que nous avions conquises et qui nous permettaient de dominer complètement la région ; aussi, outre les réserves précitées, les Allemands mirent-ils en ligne, sur le front de l'Aisne, 75 divisions sur les 155 dont ils disposaient sur l'ensemble du front occidental.

Le 23 avril, jour de la fête de saint Georges, patron de S. M. le roi d'Angleterre, les Boches lancèrent contre le Mont-Haut une formidable attaque. De nombreuses vagues d'assaut s'élancèrent successivement sur nos positions dans le but de les enlever et de nous en chasser. Aucune d'elles ne put, même un seul instant, aborder nos lignes.

Repoussé avec des pertes sanglantes, l'ennemi dut s'arrêter « pour souffler » ; mais, pendant qu'il reprenait ainsi haleine, nous poussions plus avant notre progression et, le 27 avril, nous entrions dans la zone du mont Sans-Nom, après avoir enlevé d'importants points d'appui auxquels pouvaient s'étayer les positions allemandes.

Plus tard, le 30 avril, les divisions placées sous les ordres du général Anthoine attaquaient le massif du mont Cornillet. Dès le premier choc de nos troupes, les lignes allemandes furent emportées entre Beine et le mont Cornillet. Près de 600 prisonniers, une batterie de 6 canons de 77 tombèrent entre nos mains.

Pendant ce temps, sur le plateau même de Craonne, au Chemin-des-Dames, les Boches intensifiaient leurs contre-attaques, qu'ils avaient fait précéder d'une préparation d'artillerie exécutée avec une violence peu ordinaire.

Le 25 avril, nos intrépides fantassins repoussèrent une attaque furieuse dirigée contre nos positions du plateau de Vauclerc. L'ennemi, en vue d'un nouvel assaut, rassembla alors des forces importantes au nord du plateau et les lança derechef à l'assaut de nos lignes. Écrasées sous le feu de nos mitrailleuses et de nos terribles 75, elles furent décimées et durent se retirer en désordre.

Ces insuccès ne découragèrent pas l'opiniâtre ténacité des Boches. Le soir même, les divisions du kronprinz redoublaient leurs efforts et revenaient, par deux reprises, à l'assaut de nos inébranlables positions. Deux fois elles furent rejetées et durent se replier après avoir essuyé des pertes sanglantes.

Une tentative sur la ferme Heurtebise eut le même insuccès.

Ainsi, non seulement l'orgueilleux héritier de la couronne impériale d'Allemagne ne parvenait pas à nous chasser du Chemin-des-Dames, mais encore, à mesure qu'il multipliait ses inutiles efforts, nos troupes, à chacune de ses tentatives nouvelles, marquaient un avantage, faisaient un progrès nouveau.

Si nous récapitulons en chiffres les résultats de la double bataille de Craonne et de Moronvilliers, à la date du 29 avril, voici les nombres exacts qui mesurent les succès remportés par nos troupes :

23 000 prisonniers ;

175 pièces d'artillerie (lourde et de campagne) ;

412 mitrailleuses ;

119 lance-bombes et mortiers de tranchée.

Les pertes totales de l'ennemi dépassaient 200 000 hommes, tandis que les nôtres, évaluées au maximum, atteignaient à peine la moitié de ce chiffre.

*
* *

Le mois de mai 1917 allait marquer, pour notre armée, de nouveaux et importants progrès dans cette région d'une importance indiscutable.

Le 4 mai, notre artillerie fit subir au village de Craonne, que l'ennemi

16

avait transformé en une puissante forteresse, un bombardement intense et prolongé.

Le soir, les troupes commandées par le général Paquette s'élancèrent à l'assaut. En moins de dix minutes, un bataillon d'infanterie enlevait le village dans son entier, en chassait les Allemands et ramenait 225 prisonniers.

Naturellement les soldats du kronprinz firent des efforts désespérés pour nous déloger du village que nous venions de leur prendre ; ils prévoyaient que, dans cette position si importante, nous trouverions un point de départ pour des attaques ultérieures dirigées contre le plateau appelé « la Californie ».

Pendant la nuit, ils lancèrent jusqu'à cinq assauts contre nos bataillons qui occupaient Craonne. Cinq fois ils vinrent se briser contre l'infranchissable rempart de nos baïonnettes, rempart rendu encore plus inabordable par le feu combiné de nos mitrailleuses et de nos admirables 75.

Le village de Craonne restait donc en notre possession. Nous tenions là non seulement un observatoire sans pareil, mais encore une position exceptionnellement forte, commandant, par sa situation même, tous les débouchés sur la plaine de Champagne.

Et le même jour, pour couronner nos succès par un nouvel avantage, nos troupes, au nord-ouest de Reims, enlevaient brillamment les premières lignes des nouvelles positions allemandes sur un front de plus de 4 kilomètres.

Là encore des assauts furieux de l'ennemi tentèrent de nous arracher notre prise. Tous ses efforts furent sans effet ; tous vinrent se briser devant nos lignes. En vain les Boches lancèrent-ils contre nous deux divisions toutes fraîches. Accueillies par une pluie de mitraille, elles durent se retirer dans le plus grand désordre, en essuyant de lourdes pertes et en laissant entre nos mains plus de 700 prisonniers.

Ces succès répétés avaient redoublé l'ardeur, déjà si grande, de nos poilus : le sentiment de la victoire remportée est le stimulant le plus efficace pour augmenter la valeur combative d'une armée. La nôtre allait le montrer dans la journée du 5 mai.

*
* *

Il s'agissait d'enlever le moulin de Laffaux et de se rendre ainsi maîtres de la totalité du Chemin-des-Dames.

Depuis le bord est de Vauxaillon jusqu'à la droite de Craonne, les divisions du général Micheler partirent pour l'attaque dans trois directions différentes.

D'abord, à l'ouest, elles s'élancèrent avec un élan admirable à l'assaut du saillant de la ligne Hindenburg, au centre duquel se dressait le moulin de Laffaux. Leur impulsion fut telle que les points les plus importants de la ligne ennemie « crevèrent », comme crève une digue sous la poussée trop forte des flots d'une rivière débordée. Le moulin de Laffaux fut enlevé par une division formée de trois régiments de cuirassiers combat-

Prise du Chemin-des-Dames. — Lancement de grenades contre les tranchées allemandes.

tant à pied : les 4e, 9e et 11e cuirassiers. On captura 600 prisonniers et 10 mitrailleuses.

Au centre, le mordant de nos hommes ne fut pas moindre. En peu de temps, grâce au « cran » merveilleux dont ils firent preuve, nous fûmes maîtres de la crête du Chemin-des-Dames au voisinage de la ferme de Froidmont. La fameuse « ligne Siegfried », avec ses souterrains bétonnés, ses abris blindés et ses réseaux de fils de fer, était brisée comme verre, et 1 800 Allemands, levant les bras, durent se rendre à nos poilus victorieux.

Enfin, à l'est, à la droite du village de Cerny, le plateau formait une sorte d'éperon, constituant une position terminale dominante. Les Allemands s'y étaient fortement retranchés et s'y défendirent énergiquement. Malgré leur défense dont il faut reconnaître la bravoure, ils furent contraints de l'évacuer.

Au cours de ces différents combats, le kronprinz dépensait, sans compter, le « matériel humain », tout en restant prudemment à distance ; il jetait ses hommes dans la mêlée par paquets, les lançait à l'assaut en masses compactes, dans lesquelles les obus de nos 75 et les balles de nos mitrailleuses traçaient de sanglants sillons. Et ce qui donne une idée des pertes que ses armées durent éprouver, c'est que, dans l'espace de deux jours, quatre divisoins durent être remplacées.

Nous étions maîtres, dès le 5 mai, de la crête du Chemin-des-Dames sur une longueur de plus de 20 kilomètres ; nous avions fait plus de 5 000 prisonniers au cours de ces deux journées et nous nous étions emparés de nombreuses mitrailleuses ainsi que d'un matériel de guerre considérable.

En vain, dans la journée du 6 mai, le kronprinz essaya-t-il de nous contre-attaquer ; ses assauts répétés ne parvinrent pas à lui rendre les positions perdues. Ces journées, si heureuses pour nous, lui avaient coûté non seulement des pertes d'hommes considérables, mais encore des positions stratégiques de la plus haute importance.

*
* *

Avec leur opiniâtreté habituelle, les Allemands, qui ne pouvaient que difficilement se résigner à nous voir définitivement installés sur la crête du Chemin-des-Dames, n'abandonnaient pas encore la partie, et se disposaient à y risquer leurs dernières cartes.

L'armée du général von Bœhm fut chargée d'effectuer une suprême tentative pour reprendre les positions perdues.

A partir du 7 mai, elle mena une série d'attaques dans ce but. Çà et là, elle réussit à s'introduire dans quelques-unes de nos tranchées de première ligne ; mais, le 16 mai, elle subit devant le moulin de Laffaux un échec complet. Le 20 mai, l'armée allemande, après un violent bombardement, lança un assaut général entre Heurtebise et Sancy. Cet assaut fut brisé net par notre résistance. Et nos troupes, mettant à profit l'insuccès des Boches contraints à reculer, en profitèrent pour s'emparer, dans la journée du 22 mai, des derniers sommets de la Californie dominant la vallée de l'Ailette, en faisant 350 prisonniers.

L'attaque allemande, repoussée une première fois, allait reprendre plus violente.

Dans la nuit du 2 au 3 juin, le kronprinz lança contre le plateau de Californie deux divisions fraîches, récemment ramenées du front oriental.

Nos positions étaient défendues par de rudes soldats : c'étaient les 64e et 24e bataillons de chasseurs alpins de la division Brissaud-Desmaillets, les 5e et 8e bataillons de chasseurs à pied, et enfin les 18e et 49e régiments d'infanterie de la division du général Paquette. Les Allemands mirent tout en œuvre pour enfoncer nos lignes : gaz asphyxiants, jets de liquides enflammés, rien ne manqua au programme. Ils en furent pour leurs frais et furent rejetés en désordre sur les flancs du plateau.

Mêmes insuccès répétés de l'ennemi, le 5 juin à Heurtebise, le 6 à Vauxaillon.

Tandis que ces combats incessants se livraient sur le plateau de Craonne, le plateau de Moronvilliers était, de son côté, le théâtre de luttes ininterrompues.

Le 20 mai, les Allemands avaient tenté, au mont Cornillet, une attaque avec un dispositif vraiment « kolossal ». Ils avaient creusé dans la masse de ce monticule un vaste tunnel pouvant contenir trois bataillons d'infanterie, comptant ainsi, en les faisant déboucher brusquement, nous surprendre par l'imprévu de cette arrivée de combattants sortis de dessous terre. Mais il y a loin de la coupe aux lèvres !

Ce même jour, notre commandement lançait une attaque avec les régiments des divisions Joba, Ferradini et Aldebert. Tous nos objectifs furent conquis, et, par surcroît, les zouaves du premier régiment s'emparèrent du fameux tunnel qui se transforma en un gigantesque cercueil pour les 600 Boches qui y étaient massés et qui y furent asphyxiés. Au cours de cette opération vigoureusement et lestement menée, nous avions fait 1 000 prisonniers et enlevé les derniers observatoires qui restaient à prendre.

*
* *

Pendant que nos troupes remportaient ainsi une série ininterrompue de succès importants, que faisaient nos braves alliés britanniques?

L'armée anglaise avait à résister aux attaques furieuses des armées allemandes commandées par le kronprinz Ruprecht de Bavière.

On se souvient que, le 14 avril, nos alliés s'étaient emparés de la ville de Liévin. Ce jour-là même , le kronprinz de Bavière lança la 3e division d'infanterie bavaroise à l'assaut des positions anglaises de Monchy-le-Preux.

Les Bavarois se sont toujours distingués, parmi les barbares, comme plus barbares encore. Ce sont des maîtres en assassinats de femmes et d'enfants, en achèvement de blessés, en incendie de maisons, en destruction d'églises. La division choisie avait complètement dévasté la région avant de s'élancer à l'attaque des lignes britanniques.

Les « Tommies » laissèrent les Bavarois aborder leurs lignes, et, quand ils furent à bout portant, ils les accueillirent par un feu roulant tellement nourri qu'ils en firent une véritable marmelade : plus de 1 500 cadavres restèrent sur le terrain.

En présence de cet insuccès des Boches, voulant profiter de leur désarroi, le maréchal sir Douglas Haig résolut de tenter une offensive de grande envergure sur le front de 25 kilomètres compris entre Lens et Croisilles.

Au nord de cette longue ligne d'attaque, la lutte ne fut pas très vive, mais, en revanche, au centre, elle fut acharnée.

Là, les Anglais attaquèrent avec un remarquable courage et s'emparèrent audacieusement des défenses organisées par l'ennemi autour du cimetière de Rœux.

Entre Gavrelle et Croisilles, sur une longueur de près de 15 kilomètres, la lutte fut plus terrible encore. Les Allemands y avaient mis en ligne plus de 70 000 hommes ; ils réussirent à reconquérir le nord de Rœux et capturèrent 600 Écossais ; mais, devant Gavrelle, ils eurent à subir un véritable désastre et leurs bataillons furent anéantis.

Au sud de la ligne d'attaque, nos alliés triomphèrent complètement.

Le 24 mai, ils réussissaient à enlever Guémappe et à en chasser les régiments bavarois. Le village fut pris et repris neuf fois de suite, et finalement il resta aux mains des troupes britanniques.

Celles-ci, continuant leur progression victorieuse, poussèrent jusqu'aux environs immédiats de Chérizy et de Fontaine, et ne s'arrêtèrent qu'aux tranchées allemandes de seconde ligne dont la fortification et les défenses rendaient impossible toute avance ultérieure. Mais elles avaient, au cours de leur mouvement en avant, fait prisonniers 3 000 Bavarois.

*
* *

Nous avons dit précédemment que l'armée du général Gough devant Cambrai, et celle du général Rawlinson au sud, avaient effectué une progression combinée dans la direction du canal de Saint-Quentin et avaient encerclé la ville en la serrant de très près, à la fois du côté de l'ouest et du côté du nord.

Au cours de la nuit du 22 au 23 août, le général Rawlinson lança les Canadiens à l'assaut du village de Gouzeaucourt, que ces braves soldats emportèrent, ainsi que tout le bois qui l'entoure.

La nuit suivante, ses troupes occupaient successivement Fayet, Gricourt, Trescault, Gonnelieu. Dans la nuit du 23 au 24 avril, les deux villages de Villers et de Beaucamp furent enlevés, et l'armée anglaise arrivait enfin aux environs de Vendhuile, sur les rives du canal de Saint-Quentin.

L'armée allemande, pendant ce temps, augmentait sans cesse ses effectifs et son artillerie le long de la ligne défensive allant de Drocourt à

Prisonniers allemands passant par un poste de secours après l'attaque combinée des troupes anglaises, australiennes et sud-africaines, qui remportèrent un éclatant succès.

Quéant. Dès le 13 avril, les avions britanniques, au cours de leurs reconnaissances, avaient observé que des centaines de canons avaient remplacé ceux pris par les troupes alliées et que de nombreuses nouvelles batteries de canons lourds et de canons de campagne étaient mises en position. Bientôt, le long d'une seule des armées boches, on pouvait dénombrer plus de cent batteries d'artillerie de tous calibres. En même temps, l'ennemi donnait des signes manifestes d'une activité croissante, multipliant le nombre de ses contre-attaques qui devenaient, chaque jour, de plus en plus puissantes.

Le maréchal sir Douglas Haig, en présence de cette ligne renforcée de la sorte, cherchait à en trouver le point faible pour l'y attaquer et la rompre. Successivement, il tâtait la résistance ennemie par une suite d'actions de détail : au nord, vers Arleux ; au centre, à Gavrelle ; au sud, vers Ballecour.

Le 28 avril, l'armée du général Horne se déployait au nord de la Scarpe, entre Acheville et Rœux, en vue d'une nouvelle offensive.

Dès le début de leur attaque, nos alliés enlevèrent de haute lutte le village d'Arleux et purent étendre leur front jusqu'aux abords immédiats d'Acheville et d'Oppy, qu'ils occupèrent un instant, mais furent contraints d'abandonner devant une contre-attaque allemande faite avec des effectifs puissamment renforcés.

En somme, l'offensive d'avril faite par l'armée anglaise lui avait permis de faire 19 340 prisonniers et, de capturer 470 mitrailleuses ; elle avait, de plus, fourni à l'aviation britannique l'occasion d'affirmer sa supériorité, qu'elle n'a, depuis lors, pas cessé de conserver et d'accroître, puisque, au cours de ce mois d'avril 1917, *les aviateurs anglais avaient abattu 257 avions allemands.*

** **

L'activité des armées anglaises ne devait pas en rester là.

Le 3 mai 1917, une quatrième offensive fut effectuée, sur un front de 18 kilomètres, contre la ligne Hindenburg.

Dès le petit jour, les contingents des Dominions s'élancèrent à l'assaut dans la direction de Bullecourt. Quelques heures plus tard, le village tombait entre leurs mains et nos alliés s'emparaient de ce pivot de la ligne défensive ennemie.

Les troupes australiennes furent moins heureuses devant Fontaine-les-Croisilles. L'attaque avait été dirigée contre l'ensemble des positions allemandes ; les bataillons anglais durent se contenter d'en conquérir et d'en occuper les premières lignes, car les Boches, se reprenant après la surprise du premier choc, revinrent avec des effectifs renforcés et ripostèrent par une contre-attaque vigoureuse. Il en fut de même sur les deux rives de la Scarpe, où les troupes du prince de Wurtemberg, défendues par des marécages et les ruines des usines de Rœux, purent opposer une résistance efficace.

Mais, en revanche, plus au nord, un vigoureux élan des troupes canadiennes leur permit de se rendre maîtresses du village de Fresnoy, puissamment fortifié par l'ennemi. Le village était défendu par toute une division allemande : la 15e. Les Canadiens étaient secondés par une flotte d'avions qui ne comprenait pas moins de dix-huit escadrilles.

L'artillerie britannique fit, dans les rangs ennemis, de véritables hécatombes, et le commandement allemand dut faire appel à trois divisions fraîches pour renforcer ses effectifs, sur lesquels les Anglais firent 900 prisonniers.

Mais, à l'aide de leurs puissants renforts, les Allemands effectuèrent une contre-offensive et reprirent à nos alliés le village de Fresnoy ; ils ne purent toutefois leur reprendre les tranchées de la ligne Hindenburg. Ils furent chassés de Bellecourt le 17 mai et, le 20, durent évacuer une nouvelle portion de leur ligne entre Bellecourt et Fontaine-les-Croisilles.

Ainsi, sauf sur un secteur de 2 kilomètres, la fameuse « ligne Hindenburg » que les Boches déclaraient inexpugnable, qu'ils avaient placée sous l'égide des divinités de leur brumeuse mythologie, était complètement aux mains du maréchal sir Douglas Haig.

Nous pouvons maintenant faire une récapitulation d'ensemble des résultats obtenus par l'offensive franco-britannique du printemps de 1917.

Entre le 16 avril et le 1er juin, les batailles de Vimy, de Craonne, de Moronvilliers, les actions de détail qui eurent lieu et les contre-attaques allemandes repoussées, avaient permis aux Alliés de faire plus de 52 000 *prisonniers*, dont 1 000 officiers, de capturer 440 *pièces d'artillerie et plus de* 1 000 *mitrailleuses*, sans compter un nombre considérable de mortiers de tranchées et de lance-bombes. Les Boches, de leur propre aveu, toujours disposés à enfler leurs succès, ne nous avaient pris que 12 500 hommes et 210 mitrailleuses.

C'est donc comme un succès très caractérisé qu'on doit juger cette offensive que certaines manœuvres défaitistes tendaient, chez nous, à présenter à l'opinion publique comme un échec, et qui fut arrêtée en pleine réussite par les influences néfastes de certains parlementaires et surtout par celle d'un ministre que l'on aime croire inconscient, pour n'avoir pas à le supposer criminel.

CHAPITRE XIII

MESSINES

(7-8 juin 1917)

La puissance militaire anglaise. — La position de Messines. — La formidable préparation d'artillerie. — Les sapeurs anglais. — Les 19 fourneaux de mines. — La victoire :
ses conséquences. — Les résultats d'ensemble de l'offensive franco-anglaise.

L'offensive de printemps n'avait pas été seulement, pour les armées
alliées, une suite ininterrompue de succès, elle avait eu un autre résultat
d'importance. Elle avait permis, en effet, à l'armée britannique d'affirmer
la haute valeur militaire de ses généraux, le courage indomptable de ses
soldats, métropolitains et coloniaux, la perfection remarquable de son
artillerie lourde et la supériorité écrasante de son aviation.

Ainsi tombait cet espoir fou qu'émettait le kaiser quand, au début de
la guerre, parlant de l'armée anglaise, il l'appelait « la *méprisable* petite
armée du maréchal French ».

Cette *méprisable* petite armée, à la suite des assassinats de femmes et
d'enfants commis par les zeppelins sur les villes anglaises, avait vu grossir
ses rangs des innombrables contingents fournis grâce au service militaire
obligatoire. Les « premiers cent mille » (pour employer l'expression anglaise)
étaient devenus plus de deux millions. Les colonies et les protectorats
anglais (Indes, Canada, Australie, Nouvelle-Zélande, Afrique du Sud)
envoyaient sans marchander les meilleurs de leurs fils pour aller combattre les barbares et défendre la cause de la civilisation et de la liberté
menacées.

Et, pour couronner cette unanimité des Anglo-Saxons contre l'Allemagne, le 5 avril 1917, les États-Unis déclaraient la guerre à l'Empire
des Hohenzollern. Ainsi le sauvage empereur Guillaume voyait peu à peu
le monde entier se dresser contre ses ambitions sanglantes. Et la maîtrise acquise par les armées britanniques n'est pas un des moindres

résultats de la haine suscitée dans tous les pays civilisés par les excès inadmissibles du militarisme allemand.

Cette perfection croissante, cette augmentation continue de la puissance militaire anglaise avaient déjà porté leurs fruits au cours de l'offensive dont nous venons de retracer les principaux épisodes ; elles allaient recevoir un couronnement des plus brillants par une victoire éclatante remportée par l'armée britannique sur les bords de la Lys.

Nous voulons parler de la victoire de Messines, remportée par les bataillons de nos alliés, le 7 et le 8 juin 1917.

***

Depuis le 15 mai la situation était relativement calme dans le secteur de la Lys. Les forces allemandes qui y tenaient position étaient sous le commandement suprême du kronprinz de Bavière, le prince Ruprecht ; en sous-ordre, et à la tête de la 4e armée, était le général Sixt von Arnim, dont les troupes occupaient une position saillante puissamment fortifiée sur la crête de Messines, position qui, s'étendant jusqu'à Wytschaete, dominait toute la plaine flamande.

Celle-ci, en effet, est à la cote d'altitude de 20 mètres, tandis que Messines est à la cote 65, et Wytschaete à la cote 84 ; ces deux positions sont donc d'importance.

En raison même de cette importance, les « pionniers » du génie allemands les avaient fortifiées dans le grand style et les avaient hérissées de toutes les variétés de défenses dont la guerre actuelle a provoqué l'apparition.

Tranchées profondes et recouvertes, boyaux de communication, réduits blindés, réseaux de fils de fer, postes à mitrailleuses y étaient à profusion, sans parler d'une quantité considérable de lance-bombes, de canons spéciaux et de mortiers de tranchée.

C'est à la 2e armée anglaise, placée sous les ordres du général sir Herbert Plumer, que sir Douglas Haig confia la difficile mais glorieuse mission d'enlever ce redoutable obstacle. Nous allons voir comment elle s'acquitta de cette tâche.

Tout d'abord, les soldats du génie britannique se mirent à l'œuvre. La bataille, en effet, par une audacieuse conception du général Plumer, allait débuter par une formidable action souterraine, par une gigantesque explosion de mines.

A cet effet, les sapeurs britanniques creusèrent un réseau de galeries qui formait, sous terre, une véritable ville. Ces galeries aboutissaient à dix-neuf carrefours où furent installés autant de fourneaux chargés chacun de plusieurs tonnes de trinitrotoluène, que l'on pouvait enflammer simultanément par l'électricité.

De plus, les bataillons de chemins de fer avaient construit des tronçons de lignes qui formaient un réseau « aussi serré que celui d'une des gares de Londres ».

La bataille pour la prise de Messines. — Ce qui restait d'un bois après les tirs de l'artillerie britannique.

Enfin une multitude d'avions sillonnaient le ciel au-dessus des lignes boches et, au cours de leurs vols incessants répétés pendant une semaine entière, avaient fourni à l'artillerie, pour le réglage de ses tirs, les renseignements les plus précieux.

L'artillerie de nos Alliés ouvrit alors son feu, qui fut tellement précis que 72 batteries allemandes furent littéralement « muselées » et que le général Sixt von Arnim dut retirer ses canons en arrière du canal, entre Zillebeke et Zandvoorde.

Cette formidable préparation d'artillerie ne dura pas moins de sept jours pleins. Son effet écrasant fut secondé par une action de la flotte britannique dont les monitors attaquèrent les positions d'Ostende et de Zeebrugge.

Le bruit de la canonnade était tel qu'on l'entendait de Londres et de Dieppe.

En présence de ce déluge de fer, le prince Ruprecht de Bavière chercha à produire une diversion à l'aide d'une attaque à effectifs renforcés. Il appela à son aide 4 divisions fraîches pour soutenir les 6 divisions qui tenaient la crête et qui subissaient le terrible feu des canons britanniques. De cette façon, l'armée du général von Arnim put disposer de 10 divisions et de 1 000 canons sur un front de 15 kilomètres.

Des instructions, trouvées sur un officier allemand fait prisonnier au début de l'affaire, prescrivaient aux troupes de « tenir jusqu'à la mort cette position capitale, *l'une des plus importantes du front occidental* ».

C'est au lever du jour, le 7 juin, que le commandement britannique avait décidé de fixer le commencement de l'attaque.

Cette attaque devait débuter par l'explosion simultanée des dix-neuf fourneaux de mine.

A 3 heures du matin, à Londres, M. Lloyd Georges, appelé au téléphone, put entendre le fracas vraiment effroyable que firent les dix-neuf mines en sautant à la fois.

Ce fut un véritable tremblement de terre !

Sous la force expansive des matières détonantes accumulées dans les fourneaux, le sol se crevassa et s'entr'ouvrit ; des collines furent rasées ; des gouffres se creusèrent, engloutissant tout : arbres, canons, chevaux et hommes.

En même temps, les batteries anglaises ouvraient le feu dans un tir de barrage sans précédent, tendant à l'arrière des lignes ennemies un rideau de projectiles absolument impénétrable.

*
* *

C'est alors que les bataillons de nos alliés s'élancèrent à l'assaut.

Australiens, Néo-Zélandais, Irlandais montèrent à l'attaque de la crête de Messines, secondés par des avions qui, volant à peine à 20 mètres d'altitude, arrosaient de mitraille les troupes allemandes et jetaient sur les servants des batteries boches une sorte de « feu grégeois » formé d'huile bouillante et de liquides enflammés.

La colline au nord de Wytschaete, qui portait la cote 60, sauta au milieu d'un nuage de fumée qui couvrit tout l'horizon, et aussitôt une foule de tanks, s'avançant en rampant comme de gigantesques tortues, se précipita sur les lignes boches.

Le résultat fut foudroyant !

En quelques minutes, tout l'ensemble des premières lignes allemandes fut enlevé, sur un front de 15 kilomètres, entre la colline de cote 60 et Saint-Yves. Messines avait été complètement anéanti par le tir de l'artillerie anglaise. Les bataillons néo-zélandais s'emparèrent des ruines du village. Avant midi, ils avaient conquis également Wytschaete.

La première phase de la bataille était terminée.

Il s'agissait maintenant, pour l'armée de sir Herbert Plumer, de descendre le long des pentes est du plateau dont la crête venait d'être si brillamment occupée.

L'opération fut faite d'une façon très heureuse.

En faisant descendre ses troupes le long des pentes à l'est, le général anglais emportait la deuxième position, livrait une série de combats de détail dont chacun lui donnait un point d'appui important, et enlevait une série de boqueteaux organisés en défense.

Dès 4 heures de l'après-midi, le village d'Oostaverne était pris, et, quand la nuit arriva, tous les objectifs de l'armée britannique étaient atteints.

Cette opération, admirablement conçue, minutieusement préparée, habilement conduite, fut réussie dans tous ses détails. Les prévisions du commandement se réalisèrent tellement bien que pas une contre-attaque allemande ne put être lancée avant 4 heures.

Les pertes de l'ennemi, au cours de cette bataille, furent énormes.

Trois divisions prussiennes, une division saxonne, une division bavaroise et une division wurtembergeoise furent décimées, refoulées ou faites prisonnières.

Ce n'est que le lendemain, 8 juin, que l'ennemi put, à 7 heures du soir seulement, dessiner une contre-attaque grâce à l'appoint de divisions fraîches appelées en toute hâte. Mais son effort fut en pure perte.

A minuit, malgré l'acharnement avec lequel les Allemands étaient revenus à l'assaut, la tentative du général Sixt von Arnim était définitivement arrêtée.

Les résultats de la victoire anglaise étaient des plus importants.

Nos alliés avaient fait 7 432 prisonniers dont 145 officiers ; ils avaient pris 47 canons, 60 mortiers de tranchées, 242 mitrailleuses. Leur aviation avait fait de véritables merveilles : du 2 au 9 juin, elle avait abattu 95 avions allemands et n'en avait perdu que 45. Les pertes allemandes s'élevaient à 36 000 hommes. Celles des Anglais, beaucoup plus faibles, atteignaient à peine le chiffre de 10 000.

***

Aussitôt installés sur les positions si vaillamment conquises, les soldats du général Plumer s'occupèrent de les consolider vigoureusement.

Le nouveau front, au cours de la journée du 11 juin, fut avancé vers la ferme de la Poterie, au sud-est de Messines, et le 12 il fut poussé jusqu'au hameau de Gœpaert. Pendant ce temps, l'armée allemande, complètement désemparée, essayait de se reconstituer le long du canal d'Ypres à Comines.

Nos alliés avaient gagné, à Messines, la bataille la plus scientifiquement organisée et la moins coûteuse de toute la guerre. Cette belle victoire fait autant d'honneur aux chefs qui l'ont préparée qu'aux vaillants et héroïques soldats qui l'ont remportée à la pointe de leurs baïonnettes. Elle contribua à accroître, dans une mesure prodigieuse, la confiance que le peuple anglais avait dans son armée.

Dans l'ordre du jour qu'il adressait aux troupes victorieuses du général sir Herbert Plumer, le maréchal sir Douglas Haig disait :

« La victoire de Messines montre d'une façon péremptoire que ni la force de ses positions, ni la connaissance de nos desseins, ni la préparation minutieuse de ses défensives ne peuvent sauver l'ennemi d'une défaite complète, et que, quelque braves et tenaces que soient les troupes allemandes, il ne s'agit que de savoir combien de temps elles pourront supporter la répétition de pareils coups. »

C'est cette conclusion de l'illustre chef des armées britanniques qui est à retenir. Ce n'est qu'en martelant sans cesse, avec un marteau de plus en plus lourd, le front des armées allemandes, que l'on est arrivé à les vaincre en les écrasant.

On a répété souvent que la victoire serait à celui qui pourrait tenir « un quart d'heure de plus que l'autre ». Jamais mot ne fut plus vrai.

Mais ce qui est certain, c'est que la victoire de Messines, comme celle de Vimy, était, cette fois, non plus d'ordre « tactique », mais bien d'ordre « stratégique ». Ces deux succès, en effet, avaient eu comme résultat un changement total du front au nord d'Arras, et leur conséquence première et importante avait été un refoulement très accentué de l'ennemi dans la plaine basse.

**

Cette victoire de Messines, il fallait en profiter ; il était indispensable
de n'en pas laisser perdre les bénéfices immédiats.

Prise du saillant de Messines. — Position allemande conquise par les Anglais.

C'est à quoi sir Douglas Haig employa ses armées jusqu'à la fin du
mois de juin.

Jusqu'à cette date, ses divisions ne cessèrent de harceler les troupes
du kronprinz Ruprecht de Bavière, sans leur laisser un moment de répit.

Le 3 juin, les bataillons anglais attaquèrent au sud de la Souchéz ;
le 5, ce fut au nord de la Scarpe, où nos valeureux alliés s'emparèrent
des collines qu'ils avaient eux-mêmes baptisées du nom de « Greenland-
Hill ». Le 14 juin, c'était « Infantry-Hill » qui tombait entre leurs mains.

Après ces succès très marqués, ils progressèrent entre la Lys et la
Warnave, prirent de nombreuses tranchées allemandes et pénétrèrent
dans les lignes ennemies dans la direction de Bullecourt, en réprimant
vigoureusement toutes les contre-attaques esquissées par les Boches.

17

Le 25 juin, ils accentuèrent encore leur progression sur les rives de la Souchez, et le lendemain 26, ils purent enlever plusieurs positions importantes.

Enfin, le 28, ils atteignirent les abords immédiats d'Avion et enlevèrent une longueur de 1 600 mètres de tranchées dans le secteur d'Oppy.

Pendant que ces événements se déroulaient le long du front britannique, le front tenu par les armées françaises étaient également le siège d'une activité très manifeste.

Chaque jour, pendant le mois de juin, l'ennemi intensifiait ses attaques, ses tentatives de coup de main, ses essais de raids dans nos lignes.

Le 20 juin, à l'aide de renforts ramenés du front oriental où la trahison des républicains russes les avait rendus disponibles, les Allemands nous attaquèrent à l'est de Vauxaillon, et, grâce à leur supériorité numérique, remportèrent un demi-succès qui nous obligea à évacuer le saillant des Bovettes.

Enhardis par cet avantage d'un moment, les Boches tentèrent aussitôt d'élargir leur progression ; ils échouèrent complètement devant la ferme Froidmont. Il en fut de même tous les jours de la semaine qui suivit, et, le 30 juin, les vagues d'assaut sans cesse renouvelées vinrent mourir au pied de nos retranchements.

En même temps, nos poilus contre-attaquaient vigoureusement, et leur énergique réaction produisait des effets heureux. Le 25 juin, pour dégager le monument de Heurtebise, les régiments de la division du général Gaucher s'emparaient brillamment d'une caverne appelée la « Crosse du Dragon » ; ils y faisaient 350 prisonniers et y capturaient du matériel, entre autre 9 mitrailleuses.

**

Ainsi s'achevait l'offensive combinée des armées françaises et anglaises pendant le printemps de l'année 1917.

Quels en avaient été les résultats d'ensemble? C'est ce que nous allons examiner ; car cet examen est des plus instructifs au point de vue de l'histoire, étant données les accusations que les agents du « défaitisme », à la solde de l'Allemagne, ont essayé de faire retomber sur notre haut commandement militaire.

Entre le 15 avril et le 30 juin, les troupes franco-britanniques avaient capturé :

64 500 prisonniers (dont plus de 700 officiers) ;

509 canons lourds et de campagne ;

1 318 mitrailleuses ;

Et un nombreux matériel de nature variée.

De plus, leurs attaques incessantes, leurs coups de main renouvelés chaque jour, leurs attaques de détail ininterrompues avaient usé à l'extrême les effectifs allemands dont ils avaient fortement diminué la force de résistance.

Déjà nos ennemis avaient été dans l'obligation d'envoyer au front le quart des contingents de la classe 1917, et avaient dû constituer leurs réserves avec la classe 1918. Une partie de la classe 1919 était, en outre, déjà appelée sous les drapeaux.

Les Allemands *avouaient* avoir perdu plus de 116 000 hommes en avril et 172 000 en mai, c'est-à-dire, rien que pendant ces deux mois, près de 300 000 hommes. Quant à leurs pertes depuis le début de la guerre, ils accusaient eux-mêmes le chiffre de 4 700 000 *hommes tués, blessés ou disparus !*

C'est au cours de l'hiver 1916-1917 que, à Londres, à Paris et à Calais, au cours de séances tenues par les gouvernements alliés, avaient été prises les décisions relatives à cette offensive réalisée au cours du printemps 1917.

Nous avons vu comment ces décisions avaient été exécutées par les armées du général Nivelle et du maréchal sir Douglas Haig.

Les armées franco-britanniques, par leurs attaques heureuses, avaient contraint les Allemands à reculer sur un vaste front et leur avaient enlevé les plus solides de leurs points d'appui : la crête de Vimy, le plateau de Craonne, la position de Messines. Par la conquête de ces points culminants, elles dominaient maintenant les lignes ennemies et avaient acquis l'initiative des opérations.

En outre, cette incontestable série de succès, en augmentant la confiance des troupes qui les avaient remportés, avait eu l'effet correspondant de diminuer celle de l'ennemi ; enfin, elle arrivait à point pour allumer l'enthousiasme des premiers contingents américains qui, débarqués sur le continent, venaient faire flotter la « bannière étoilée » à côté du drapeau tricolore et de l' « Union-Jack ».

CHAPITRE XIV

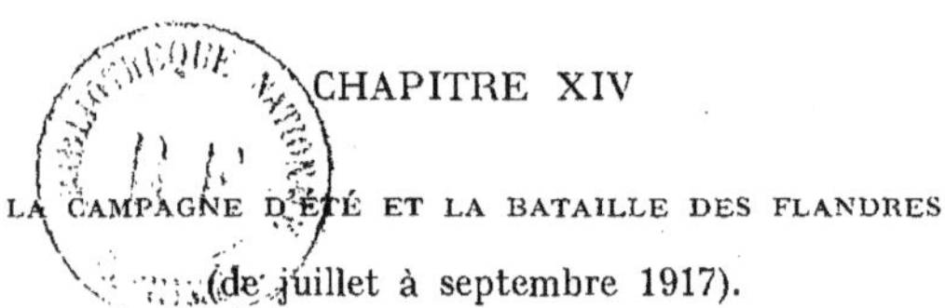

LA CAMPAGNE D'ÉTÉ ET LA BATAILLE DES FLANDRES

(de juillet à septembre 1917).

Les attaques allemandes. — La garde prussienne. — La cote 304. — Le Mort-Homme
et la côte de l'Oie. — Verdun dégagé définitivement. — La bataille des Flandres. —
La préparation d'artillerie. — Les Canadiens devant Lens. — Le bilan de trois ans de
guerre. — L'impuissance allemande sur le front de guerre. — Les tentatives boches
à l'arrière.

Le kronprinz ne pouvait pas se consoler d'avoir perdu Vimy, Craonne
et Messines.

Outre la blessure d'amour-propre de ce grotesque héritier du trône
allemand, qui s'intitulait lui-même l' « Invincible », il y avait le dom-
mage réel que ces conquêtes des Alliés avaient infligé aux armées allemandes. En effet, l'état-major boche en était arrivé au point de se
demander si, par une nouvelle « conception géniale », un second repli
stratégique, c'est-à-dire une seconde reculade, ne serait pas nécessaire.

Le maréchal Hindenburg fit prévaloir son avis dans les conseils de
guerre ennemis, et les Boches décidèrent de tenter une réaction par tous
les moyens disponibles. Ainsi avaient-ils fait à Verdun pendant l'été
de 1916.

En exécution de ce plan, l'ennemi exécuta attaques sur attaques. Onze
fois dans la seconde quinzaine de mai, vingt fois dans le courant de juin,
il lança ses divisions à l'assaut des positions que nous lui avions enlevées et que nos poilus tenaient avec une remarquable solidité.

Au Chemin-des-Dames, surtout, pendant le mois de juillet, les attaques
allemandes furent terribles, et nos hommes furent mis à une rude épreuve.
Mais, en retour des efforts surhumains qu'eurent à dépenser nos héroïques
soldats, ils eurent la satisfaction de constater que leur résistance avait
fait fondre, comme cire au foyer, les réserves ennemies. A la fin de juillet,

71 divisions boches avaient défilé successivement sous le feu de nos bataillons et étaient venues s'abîmer devant leur énergique tenue.

Le 1er et le 2 juillet, les Allemands attaquaient notre première ligne de tranchées au sud-ouest d'Ailles et réussissaient à s'emparer de quelques-uns de ses éléments. Le 3 juillet, ils faisaient un effort violent sur nos positions de « la Californie »; mais ils se heurtèrent aux régiments de la division du général Breton, régiments composés de montagnards du Dauphiné. Ces rudes soldats infligèrent aux assaillants une « tape » sanglante, et les bataillons allemands, qui étaient montés à l'assaut en chantant le *Wacht am Rhein*, durent s'enfuir en dégringolant les pentes du plateau qu'ils n'avaient pu nous ravir.

Le kronprinz chercha alors à nous enfoncer sur un point plus fragile de notre ligne. Au Chemin-des-Dames est une position importante dénommée « le Panthéon » et dominant Pargny. Ce fut là qu'il dirigea ses efforts.

Le 8 juillet, il lança ses colonnes d'assaut qui y firent sept attaques furieuses; mais le Panthéon était défendu par les chasseurs à pied de la division commandée par le général de Coru; ils repoussèrent victorieusement les sept attaques allemandes. Il est vrai qu'au sud de Royère les Boches réussissaient à gagner un peu de terrain et à nous faire quelques prisonniers.

Mais toutes leurs tentatives échouaient en Champagne, et, à notre tour, le 14 juillet, nous marquions un progrès important au Mont - Haut, en faisant 360 prisonniers.

Tandis que ces événements s'accomplissaient sur terre, l'atmosphère était le théâtre de combats nombreux et acharnés.

Les aviations des deux camps devenaient de plus en plus actives, et déjà la cinquième arme témoignait de son importance, en attendant qu'elle affirmât sa suprématie.

Dans la nuit du 6 au 7 juillet, 84 avions alliés exécutèrent en Allemagne une vaste opération de bombardement, en représailles des bombardements que les avions allemands avaient fait subir à des villes ouvertes.

Onze avions laissèrent tomber de nombreux projectiles sur Trèves, où sept incendies furent ainsi allumés; les villes de Ludwigshafen et d'Essen furent bombardées également. L'effet de l'attaque aérienne sur Essen, le siège des usines Krupp, fut immense en Allemagne.

*
* *

La résistance de nos troupes sur le plateau de la Californie avait exaspéré le kronprinz; il voulut à tout prix la réduire à néant, et pour cela il se décida, comme on dit familièrement, à « faire feu des quatre pieds ».

A ces fins, il « fit donner la garde » !

Le 19 juillet, il lançait à l'assaut du Chemin - des - Dames trois divisions fraîches, dont une de la garde prussienne et deux de Brandebourgeois. Ces régiments, triés sur le volet, étaient renforcés de deux bataillons de ces troupes spéciales dressées en vue des assauts difficiles et que les Boches ont appelées *Stosstruppen* (troupes d'assaut).

A 7 heures du matin, ces forces attaquèrent avec fureur nos positions entre Heurtebise et Craonne, sur le Chemin - des - Dames.

Au centre de leur front d'attaque, entre le plateau des Casemates et celui de Californie, elles réussirent à pénétrer de 700 mètres dans nos lignes ; mais, aux deux extrémités, elles furent contenues avec la dernière énergie par les troupes de la division du général Dilleman, dont les effectifs étaient composés d'hommes de la Touraine.

Le lendemain la lutte continuait avec violence. L'ennemi atteignait la crête. Ce fut un instant d'angoisse, mais cette angoisse fut de courte durée.

Le soir, nos troupes, contre-attaquant avec vigueur, dégageaient complètement le plateau des Casemates et en rejetaient les assaillants.

Pendant toute la nuit du 21, ce fut un tonnerre ininterrompu, un grondement continu de l'artillerie, qui préparait la reprise de la bataille pour le lendemain matin, 22.

Le kronprinz lança ses divisions de la garde dans des assauts d'une violence incroyable. Rejeté, il ramène à la rescousse une division nouvelle non encore engagée. Mais nos soldats tiennent bon ; accrochés à leurs positions, ils sont inébranlables.

Notre commandement ne se jugea pas satisfait d'avoir simplement « résisté » aux assauts furieux de la vague allemande ; il décida de reprendre les quelques positions que nous avions dû abandonner sous la violence du premier choc.

Pendant toute la journée du 23, ce fut une préparation d'artillerie « soignée », et le 24 au matin, notre contre - attaque fut lancée avec un brio admirable ; elle refoula les Boches, les chassa définitivement du plateau des Casemates et nous rendit à peu près tous les points que nous avions provisoirement abandonnés au début de l'affaire.

*
* *

L'assaut furieux du kronprinz était donc brisé.

L'héritier de Guillaume II tourna alors ses vues vers un autre point de nos lignes. Le 25 juillet, il reporta son attaque vers l'ouest, entre Heurtebise et la Bovelle.

L'assaut fut mené par deux divisions ennemies, comprenant quatre régiments prussiens et quatre régiments bavarois. Il fut mené avec une grande énergie ; mais nos tirs de barrage arrêtèrent l'élan des assaillants·

Les vagues d'assaut, désemparées par le feu de nos 75, vinrent s'échouer sur nos premières lignes après avoir subi des pertes effroyables, et les éléments restants durent se replier à grand'peine sur leurs positions de départ.

Le 26 juillet, la tentative fut renouvelée. Non seulement elle n'eut pas plus de succès que la première fois, mais de plus une contre-attaque heureuse nous fit avancer.

Le 31 juillet, à l'est de Cerny, la 13e division boche réussit cependant à nous déborder à la Bovelle, où elle nous fit un millier de prisonniers ; par contre, à la ferme de la Royère, nos troupes, par une attaque brillante, culbutèrent l'ennemi à qui elles prirent 200 hommes. Et le 31, le 403e régiment s'emparait de 300 mètres de terrain en avant de Heurtebise.

Tandis que ces actions se déroulaient sur le Chemin - des - Dames, les autres secteurs du front étaient dans un état de calme relatif.

La seule affaire méritant d'être relatée est celle qui eut pour théâtre la fameuse « cote 304 », sur la rive gauche de la Meuse.

Le 28 juin, les Allemands nous y avaient légèrement refoulés. Il s'agissait de rattraper le terrain ainsi perdu et de prendre une revanche éclatante.

C'est ce que fit la 2e armée, commandée par le général Guillaumat.

Après une remarquable préparation d'artillerie, le général Leboucq lança sa division, composée de contingents de Picardie, à l'assaut de la position convoitée.

En moins d'une demi heure, les bataillons du 51e et du 87e atteignirent la troisième tranchée ennemie, dépassant même leur objectif de plus de 300 mètres, et ramenèrent 425 prisonniers. Ils avaient, du coup, avancé nos lignes au delà de nos anciennes tranchées, sur la pente ouest de la cote 304 ; mais, le 1er août, un retour offensif des régiments badois renforcés de troupes fraîches nous força à rétrograder.

Il fallait donc « insister » de nouveau pour s'assurer la possession de la cote 304 qui, au dire d'un général allemand, était « la clef de tout le front occidental ».

On décida alors une préparation d'artillerie de grand style.

Dès les premiers jours d'août, le général Franiotte, commandant l'artillerie de l'armée, avait donné les ordres nécessaires et pris toutes les dispositions voulues.

Les pièces de tous les calibres, depuis le 105 jusqu'au 305 et au 400, écrasèrent sous une avalanche de projectiles les 35 kilomètres de lignes

que les troupes du kronprinz avaient fortifiées sur les deux rives de la
Meuse, entre le bois d'Avocourt et Bezonvaux. Sous cette véritable pluie
de fer, tous les établisse-
ments ennemis : gares,
camps, réserves, parcs de
projectiles, baraquements,
aérodromes, furent démolis,
et anéantis.

Ce tir formidable de nos
canons atteignit son paroxysme le 20 août.

Ce fut le moment choisi
par le commandement pour
lancer l'attaque.

Le 20 août, à 4 heures 40
du matin, nos bataillons
s'élançaient hors de leurs
tranchées contre les positions allemandes. Celles - ci
étaient protégées par plus de
400 batteries. De plus, indépendamment des troupes
chargées de la défense
immédiate des tranchées
boches, le kronprinz
avait cinq divisions en
réserve. Mais le tir de nos
canons, surtout de nos gros
calibres, le 370 et le 400,
avait pulvérisé littéralement les ouvrages de
l'ennemi.

Pente Est de la cote 304.
Un boyau transformé en ruisseau de boue.

Nos troupes d'assaut atteignirent rapidement les premières lignes allemandes. A 7 heures 30, on pouvait déjà se rendre compte du résultat obtenu.

Sur la rive droite de la Meuse, le 13e corps, formé des 123e et 126e divisions, s'était emparé sans difficultés de la côte du Taloux et avait enlevé
les villages de Champ et de Neuville, les cotes 314 et 240, ainsi qu'une
partie du bois de Chaume et de la ferme de Mormont. Nous étions en
bordure du bois des Caurières et aux abords immédiats de Beaumont.
Pour enlever la cote 314, que les Allemands défendaient par des émis-
sions de gaz asphyxiants, nos braves poilus avaient dû charger avec leurs
masques sur la figure.

****

L'ennemi, devant la vigueur de notre assaut, avait évacué la côte du Taloux, n'y laissant, en guise de rideau, qu'un seul bataillon. Cet obstacle ne pouvait plus arrêter longtemps nos soldats. Dès le lendemain, ils reprirent leur bond en avant avec une ardeur nouvelle, et, devançant les heures prévues par le plan d'attaque, enlevèrent à la pointe de leurs baïonnettes le village de Samogneux.

Sur la rive gauche de la Meuse, notre attaque avait comme objectifs bien définis, fixés pour le 20 août, la cote 304, le Mort-Homme et la côte de l'Oie.

Les deux dernières positions furent atteintes rapidement, mais la cote 304 tenait toujours. Toutefois, elle était étroitement encerclée par la division du général Martin, qui occupait le bois d'Avocourt et le Mort-Homme.

Cette dernière position avait été littéralement creusée de terriers par les Boches et ressemblait à une écumoire ; des galeries, dont quelques-unes mesuraient 800 mètres, la perçaient d'outre en outre. Mais le bombardement terrible de nos canons en avait fait écrouler les issues, et ce furent autant de sépulcres où furent ensevelis vivants les soldats de S. M. Guillaume II.

Les Allemands qui tenaient toujours la cote 304 tentèrent, le 21 août, de réagir sur le Mort-Homme qui, entre nos mains, les menaçait directement.

Ils contre-attaquèrent donc avec violence au Mort-Homme et au bois d'Avocourt, d'ailleurs sans le moindre succès. Chaque fois ils furent repoussés avec de lourdes pertes, et, profitant de leur désarroi, nos troupes poussèrent des reconnaissances jusqu'au ruisseau de Forges.

Enfin, le 24 août, la cote 304 fut enlevée par les régiments du général Pauffin de Saint-Morel, commandant la 26e division. Ils emportèrent du même coup le bois Camard et atteignirent les bords du ruisseau de Forges où ils s'établirent.

La fameuse cote 304 était à nous et la bataille était finie.

Pour donner une idée de l'intensité avec laquelle avait été menée la préparation d'artillerie qui lui servit de début, nous dirons simplement, d'après les communiqués officiels, que, dans certains secteurs, les artilleurs étaient plus nombreux que les fantassins.

Au cours de cette brillante victoire, nos poilus firent 6 000 prisonniers, dont 5 000 avaient été pris sur la rive gauche de la Meuse. Trois divisions allemandes avaient été anéanties.

Le 26 août, une vigoureuse poussée en avant nous permit d'enlever, sur la rive droite, le bois des Fosses et le bois de Beaumont, en y faisant 1 100 prisonniers.

Ce ne devait pas encore être la fin de nos succès.

Le 8 septembre, le jour de la Nativité, jour qui est marqué dans nos fastes militaires par la prise de Sébastopol en 1855, nous pûmes marquer un nouvel et sérieux avantage. Deux divisions allemandes occupaient encore le plateau à l'est de Beaumont.

L'assaut fut donné par la division du général Monroy, soutenue par celle du général Riberpray. Les objectifs furent enlevés, en plus d'une avance d'un kilomètre ainsi que d'une cueillette de plus de 800 prisonniers.

Furieux de ce nouvel échec, le kronprinz essaya, à défaut de la cote 304 solidement tenue par nous, de nous reprendre la cote 314, en appliquant les manœuvres enveloppantes chères aux généraux d'outre-Rhin.

Le 9 septembre, dès l'aube, les Boches lancèrent sur cette position un assaut des plus violents, grâce auquel ils purent, au début, progresser légèrement.

Mais le général Hénocque et le général Philippot arrivèrent avec leurs héroïques divisions. Le premier rejeta les assaillants à gauche, le second à droite de la ligne d'assaut. Et, pour mieux accentuer le succès ainsi remporté sur un ennemi décidément impuissant, nous dirons simplement qu'il fut remporté sur douze divisions ennemies, dans un secteur qui, précédemment, n'en comptait que trois.

Nous étions donc maîtres des côtes et du bois de Chaume, ainsi que de la cote 304. Nous possédions les positions permettant d'observer et de commander toute la région.

Et, comme glorieuse conséquence de cette belle victoire, c'était la délivrance définitive de Verdun. Le 28 août, M. Poincaré, au cours d'une visite aux vainqueurs de la cote 304, après avoir remis de nombreuses décorations aux officiers et à leurs valeureux soldats, décernait, devant le front des troupes, au général Pétain, la grand'croix de la Légion d'honneur.

*
* *

Tandis que nos troupes remportaient, dans la région de Verdun, des succès aussi décisifs, les armées britanniques, commandées par le maréchal sir Douglas Haig, ne restaient pas inactives, loin de là ; et les Boches avaient pu reconnaître, à des signes non équivoques, que le grand chef de l'armée anglaise leur préparait une offensive importante.

Aussi le commandement allemand fit-il tout son possible pour en paralyser, ou tout au moins pour en gêner l'exécution.

A cet effet, il décida de devancer l'attaque redoutée en dessinant une action violente dans la région des dunes. Le 10 juillet, après un tir très nourri de leurs batteries de côte, les Allemands lancèrent à l'assaut des lignes britanniques des bataillons d'infanterie de marine. Grâce à la surprise causée par la soudaineté de l'attaque, les soldats ennemis réussirent à pénétrer dans les lignes de nos alliés sur un front de 1 500 mètres et une profondeur de 600, à atteindre la rive droite de l'Yser, près de la mer, et à capturer 1 200 prisonniers.

L'état-major britannique ne se laissa pas émouvoir par cet insuccès purement local et n'en poursuivit pas moins ses plans d'offensive de grande envergure.

Cette offensive était une conséquence naturelle, un corollaire de la victoire remportée à Messines par l'armée du général sir Herbert Plumer, victoire qui allait ainsi trouver sa consécration par une consolidation des lignes de nos alliés.

L'offensive fut préparée de concert avec le commandement français et avec le concours assuré de nos troupes.

La préparation de l'artillerie fut d'une telle violence qu'elle ne laissa à l'ennemi aucun doute possible sur les intentions des généraux anglais. Aussi les Boches se préparèrent-ils non seulement à la résistance la plus acharnée, mais encore à la contre-offensive. Dès le 15 juin, ils avaient vigoureusement renforcé leurs batteries de canons lourds et augmenté dans des proportions inouïes le nombre de leurs saucisses, ou ballons captifs d'observation.

Mais les Anglais ne leur laissaient pas un moment de répit, aussi bien dans leurs batteries que dans leurs observatoires aériens. Le 13 juillet, au cours d'une formidable « bataille aérienne », 31 avions allemands furent descendus par les aéroplanes britanniques.

Et, dans le même temps, les batteries lourdes anglaises, pilonnant l'artillerie allemande par leur tir implacable, détruisaient un grand nombre de pièces ennemies et rendaient les lignes tellement intenables que le commandement boche dut faire replier quatre divisions avant la bataille. Le 30 juillet, l'intensité du tir de l'artillerie atteignait son maximum ; la terre tremblait dans un rayon de 50 kilomètres sous l'effet des détonations incessantes. Les prisonniers allemands déclarèrent que le feu était un véritable « roulement de tambour » (*trommel feuer*).

*
* *

C'est le 31 juillet que les divisions anglaises des armées du général
Gough et du général Plumer commencèrent leur offensive, sur un front
de 24 kilomètres, entre Steenstraate et la Basse - Ville. Les armées britan-

Tranchée anglaise après une inondation du canal Ypres - Comines.

niques étaient appuyées, à gauche, par une division française provenant
du groupement du général Anthoine.

La veille, les troupes françaises, jetant vingt - neuf ponts sur l'Yser,
avaient franchi la rivière, et les troupes anglaises, de leur côté, passant
sur dix - sept ponts construits par le génie, traversaient le canal.

Le 31 juillet, par un mauvais temps, un ciel nuageux et de la pluie,
l'assaut fut lancé. Les masses de troupes formant les colonnes d'attaque
avaient à parcourir un terrain qui n'était qu'une succession d'entonnoirs,
creusés par les obus de l'artillerie lourde.

Les Allemands avaient mis en ligne six divisions de la 4e armée, commandée par le général Sixt von Arnim ; elles furent décimées par les
rafales des shrapnells anglais. Et nos alliés, usant enfin des procédés

inaugurés par les Boches et qu'ils leur rendirent avec usure, firent pleuvoir sur les divisions ennemies des liquides enflammés, de l'huile bouillante, et les inondèrent de jets de gaz asphyxiants.

Vers midi, le général Anthoine avait enlevé les positions visées jusqu'à plus de 3 kilomètres, et Steenstraate était entre ses mains. Alors, voulant profiter de son succès, il dépassa l'objectif et enleva également Bixschoote. Pendant ce temps, les Anglais prenaient Werlorenhoek, Pilkem et Saint-Julien, ainsi que le bois du Sanctuaire. Et, à la droite de leur ligne d'attaque, ils étaient maîtres de Hollebeke et la Basse-Ville.

Malheureusement les conditions météorologiques commencèrent à contrecarrer notre offensive. Le 1er août, une pluie diluvienne se mit à tomber, pluie qui allait durer plusieurs jours. Le terrain était complètement détrempé, et, dans les trous d'obus, les hommes avaient de l'eau jusqu'aux épaules. Il était difficile à nos alliés de rapprocher leurs canons lourds à travers un sol transformé en bourbier.

Profitant de cette circonstance, les Allemands lancèrent de vives et nombreuses contre-attaques, dont le nombre et la violence ébranlèrent un peu les Britanniques.

Néanmoins, les soldats du général Plumer reprirent Saint-Julien, qu'ils avaient été momentanément contraints d'évacuer. Et, malgré les éléments hostiles, nos braves « Tommies » avaient fait 6 122 prisonniers comme « entrée de jeu ».

C'était un joli coup de massue administré au kronprinz Ruprecht de Bavière, qui commandait les armées ennemies.

Enfin, le 16 août, le ciel devint plus clément.

Profitant de l'éclaircie, nos troupes, en liaison avec les Anglais, attaquèrent au nord et à l'est de Bixschoote et enlevèrent, à gauche, la tête de pont de Dry-Gratchen, en faisant 442 prisonniers et en prenant 15 canons. Nos pertes avaient été insignifiantes.

Le même jour, les soldats britanniques enlevaient, dans un brillant assaut, les positions du Steenbeck, s'emparaient de Langenmark et dépassaient même ce village, malgré la résistance désespérée des Boches. Ils continuèrent à progresser ainsi jusqu'au 19 août. A cette date, ils avaient fait 2 200 prisonniers et pris 24 canons.

***

Pendant que les armées des généraux Gough et Plumer bataillaient ainsi au nord, les troupes canadiennes, commandées par le général Currie, manœuvraient au sud du front principal de la bataille des Flandres.

Elles attaquaient vigoureusement les positions allemandes, avec le but, non dissimulé, de déborder la ville de Lens par le nord et d'en parfaire l'encerclement.

Une hauteur dominante, marquée sur les cartes par la cote 70, constituait le meilleur observatoire ayant vue sur toute cette région minière. Le premier objectif de nos alliés était la prise de cette « cote 70 ».

Le 15 août, à 4 heures du matin, les bataillons canadiens bondissaient hors de leurs retranchements avec un « cran » admirable. Moins d'une heure et demie après leur premier élan, la cote 70 était enlevée. A 10 heures, la cité Élisabeth, les cités Saint - Laurent et Sainte - Émilie étaient conquises.

Fidèles à leurs habitudes, qui leur interdisent par tradition d'avouer un insuccès, les Boches lancèrent, le lendemain matin, des contre-attaques pour rejeter les Anglais des positions qu'ils avaient si brillamment conquises.

Ce fut en vain.

La 4e division de la garde prussienne, que l'on avait réservée pour cet effort suprême, eut beau lancer à l'assaut la masse compacte de ses bataillons, tous ses efforts vinrent se briser devant le mur inébranlable constitué par les soldats du Canada.

Et c'est avec fierté que nous enregistrons ce bel exploit des fils, catholiques pour la plupart, de cette ancienne colonie française : devenus Anglais, ils servent loyalement leur nouvelle patrie ; mais, au fond de leur cœur, sommeille l'amour de l'ancienne qu'un rien suffit à réveiller. Et quand il s'est agi pour eux de défendre, dans les rangs de l'armée anglaise, le territoire de la France, leurs deux patriotismes se sont totalisés en une seule valeur doublée, qui en a fait des héros.

Ces deux journées nous valaient plus de 900 prisonniers et la possession d'un observatoire de premier ordre, possession qui rendait difficile à l'ennemi la tenue de la ville de Lens. Cette cité, en effet, se trouvait maintenant entourée de tous côtés par des positions dominantes occupées par les troupes britanniques. Non seulement celles - ci avaient la faculté d'observer ainsi les mouvements de l'ennemi, mais encore leur artillerie, du haut de ces positions, pouvait commander la plaine sous - jacente et et la tenir sous le feu croisé de ses canons de tous calibres.

Ainsi se confirmait l'importance de la prise de la cote 70.

*
* *

L'enlèvement de cette hauteur terminait, si l'on peut ainsi dire, le second acte de la bataille des Flandres.

Le troisième acte allait s'ouvrir par le combat d'Inverness, livré le 20 septembre.

L'artillerie britannique, depuis plusieurs jours, préparait le terrain pour l'assaut de l'infanterie, par un vigoureux bombardement des positions allemandes.

Quand cette préparation fut jugée suffisante, le maréchal sir Douglas Haig donna l'ordre d'attaquer les lignes ennemies.

Aussitôt neuf divisions anglaises s'élancèrent à l'assaut le long de la route d'Ypres à Menin, sur un front long de 12 kilomètres, se ruant sur la 4e armée allemande placée sous les ordres du général Sixt von Arnim.

L'effet de cette attaque soigneusement préparée fut indescriptible.

En quelques heures, nos alliés progressèrent sur une profondeur d'un kilomètre et demi et, malgré les innombrables mitrailleuses dont les Boches avaient garni le bois d'Inverness, s'emparèrent de ce bois ainsi que du village de Veldhoek et de Zevenkote.

Le général von Arnim, complètement débordé par les troupes britanniques, dut se résigner à abandonner le plateau de Zonnebeke, après avoir assisté à un véritable massacre des régiments d'élite de son armée.

Les six jours de bombardement préalable, en effet, ne lui avaient pas coûté moins de 10 000 hommes, tant tués que blessés. La journée du 22 septembre achevait l'holocauste ; car, outre 4 000 prisonniers capturés par les Anglais, il totalisait ses pertes au chiffre global de 22 000 hommes.

Mais ces pertes, déjà très grosses, subies par nos ennemis allaient s'aggraver encore vers la fin du mois de septembre.

Le 25, en effet, les troupes anglaises lançaient une attaque sur un front de 9 kilomètres, entre Saint-Julien et Tower-Hamlet.

Ce qui restait du bois du Polygone, ainsi que le village de Zonnebeke, furent très rapidement enlevés par les divisions de sir Douglas Haig, qui capturèrent encore 1 000 prisonniers. Tous leurs objectifs avaient été atteints ; le plateau de Zonnebeke était pris.

Ainsi, rien que pour le mois de septembre, l'armée britannique avait fait 5 000 prisonniers, pris 11 canons et 377 mitrailleuses ; et les chiffres, plus éloquents que tous les récits, donnent une idée très nette de la supériorité prise par nos braves alliés.

Du 1er janvier au 30 septembre 1917, ils avaient fait aux Boches 52 000 prisonniers et leur avaient pris 332 canons, alors qu'eux-mêmes n'avaient perdu que 15 000 prisonniers et pas une seule pièce d'artillerie.

Ainsi s'aggravait de plus en plus l'usure graduelle de l'armée allemande.

Disons, pour terminer ce rapide exposé de la campagne d'été 1917, que, le 23 octobre, nos troupes firent sur l'Aisne une nouvelle offensive, qui fut, elle aussi, préparée avec le plus grand soin.

Dès le premier jour, cette offensive nous valut, au sud du Chemin-des-Dames, l'occupation du fort de la Malmaison, des villages de Vaudesson et d'Allemont. Devant ces succès, les Boches durent se replier en

Bataille des Flandres. — Au saillant de Pilken. Officiers anglais observant et marquant sur carte les mouvements de l'ennemi.

toute hâte sur la rive droite de l'Ailette, poursuivis par nos fantassins qui les harcelaient rudement.

*
* *

Ainsi s'achevait la troisième année de la guerre mondiale.

Certes les Empires du Centre, grâce surtout à l'occupation des territoires russes et de la Pologne, pouvaient dresser une « carte de guerre » qui paraissait à leur avantage.

Les trois années de la grande rencontre leur avaient, en effet, fourni, sur tous les fronts, 47 forteresses, 3 millions de prisonniers, plus de 12 000 canons, 1 600 000 fusils, près de 10 000 mitrailleuses. Les territoires qu'ils occupaient (548 000 kilomètres carrés) dépassaient la superficie de l'Empire allemand.

18

Cela, c'était leur « actif ». Voyons maintenant leur « passif ».

D'abord, ils avaient perdu la totalité de leur empire colonial, fruit de quarante-cinq ans d'effort ; et cette perte était pour eux une perte capitale.

En second lieu, leur marine marchande était en partie immobilisée dans des ports neutres où la maintenait le blocus étroit des Alliés, ou, pour une autre partie, confisquée par les nations de l'Entente qui s'étaient emparées des navires boches. Là aussi ils perdaient le bénéfice d'un immense effort.

D'un autre côté, le chiffre des prisonniers austro-allemands tombés entre les mains des Alliés était des plus considérables. Rien qu'en Russie il y avait plus de 1 200 000 Autrichiens prisonniers. Quant au chiffre des pertes totales, les Allemands *avouaient* que, depuis le début de la guerre, il s'élevait à 4 700 000 *hommes tués, blessés ou disparus*. Étant donné le souci constant de nos ennemis d'altérer la vérité en leur faveur, on peut, sans risque d'exagération, tenir pour certain que ce chiffre dépassait alors 6 *millions*.

Si l'on excepte les premiers succès remportés par les Allemands en août 1914 grâce à la surprise résultant de leur longue préparation poursuivie pendant quarante ans, les Austro-Boches n'avaient guère, depuis lors, remporté d'avantages que sur des adversaires faibles : la Serbie (et encore, au prix de pertes sanglantes), et la Roumanie. Quant au front russe, s'ils l'avaient enfoncé en 1917, c'était grâce à la défection des troupes républicaines travaillées par des agents de trahison.

Mais toutes les fois qu'ils s'étaient attaqués à la France, à l'Angleterre, à l'Italie, ils avaient été finalement battus.

Sur la Marne, sur l'Yser, à Verdun, en Champagne, sur la Somme, à Craonne, sur l'Isonzo, en Galicie, ils avaient, comme on dit familièrement, « laissé des plumes ».

Rien que dans la troisième année de la guerre, les armées franco-britanniques, à elles seules, avaient fait 170 000 prisonniers, capturé 1 700 canons de tous calibres et 2 550 mitrailleuses. Elles avaient reconquis, en outre, plus de 400 villages.

Au début de mai 1917, l'ennemi avait, sur tous les fronts, tant en Orient qu'en Occident, 235 divisions. Sur ce nombre, il en avait 156 sur le front occidental. En l'espace de deux mois, il en avait engagé 112, dont 23 durent subir *deux fois* le terrible feu des Alliés. Toute la masse des 50 divisions de réserve avait fondu dès la fin du mois d'avril.

La campagne du printemps, seule, faisait aux armées allemandes au front français une saignée de 500 000 hommes !

C'était donc pour les Alliés un ensemble de conditions de jour en jour plus avantageuses.

De plus, la guerre sous-marine, qui avait un instant constitué pour nous
une grave menace, commençait à décroître ; les mesures de défense prises
par les amirautés anglaise et française portaient leurs fruits, en même temps
que l'intensification des constructions navales permettait de boucher les
vides causés par les torpilles allemandes.

Soldats anglais du comté du Nord attendant dans leurs tranchées de réserve
l'ordre de marcher à l'attaque.

Les États-Unis arrivaient à la rescousse avec leurs formidables ressources financières, avec la puissance de leur industrie, avec leur marine
et avec leurs armées qui, improvisées avec cet esprit de décision propre à
nos alliés transatlantiques, allaient bientôt compter un chiffre de 5 millions de combattants admirablement équipés.

Le Japon, inquiet de la révolution russe qui ouvrait à l'Allemagne la
porte de l'Extrême-Orient, se recueillait et se tenait prêt à intervenir
avec sa puissante armée de terre, après être intervenu dans les opérations de la guerre navale.

*
* *

Tout cela, l'Allemagne le sentait parfaitement.

Elle voyait le terrain manquer petit à petit sous ses pas de plus en plus incertains.

Aussi chercha-t-elle à nous attaquer sur un autre front. Impuissante à enfoncer notre « front de l'avant », elle se rabbattit sur notre « front de l'arrière ».

En France, hélas ! les complicités ne manquèrent pas qui se prêtèrent à une véritable campagne de trahison, à laquelle on a donné le nom très juste de campagne « défaitiste ».

Nous ne traiterons pas ici en détail un pareil sujet, à l'exposé duquel une plume française se refuse. D'ailleurs les « procès de trahison » ont dévoilé une partie de la vérité ; mais, si Bolo et Duval ont reçu, au poteau d'exécution de Vincennes, les douze balles réservées aux traîtres, combien d'autres ont échappé aux poursuites de la justice de leur pays ! Quoi qu'il en soit, il serait injuste de ne pas citer ici les noms des grands citoyens qui ont démasqué les agents de l'étranger et qui sont Léon Daudet et Georges Clemenceau.

L'affaire du *Bonnet rouge* amena les affaires Malvy, Leymarie ; puis, ce fut l'arrestation de l'ancien président du conseil Caillaux, du député Turmel, du sénateur Humbert ; et, sous l'impulsion de l'opinion publique, le 15 novembre 1917, Georges Clemenceau, que l'on a justement appelé « le Père la Victoire », devenait président du Conseil et ramenait la confiance en assurant la punition des traîtres.

Et ce n'était pas trop ; car, sous la conduite d'une bande de juifs achetés par l'Allemagne, la Russie s'écroulait. Un orateur de réunions publiques, Kerensky, qui aurait pu sauver son pays, perdit son temps en discours et en palabres, et finalement les traîtres Lenine et Trotsky, devenus, par la terreur, maîtres de l'ancien empire des tsars, firent régner le « bolchevisme », c'est-à-dire l'anarchie la plus sanglante, auprès de laquelle les horreurs, pourtant bien atroces, de notre révolution de 1793 ne sont que jeux d'enfants. Ces traîtres devaient naturellement s'entendre avec les Boches qui les avaient payés ; ils signèrent, à Brest-Litovsk, le 3 mars 1918, un traité honteux par lequel la Russie était démembrée au profit de l'Allemagne et de ses alliés, l'Autriche et la Turquie.

L'infortunée et héroïque Roumanie, trahie par les Russes, isolée de ses alliés de l'Ouest, ne pouvait matériellement plus tenir ; un traité draconien lui fut imposé à Bucarest, le 26 mars 1918, par lequel elle était livrée, pieds et poings liés, aux mains des Empires centraux.

Ceux-ci avaient donc, comme contre-partie à leurs échecs en France, des raisons d'espérer. Ils allaient, en conséquence, tenter un dernier effort pour rompre nos lignes et atteindre enfin Paris, ce but tant convoité par eux.

C'est l'exposé de ce dernier et vain effort des Boches qui va occuper les dernières pages de ce livre, qui se terminera par le récit de notre victoire définitive.

***

Nous avons vu précédemment comment l'armée anglaise avait entrepris, au cours de juillet 1917, une série d'opérations sur le saillant d'Ypres, en vue d'user la résistance de l'ennemi. Cette attaque n'était pas finie et allait se continuer, pendant tout l'automne, par une suite d'actions locales qui, combinées à de courts intervalles, devaient aboutir à la prise de Passchendaële, clef du front des Flandres. Le 4 octobre, nos alliés enlevèrent toute une suite de positions autour de Broodseinde, faisant aux Boches 4 500 prisonniers. Cinq jours après, un nouvel élan des Britanniques, en liaison avec la 1re armée française commandée par le général Anthoine, nous rendait maîtres de toute une série de villages et nous amenait à la forêt d'Houthulst. Le 6 novembre, les Canadiens, par une poussée irrésistible, prenaient Passchendaële. Ypres était dégagée, une poche s'enfonçait dans la ligne allemande, et l'on pouvait considérer la bataille des Flandres comme terminée.

CHAPITRE XV

LA CAMPAGNE D'AUTOMNE 1917 ET LA TRÈVE DE L'HIVER

L'occupation du Chemin-des-Dames. — La bataille de Cambrai. — L'action des
« tanks ». — La résistance allemande. — L'immobilité pendant l'hiver. — Le
bombardement de Paris par les « gothas ». — Les opérations en Italie. — L'offensive autrichienne et la défaite de Caporetto. — L'invasion de la Russie par les Allemands. — La révolution bolchevique.

Nous avions, au cours de nos attaques de 1917, conquis des points
importants dans la région du fameux Chemin-des-Dames, mais l'ensemble
de cette position capitale ne nous appartenait pas encore : il fallait s'en
emparer. Ce fut la tâche du général de Maistre.

L'ennemi, devant nos préparatifs, ne pouvant plus conserver aucun doute
sur nos intentions, renforça ses divisions, décidé à « résister jusqu'à la
mort ».

Depuis le 16 octobre, en effet, jour et nuit, un formidable bombardement des lignes ennemies avait nettement fait pressentir aux Boches
l'imminence de notre attaque. Celle-ci se produisit le 23 octobre, en pleine
obscurité, à 5 heures 15 du matin, par un froid terrible. Nos poilus partirent
à l'assaut sur un front de 12 kilomètres. Le général Marjoulet et le
14ᵉ corps étaient à la gauche de notre ligne ; puis le 21ᵉ corps, sous le
commandement du général Degoutte ; ensuite le général de Maud'huy,
avec le 11ᵉ corps, et enfin le général Deligny, à la tête du 39ᵉ corps.
Toutes ces troupes s'échelonnaient entre la ferme de Moisy et la Royère,
au sud du Chemin-des-Dames.

L'attaque du général Marjoulet, un instant arrêtée par les mitrailleuses boches du village d'Allemant, put continuer sa progression grâce
à l'intrépidité de nos soldats. A 9 heures 15, le 14ᵉ corps reprenait sa
marche en avant et, à la fin de la journée, il avait pris 25 canons et
fait plus de 3 000 prisonniers.

A la droite du 14ᵉ corps, le général Degoutte, à la tête des 13ᵉ et
43ᵉ divisions, attaquait trois divisions allemandes qui occupaint les

alentours de la ferme de la Malmaison. Le 31e bataillon de chasseurs enleva la ferme de haute lutte, malgré une résistance opiniâtre de l'ennemi. A 9 heures, le général Degoutte lance le 1er bataillon de chasseurs, soutenu par le 109e et le 21e de ligne. A 2 heures, nos « vitriers » avaient enlevé Chavignon, et la 13e division avait fait trois colonels boches prisonniers.

Le succès du 11e corps, sous les ordres du général de Maud'huy, ne fut pas moindre. Le général Guyot de Salins, à la tête d'une division africaine de zouaves, de tirailleurs et de Marocains, enleva avec un entrain extraordinaire le fort de la Malmaison et put atteindre, à 3 heures, la position de Chavignon. Le général Brissaud-Desmaillet, suivi de son intrépide division de chasseurs alpins, enleva, malgré une pluie de balles de mitrailleuses, plusieurs lignes de tranchées ainsi que les arrières de Beauregard, et, le soir, le corps d'armée du général de Maud'huy avait fait 2 500 prisonniers et pris 15 canons. Notre succès avait été si rapide, notre attaque si soudaine, que les troupes ennemies étaient tout à fait désorientées et ne résistaient guère qu'à l'extrême droite de notre ligne d'assaut.

Le général de Maistre, comme un joueur qui « pousse dans la veine », décida de poursuivre son élan. Le 24 octobre, l'ennemi commença l'évacuation de la région de Pinon. Le 25, le village tombait aux mains de la 27e division, et nos troupes, ayant nettoyé la forêt de tous ennemis, arrivaient le soir sur les rives du canal.

Nous avons dit que la résistance allemande était localisée à l'est. Afin de la rompre, on décida une attaque à l'extrême droite de notre ligne, attaque qui fut faite à 11 heures, avec un succès complet. Les Allemands furent chassés de Pargny-Filain et de la Chapelle-Sainte-Berthe. Le 26, les troupes du général Deligny refoulèrent les Boches au nord de la Chapelle-Sainte-Berthe, s'emparèrent complètement du village de Filain et s'installèrent sur le plateau nord de l'Épine de Chevrigny.

Le résultat de cette attaque était donc considérable : en quatre jours, sur un front de 12 kilomètres, nous avions progressé de près de 6 kilomètres en profondeur ; nous avions défait 70 000 hommes, sur lesquels nous avions fait 11 500 prisonniers et capturé 180 canons.

Aussi pûmes-nous recueillir les fruits de cette victoire. En vain les ennemis avaient-ils, par deux fois, lancé une division entière pour reprendre le secteur de Courtecon, où les tirs de notre artillerie rendaient leur ravitaillement impossible ; ils durent se résigner à un repli définitif que nos avions signalèrent le matin du 2 novembre.

Alors nos régiments, s'élançant en avant, purent enfin descendre les pentes nord de ce « Chemin-des-Dames », où l'ennemi s'était accroché avec tant de ténacité depuis plus de six mois, et atteindre l'Ailette, entre Cerny et Bray. Le recensement final du butin conquis accusa 200 canons lourds, 225 lance-bombes et 750 mitrailleuses.

Cette prise du Chemin-des-Dames était le couronnement d'une des plus belles phases de notre offensive de 1917 ; mais, hélas ! il n'y a pas de roses sans épines, et à ce moment même, les troupes italiennes,

Un tank anglais, vu de face.

désarmées par la défection de deux de leurs corps d'armée, subissaient un de ces revers qui font frémir les peuples : c'était le désastre de Caporetto, dont elles allaient d'ailleurs se relever, après s'être ressaisies et avoir reçu l'aide puissante de renforts franco-britanniques.

*
* *

Après la victoire de la Malmaison, victoire due à une formidable préparation de notre artillerie lourde, les généraux anglais conçurent le projet audacieux d'attaquer les Allemands dans la région située au sud-ouest de Cambrai. L'ennemi n'avait guère dans ce secteur que des divisions de Landwehr, dont quelques-unes arrivaient de Russie et, par conséquent, étaient fatiguées.

Le général Byng, l'ancien commandant de l'héroïque armée canadienne, prépara avec le plus grand soin une attaque « par surprise ». Pendant les nuits qui précédèrent la date fixée du 20 novembre, de nombreux « chars d'assaut », des *tanks*, comme les nomment nos alliés, furent amenés, dissimulés, le jour, sous les arbres, et ne sortant qu'une fois l'obscurité tombée. Et pendant que la 3e armée anglaise s'apprêtait ainsi, on laissa à dessein, pour tromper les Boches, « transpirer » des bruits d'une attaque vers le sud ; en outre, on ne fit aucune préparation d'artillerie lourde.

Le 20 novembre au matin, tous les canons hurlèrent à la fois et se livrèrent à un bombardement épouvantable, formant le plus effrayant des tirs de barrage. Derrière ce tir de barrage, 200 tanks s'élancent, leur drapeau au vent, sur les tranchées allemandes qu'elles inondent des projectiles lancés par les canons dont la bouche dépasse les embrasures blindées. Les Boches, effrayés comme autrefois les Romains à la vue des éléphants d'Annibal, se terrent dans leurs abris les plus profonds ou se sauvent à toutes jambes. Protégées par leurs forteresses roulantes, les troupes anglaises s'élancent en avant en poussant de formidables hourrahs. Les tanks, après avoir franchi la première ligne, ne s'arrêtent point : ils arrivent à la ligne Hindenburg, qui devait les arrêter et qui ne les arrête pas. Ils tombent dans les fossés, ils se relèvent et écrasent tout sur leur passage, pendant que le feu de leurs canons « nettoie » le terrain de tous les ennemis qui l'occupaient.

Grâce à cette attaque aussi foudroyante qu'inattendue, les régiments de la 3e armée anglaise s'emparèrent du premier système de défenses. Malheureusement la pluie se mit à tomber ; d'autre part, les Boches, un moment ahuris, envoyèrent des renforts de tous côtés. Malgré cela, le général Byng put progresser dans la matinée du 21 novembre, s'emparer de Noyelles, de Contring, de Mœuvres et de Fontaine-Notre-Dame. Les escadrons britanniques avaient enlevé à coups de sabre des batteries allemandes ; ils avaient libéré la population de nombreux villages occupés par les ennemis et atteint un des faubourgs de Cambrai. L'ère des héroïques chevauchées d'autrefois allait-elle donc se rouvrir? L'enthousiasme débordait à Londres et l'on annonçait, dans la capitale anglaise, la capture de 8 000 prisonniers.

Mais l'ennemi revenait de sa surprise initiale ; il « faisait tête ». Malheureusement, aucun corps de réserve n'avait été prévu pour profiter de la victoire initiale. L'unité de commandement n'était pas encore réalisée, et les armées françaises, laissées en dehors de la combinaison, étaient demeurées immobiles. Les Boches comprirent le danger de l'avance anglaise et firent un effort désespéré pour l'arrêter ; ils y réussirent.

Non contents d'arrêter l'élan de nos alliés, les Allemands se donnèrent pour tâche de reconquérir le terrain qu'on venait de leur prendre. L'offen-

Les tanks britanniques sur le front de la Somme. (Dessin de J. Simont, d'après *l'Illustration*.)

sive anglaise avait fait dans leurs lignes une « poche » importante ; ils attaquèrent cette poche de deux côtés à la fois, en cherchant à l'enfermer entre ces deux attaques comme entre les deux mâchoires d'une tenaille gigantesque.

Le 30 novembre, le général allemand von Marwitz attaquait en colonnes serrées, après une terrible préparation d'artillerie ; il traversa l'Escaut, s'empara de Gonnelieu et de Villers-Guislain et enleva à nos alliés 4 000 prisonniers et plusieurs batteries. Le lendemain, le général Byng réussit à reprendre Gonnelieu ; mais, au centre, il dut se replier, malgré les efforts héroïques de la cavalerie indienne, après avoir perdu 60 canons et plus de 100 mitrailleuses. Le 2 décembre, von Marwitz attaque sur toute la ligne : la Vacquerie est emporté et, après deux jours d'une lutte désespérée, le 6 décembre, le général Byng était obligé de battre en retraite, laissant aux mains des Boches les villages qu'il leur avait pris d'abord, ainsi que 9 000 prisonniers, 148 canons et 720 mitrailleuses.

Ainsi fut complètement perdu le bénéfice de la belle victoire remportée le 30 novembre.

*
* *

A partir de ce moment, une ère de silence commença sur tout le front. On eût dit que les adversaires, dans le calme de l'hiver, se recueillaient, prenaient des forces pour le choc terrible qui allait se produire au printemps. Les canons n'aboient plus que par intervalle ; partout c'est une sorte de torpeur qui règne le long des lignes. A peine, çà et là, quelques coups de mains d'importance minime, quelques affaires locales. L'opinion publique s'énervait de cette longue inaction. Les uns y voyaient le signe de l'affaiblissement de l'armée allemande ; les autres pressentaient que celle-ci se ramassait pour un effort qu'elle voulait décisif.

Toutefois, il était un champ de bataille qui présentait plus d'action que jamais : c'était l'atmosphère. La lutte aérienne prenait, elle, une extension formidable. Les Boches, bénéficiant de leur merveilleuse organisation, avaient réalisé des types d'avions de bombardement d'une puissance exceptionnelle : les *Gothas* et les *Friederichshafen*. Désireux d'abattre le moral des populations par la terreur avant de commencer l'attaque qu'ils projetaient pour le printemps, ils commencèrent le bombardement intensif des grandes villes et, en particulier, de Paris.

Dans la nuit du 30 au 31 janvier, par une pleine lune magnifique, 30 avions boches attaquèrent Paris et y jetèrent 15 000 kilos d'explosifs, tuant 40 personnes, et en blessant 206. Les bombardements de Paris se renouvelèrent à des intervalles très rapprochés, faisant chaque fois des victimes et des dégâts.

Mais l'aviation alliée ne perdait pas son temps : elle inondait de bombes les gares et les approvisionnements de l'ennemi ; elle bombardait, au loin sur le territoire allemand, les usines de munitions et de produits chimiques. Dans les rencontres avec les avions boches, elle manifestait la supériorité individuelle de nos aviateurs : en décembre, janvier et février, nous avions abattu 380 avions allemands et n'en avions perdu que 189.

Quoi qu'il en soit, tout se préparait pour un gros effort. L'armée américaine du général Pershing était comprise dans le groupe d'armées commandées par l'immortel général de Castelnau, en Lorraine ; tous les Alliés : Anglais, Belges, Portugais, étaient « l'arme au pied ». On sentait que de gros événements allaient se produire.

*
* *

Pendant ce temps, s'était produit sur le front italien ce « grave » événement qu'était le désastre de Caporetto.

Nos frères latins avaient, il est vrai, brillamment réalisé la prise de Gorizia, l'avance vers Trieste. Mais les Allemands n'avaient pas perdu leur temps : ils avaient intrigué, à coups d'argent, dans certains éléments du peuple et du parlement italien, s'attachant à s'assurer le concours d'éléments socialistes que l'on trouve presque toujours, dans la plupart des pays, prêts à pactiser avec l'ennemi. Quatre nihilistes russes, membres des « soviets », faisaient, dans la péninsule, une propagande défaitiste intense. Tout un contingent d'éléments socialistes affirmait qu'on fraterniserait avec les Autrichiens par-dessus les tranchées.

Ces derniers, impatients de venger leurs insuccès précédents, tablant d'autre part sur la décomposition intérieure préparée par les agents allemands, avaient massé quatre fortes armées tout autour de front italien, n'attendant que le moment opportun d'attaquer et préparant leur offensive enveloppante sous la forme de « tenaille », chère aux stratèges d'outre-Rhin.

Ce fut les 24, 25 et 26 octobre que l'offensive autrichienne se produisit. Elle débuta par une attaque du général von Below contre l'armée italienne du général Capello. Alors, — fut-ce un effet des menées défaitistes? — on entendit dans les rangs italiens des cris de *sauve qui peut!* tandis que des bandes innombrables de fuyards se précipitaient vers Caporetto. Les Autrichiens dessinèrent un mouvement tournant, immobilisant les régiments de nos alliés, qui, cernés, ne pouvaient recevoir aucun secours. Le 24 au

soir, les brigades de Gênes, d'Etna, de Caltanisetta, d'Alexandrie, du Frioul,
les bersagliers et toute l'artillerie capitulaient. Le 25, les Autrichiens lancèrent une attaque générale, anéantirent deux brigades et capturèrent
10 000 hommes et 200 canons. Alors la retraite italienne devint une
déroute. Von Below avait, le 26, pris 30 000 prisonniers et 300 canons.
L'Autriche exultait !

Convoi de troupes françaises traversant les Alpes à Oulx pour aller renforcer l'armée italienne
après la défaite de Caporetto.

Il fallut abandonner Gorizia et Udine, si chèrement conquises. C'était
bien un « désastre », comme le disait orgueilleusement le général autrichien.

Ce désastre fut aussitôt suivi de l'invasion du territoire italien par les
Autrichiens. Les armées ennemies passèrent le Tagliamento le 5 novembre.
Les populations, affolées, s'enfuyaient vers l'ouest, emportant sur des
chariots leurs hardes et leurs objets les plus précieux. Les troupes du
général Cadorna continuaient à battre en retraite, et l'on se demandait
avec angoisse où s'arrêterait leur recul.

**

C'est alors que la France et l'Angleterre intervinrent et apportèrent
à nos malheureux alliés le secours moral et matériel de leur alliance.

Le 28 octobre, le Conseil supérieur de la guerre se réunit et décida d'envoyer de suite, au secours des Italiens, une armée de 120 000 hommes. Les chemins de fer français firent l'impossible, et en vingt-quatre heures l'armée franco-britannique, sous les ordres des généraux français Fayolle et Duchêne et du général anglais Plumer, franchit les Alpes. Nos alliés se ressaisirent et reprirent courage. C'était une réédition de la campagne d'Italie de 1859, et on entrevoyait l'aurore d'un nouveau Solférino.

Le 4 novembre, le général Foch arrive à Rome avec M. Lloyd George. Le général Diaz devient généralissime des troupes italiennes. Il était temps : l'invasion autrichienne occupait les riches plaines du Pô.

Les armées italiennes, fortifiées de l'appui des corps d'armée franco-britanniques, rétablirent l'ordre dans leurs rangs ; leur aviation, toujours en pleine maîtrise de ses moyens, bombarda et détruisit les voies de communication des Autrichiens, obligeant ceux-ci à effectuer leurs transports à dos de mulets. Cependant la retraite italienne continuait, et nos alliés avaient perdu 250 000 prisonniers et plus de 2 000 canons. De plus, l'armée du maréchal Conrad von Hœtzendorff débordait par les hauts plateaux du Trentin et menaçait l'armée italienne d'un encerclement total. Le 11 au soir, la ville de Feltre tombait au pouvoir des barbares. Mais les Italiens, renforcés par les divisions anglaises et françaises, allaient faire une magnifique résistance à l'envahisseur.

La bataille se déroula, à l'ouest de la Brenta, sur le plateau des *Sette Communi* ; à l'est, sur le massif du mont Grappa. Elle commença le 13 novembre.

Le 16, les Autrichiens réussissent à passer la Piave ; mais les troupes qu'ils ont réussi à faire passer de l'autre côté du fleuve sont capturées, anéanties ou repoussées sur l'autre rive. Les 50 000 alliés débarqués avaient rendu la confiance aux populations. On avait pu évacuer Venise et en sauver les trésors artistiques que les hordes autrichiennes se faisaient, par avance, une joie de détruire ou de voler

Cependant les Autrichiens, bénéficiant de la vitesse acquise par leur coup de bélier, avaient réussi à occuper le massif du Meletta et le mont Asolone ; mais, grâce au ressort des Anglais et des Français, l'avance ennemie était arrêtée. La division française du général Dilleman enleva, le 30 décembre, en une demi-heure, le sommet de mont Tomba, capturant 1 500 prisonniers, 7 canons, 60 mitrailleuses. A la fin du mois de janvier 1918, les Italiens reprirent le col Rosso aux Autrichiens, leur enlevant du même coup 2 500 prisonniers, 6 canons et 120 mitrailleuses. Dès lors, le front italien était stabilisé, et nos alliés latins pouvaient dire aux barbares du centre : « Vous n'irez pas plus loin ! »

*
* *

Pendant que se déroulaient, en Italie, ces dramatiques péripéties, la révolution russe, menée par des Juifs aux gages de l'Allemagne, battait son plein et ouvrait à deux battants, aux armées du kaiser, la porte de l'ancien empire des czars.

Le 12 octobre 1917, le général allemand von Kathen débarquait, avec deux divisions, à l'île d'Œsel, dans la mer Baltique. Le 18, les Boches s'emparaient de l'île de Mohn ; la flotte russe, montée par des marins bolcheviks achetés par l'Allemagne, ne fit qu'un semblant de résistance. Les Russes se laissèrent prendre 10 000 hommes et 50 canons. Le tribun Kerensky, le Gambetta russe, annonça l'évacuation de Petrograd et le transfert du Gouvernement à Moscou : c'était faire le jeu du bolchevisme.

Les Allemands se trouvaient donc maîtres du golfe de Riga, commandant ainsi l'accès de la Russie à la mer.

Dans le même temps, la révolution atteignait son paroxysme : les soldats russes fraternisaient avec les Boches, fusillaient leurs généraux, outrageaient leurs officiers. Les propriétés bourgeoises étaient pillées et incendiées, les banques dépouillées, les châteaux et les fermes détruits ; les usines s'arrêtaient, les chemins de fer cessaient leur trafic. C'était l'idéal socialiste réalisé dans une « expérience » décisive, sous les yeux satisfaits du kaiser, qui pouvait contempler l'accomplissement de son œuvre néfaste et sanglante.

Les Allemands surent, d'ailleurs, habilement profiter des événements. Sous le prétexte avoué de venir en aide aux populations de l'intérieur, ils occupèrent une immense bande de territoire russe, allant de la mer Baltique à la mer Noire et comprenant la Livonie, l'Esthonie, la Pologne orientale, la Volhynie, la Podolie, la Bessarabie et l'Ukraine. En même temps, les Turcs reprenaient possession de la ville de Trébizonde, et, le 13 mars, les Austro-Boches et les Ottomans occupaient Odessa. Tel était le résultat de l'établissement du régime républicain en Russie : l'invasion du territoire, la révolution sanglante et le morcellement du pays.

CHAPITRE XVI

L'OFFENSIVE ALLEMANDE DU PRINTEMPS DE 1918

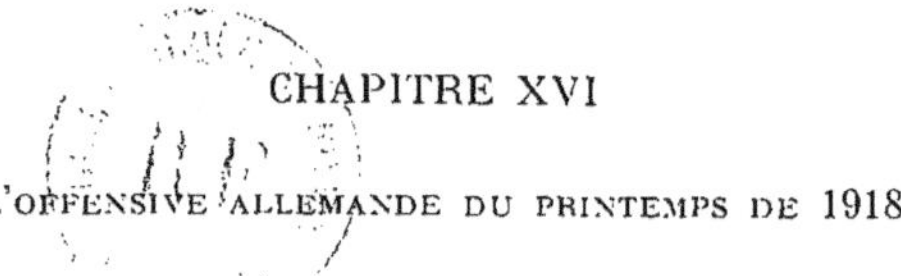

La tentative des empires centraux en faveur de la paix. — Les effectifs allemands :
3 100 000 hommes. — L'attaque du 21 mars en Picardie. — Le bombardement de
Paris. — L'avance allemande. — L'allégresse en Allemagne. — L'unité de commandement. — Foch généralissime. — Le mont Kemmel. — L'attaque de mai. — Le
Chemin - des - Dames perdu. — L'avance vers Compiègne. — L'avance sur Château-
Thierry. — Paris est l'objectif allemand. — L'attaque de juin. — La contre-offensiv
du général Mangin. — L'avance allemande enrayée.

L'Autriche et l'Allemagne, au printemps de 1917, avaient manifesté
des désirs très nets de paix, à leur profit naturellement. Les succès allemands en Russie réveillèrent les sentiments impérialistes chez nos ennemis, qui, dès lors, ne rêvèrent plus que d'annexion, de conquêtes et
d'indemnité de guerre formidable à faire payer à l'Allemagne « victorieuse » par la France, l'Angleterre et les États-Unis.

Sous l'influence de ces sentiments infusés dans les cervelles allemandes,
le grand état-major boche décida de frapper le coup décisif. Les insuccès
italiens redoublaient son arrogance, et il considérait comme une certitude
absolue la victoire à la suite du premier choc et l'entrée à Paris aux premiers
jours du printemps. Paris ! ce paradis terrestre de tout Boche ! Paris !
cette ville si convoitée par les Huns ! Paris allait donc, pensaient-ils,
tomber enfin en leur pouvoir !

Pour préparer ce coup de force, Hindenburg avait accumulé sur notre
front du Nord des forces imposantes, que permettait d'augmenter encore
la trahison des révolutionnaires russo-boches.

Au mois de février 1918, l'Allemagne disposait de 3 100 000 combattants. Le reste de ses effectifs, soit 2 400 000 hommes, était employé à
la garde des frontières. Sur ces 3 100 000 hommes, Hindenburg en massa
2 300 000 sur le seul front français.

Depuis plusieurs mois, des hommes clairvoyants avaient signalé cet afflux
constant de troupes boches, ramenées du front russe sur le nôtre. Les

déplacements de ces troupes étaient faits avec un tel art du « camouflage » que l'aviation alliée ne put en signaler que quelques-uns. Aussi, forts de leurs effectifs si nombreux, bouffis d'orgueil de leurs succès en Italie, les Allemands crurent le moment venu de frapper leur grand coup, qu'ils comptaient être le « coup de massue ».

C'est en Picardie qu'ils devaient tenter leur première attaque. Les routes qui pouvaient leur ouvrir l'accès de Paris sont, en effet, au nombre de trois : la vallée de l'Oise, les Flandres et Verdun. L'Oise avait « raté » dès 1914, Verdun avait raté ensuite ; il leur restait l'éventualité d'une invasion par les Flandres et la Picardie.

*
* *

Ludendorff, le général qui commandait sur le front, avait comme premier objectif l'écrasement des Anglais, afin de détruire la gauche de notre ligne de résistance. Il tablait aussi sur la « dualité » du commandement des armées alliées dont la liaison se faisait, à angle droit, en un point assez faible, situé, par surcroît, sur une rivière qui n'était autre que l'Oise. Il comptait briser cette soudure imparfaite, et, une fois ce travail accompli, écraser d'abord l'armée anglaise.

Il fallait donc commencer par séparer les deux armées, puis s'emparer d'Amiens et, une fois les Anglais mis hors d'état de résister, revenir sur l'Oise, battre l'armée française isolée de ses alliés et s'élancer sur le chemin de Paris.

Tel était le plan « mirifique » conçu par les généraux boches. Partout, dans les tranchées allemandes, on était certain du succès et on disait que l'on aurait, à Pâques, la paix avec la victoire.

L'art du camouflage fut poussé par l'ennemi à un degré inouï. Afin de tromper notre état-major sur leurs intentions, ils organisèrent en Champagne de faux aérodromes, de faux parcs de munitions et de faux hôpitaux. En réalité, l'armement allemand sur le vrai front de bataille était formidable, grâce surtout à la multiplication des mitrailleuses, et surtout des fusils-mitrailleurs, susceptibles d'être manœuvrés par un homme seul.

Chez les alliés, l'opinion publique était anxieuse : on s'attendait, chaque jour, à voir l'assaut allemand se produire. Il eut lieu le 21 mars et fut suivi du bombardement de Paris, bombardement effectué par des canons à longue portée qui tiraient sur la capitale d'une distance de 120 kilomètres. Les trois pièces en question, que le peuple appela tout de suite des « grosses Berthas », du nom de la fille de Krupp, étaient en batterie à Crépy-en-Laonnois. Les Boches avaient pensé justement que les projectiles de 210 millimètres arrivés dans une région de l'atmosphère où l'air était très raréfié, n'y subiraient qu'une résistance insignifiante et que la portée serait, du même coup, augmentée dans une proportion considérable. L'obus s'élevait à 30 000 mètres de hauteur, décrivant une immense parabole, et atteignait la portée fantastique de 120 kilomètres.

Sirène, installée sur l'une des tours de Notre-Dame, prévenant les Parisiens d'un raid de Gothas sur Paris.

Ce bombardement, qui avait pour but de détruire le moral de la population parisienne, fut inauguré par le kronprinz lui-même le 21 mars, veille du dimanche des Rameaux, le jour même où fut lancée la première offensive. Le Vendredi saint, un obus, tombant, au moment de l'office des Ténèbres, sur l'église Saint-Gervais, y tuait 75 personnes et en blessait près de 200. Malgré tout, le moral de Paris demeurait inébranlable, et le seul souci des habitants de la capitale était de connaître les « communiqués » qui leur apportaient les nouvelles, hélas ! peu rassurantes, de la bataille de Picardie.

*
* *

Les troupes allemandes étaient réparties en trois armées, commandées respectivement par les généraux von Below, von Marwitz et von Hutier, ce dernier descendant de protestants français passés au service de la Prusse. Elles formaient un total de 900 000 hommes, dont 300 000 commandés par Marwitz, occupaient l'espace compris entre la Scarpe et l'Oise, tandis que les 600 000 autres étaient massés en Thiérarche ou dans les Ardennes. Par un raid de six marches de nuit, toutes ces troupes se portèrent, au jour fixé, sur Saint-Quentin. Suivant l'orgueilleuse expression de Ludendorff, « c'était toute l'Allemagne qui avançait. »

Deux armées anglaises étaient exposées à cet assaut formidable : la 3e armée, au nord, commandée par le général Byng, et la 5e armée, au sud, sous les ordres du général Gough. Celui-ci avait, en tout et pour tout, pour s'opposer à l'attaque allemande, 14 divisions réparties sur 64 kilomètres. Cela faisait 170 000 hommes qui allaient avoir à subir le choc de 580 000 assaillants !

Des prisonniers, habilement « cuisinés » par des interprètes, avaient annoncé que l'attaque boche commencerait le 21. Aussi, prenant les devants, le général Gough fit-il, dès le 20, bombarder par son artillerie lourde les abords de Saint-Quentin. Les Boches ne répondirent pas sur le moment. Mais le 21, à 2 heures du matin, ils lançaient leur attaque sur toute la ligne avec une violence sans précédent, au milieu d'un brouillard qui cachait la vue des objets à 10 mètres de distance. Leur tir d'artillerie fut tel, que l'on a calculé que, *pendant les deux premières heures de cette journée, les Allemands lancèrent autant d'obus que pendant toute la guerre de 1870.*

A la faveur de la brume persistante, l'ennemi arriva à 10 heures sur les premières lignes anglaises sans avoir été vu. Il traversa les réseaux sur des ponts portatifs préparés à l'avance, et surprit complètement les soldats anglais qu'ils encerclèrent. Bientôt les lignes anglaises fléchirent, le 3e corps céda à droite, le 19e à gauche, le 18e au centre, et les Boches entraient dans Contescourt à 6 heures du soir. L'armée Byng recula très peu et, en somme, soutint le coup. Le général Gough, devant l'afflux croissant des troupes amenées, donna l'ordre de la retraite. Celle-ci s'exécuta sous la protection de la cavalerie et des tanks. Pendant ce temps-là, le kaiser, installé confortablement et prudemment loin du front, dans un château à l'abri des projectiles, regardait défiler les régiments que son ambition sanguinaire envoyait à la mort.

Le 22 mars, les attaques allemandes se firent plus violentes encore, et l'armée du général Gough fut rejetée sur une ligne passant par Ham, Monchy, Vraignes et Tincourt. L'armée Byng, de son côté, fut forcée d'évacuer Vaulx et Jénin. Mais, tout en battant en retraite, les courageux soldats britanniques faisaient payer cher à l'ennemi l'avance qu'il réussissait à prendre et lui infligeaient des pertes terribles.

***

Cependant, le général Pétain avait compris le grand danger qu'un écrasement des troupes britanniques ferait subir aux armées françaises. Il lança aussitôt le 5e corps, commandé par le général Pellé, dans la direction du canal Crozat où s'était faite la trouée allemande. En même temps, trois autres divisions s'embarquaient sur des autos et arrivaient le 22, à midi, entre Guiscard et Chiry, rencontrant partout des Anglais en retraite et des habitants en fuite. Le moment était critique ; il n'y avait pas d'hésitation à avoir en présence de l'avance allemande. Celle-ci avait lieu au point de jonction des deux armées. Partout l'armée britannique avait fléchi et battait en retraite.

Le 23 mars, le général Gough accentue encore son mouvement de retraite : le 19e corps repasse la Somme, le 7e repasse la Tortille, et le secteur entre ces deux rivières reste sans défense. Von Below tente de tourner Bapaume, et von Marwitz marche sur Bouchavesnes et Combles, pendant que von Hutier s'avance sur Ham et sur Chauny.

Le général Pétain et sir Douglas Haig tinrent conseil. On avait compté que les troupes britanniques pouvaient tenir pendant soixante-douze heures : elles n'ont tenu qu'un jour ! Le 23, à midi, le général Humbert reçoit le commandement d'un contingent franco-anglais, avec l'ordre de défendre la Somme et le canal Crozat. Mais l'ennemi vient de s'emparer de Ham ; la nuit arrive et l'heure est critique. Von Hutier s'avance vers les deux points importants de la région : Villers-Bretonneux et Lassigny. La possession du premier lui donnerait l'accès vers Amiens et la mer ; celle du second lui ouvrirait la route de l'Oise, c'est-à-dire celle de Paris !

Ce fut là que Ludendorff commit une faute : voulant emporter les deux points à la fois, il réussit à perdre la partie, pourtant si bien engagée par lui. « Il ne faut pas courir deux lièvres à la fois ! » dit le proverbe, et il a raison. Le général Pétain, comprenant le danger, rappelle de Lorraine l'armée Debeney, qui se combinera à l'armée Humbert, toutes deux étant sous les ordres suprêmes du général Fayolle.

Ce fut le lendemain, 24 mars, que les armées allemandes tentèrent l'écrasement de l'armée anglaise du général Byng. Celui-ci dut se replier au nord-est de Bapaume, pendant que le général Gough était forcé d'évacuer Sailly-Saillisel. L'ennemi réussit à franchir le canal de la Somme jusqu'à Péronne. Von Hutier enlève Nesle aux troupes britanniques et attaque notre 5e corps, auquel il fait 5 000 prisonniers.

Le succès de l'attaque allemande était écrasant !

En trois jours, les ennemis avaient pris 45 000 prisonniers et 600 canons ; leur avance, en certains points, atteignait 40 kilomètres ; les Alliés avaient perdu leurs anciennes positions ; Montdidier était menacé, et sa prise, si elle était réalisée, pouvait amener l'encerclement complet des armées anglaises.

Mais nous allons assister à une de ces merveilleuses « reprises » qui étonnent le monde, tant par leur conception que par leur exécution.

****

Nos renforts arrivaient abondamment sur la ligne de bataille. Les trains se succédaient, si l'on peut dire, en chapelet. et les camions automobiles formaient sur les routes une chaîne continue.

Aussitôt les divisions françaises arrivées sur le front, on les lance contre les colonnes allemandes. Toute l'infanterie est dirigée vers Montdidier Le 25 mars, l'armée de von Hutier attaquait Noyon avec une telle violence que le général Pellé était obligé d'évacuer la ville que les Boches incendient aussitôt, pour bien manifester, par un crime de plus, les charmes de la « Kultur » allemande.

Pendant ce temps, von Below et von Marwitz dirigeaient leurs divisions vers la voie ferrée d'Arras à Amiens, en s'emparant d'une série de villages et en repoussant une vive contre-attaque des Anglais. Ludendorff pouvait alors se réjouir : ses troupes nous avaient pris près de 1 000 canons. Le kaiser envoyait à l'impératrice un télégramme où il remerciait Dieu !

Et devant l'invasion boche, devant ce fléau si justement redouté, les populations s'enfuyaient vers la Normandie, vers l'Ile-de-France, vers la Beauce. Ces malheureux paysans, qui venaient de reprendre possession de leurs champs dévastés, s'en voyaient chassés une seconde fois. Empilant les femmes et les enfants sur des charrettes chargées de leurs matelas et de leurs meubles, ces infortunées victimes de la guerre s'éloignaient, à petites journées, du théâtre de la dévastation. Et ceux qui ont vu ces lamentables processions traverser les villes et les villages n'oublieront jamais ce spectacle navrant. Non ! la France ne doit pas oublier. Quelles que soient les tendances sentimentales des humanitaristes d'outre-mer qui, n'ayant pas connu chez eux les horreurs de l'invasion, rêvent d'une fraternité universelle qui réunirait les nations dans une société idéale, il faut que nos enfants se souviennent des crimes commis par les Boches ; que jamais ce souvenir ne s'efface de leur mémoire et que, de génération en génération, le récit fidèle des atrocités allemandes entretienne le feu sacré du patriotisme, en dépit des efforts des socialistes « sans patrie », c'est-à-dire des gens aux gages de l'ennemi.

Pendant que l'exode se déroulait sur les routes, les troupes se battaient en pleine campagne. Ce n'était plus la guerre de tranchées, c'était la guerre de mouvements qui reprenait, comme au début de la campagne de 1914. On voyait se mouvoir les masses d'infanterie, on voyait circuler les convois d'artillerie et les escadrons de cavalerie. La guerre se faisait, enfin, au grand jour et non plus sous. terre.

Mais, en dépit des attaques allemandes dont la violence dépassait tout ce qu'on avait vu jusqu'ici, le « pivot » de notre résistance réussit à tenir bon. En vain, le 26 mars, après la chute de Noyon, von Hutier nous enlève les deux hauteurs de Porquéricourt et du Mont-Renaud : une brillante contre-attaque de nos troupes lui reprend ces deux collines. C'est le début de la résistance opiniâtre qui va marquer l'arrêt de l'avance allemande, et qui va coïncider avec l'un des plus importants événements militaires de la guerre : la réalisation de *l'unité de commandement.*

*
* *

Les chefs des gouvernements alliés, MM. Clemenceau et Lord Milner, s'étaient, devant la gravité du péril, réunis en conférence à Doullens. Sur les observations de M. Clemenceau, ils étaient tombés d'accord sur la nécessité de remettre entre les mains d'un chef unique le commandement des armées alliées, et ils furent d'accord également pour désigner le général Foch pour ce poste suprême.

On peut dire que cette décision fut en même temps celle de la victoire.

Aussitôt investi du commandement unique, le général Foch, avec le coup d'œil de l'aigle, voit le péril et prend les dispositions pour le conjurer. Il coordonne les positions des armées britanniques et françaises, de façon à réaliser le « mur » contre lequel doivent se heurter et mourir les vagues de l'invasion des Huns.

Il n'était que temps, d'ailleurs, d'endiguer le flot boche. Voyant qu'il lui était impossible de briser la charnière anglo-française, von Hutier tourne ses efforts vers Montdidier ; il compte, une fois cette ville tombée entre ses mains, voir s'ouvrir devant lui la route de Paris. *Nach Paris !* c'est toujours le même objectif, c'est toujours le même cri de guerre traduisant l'éternel appât offert à l'avidité des féroces soldats de Guillaume II.

Tous les efforts de l'ennemi vont donc se tourner vers la petite ville qu'il s'agit, pour lui, d'emporter coûte que coûte.

Le général Foch envoie deux divisions d'infanterie et une brigade de dragons prendre position le long de l'Avre, pour tenir à tout prix. Le 26 au soir, il donne l'ordre de secourir au plus tôt les Anglais au sud-ouest d'Amiens et annonce que Roye est pris par les Allemands ; il faut défendre la route de Montdidier.

On peut dire que ce fut là le moment le plus critique de cette situation, si grave déjà par d'autres points.

Au cours de la journée du 7, les Boches font un bond formidable en avant ; les divisions de von Hutier rejettent les troupes du général Debeney, malgré l'héroïque résistance de celles-ci, en particulier de la 56e division du général de Metz et de la 5e division de cavalerie du général de La Tour. L'armée du général Humbert est obligée d'évacuer Faverolles, et von Hutier entre à Montdidier vers 5 heures 15 du soir. Aussitôt maître de la ville et de ses environs, il y fait installer une seconde batterie de « grosses Berthas », destinées à bombarder Paris à 120 kilomètres de distance et à « relayer » les premières.

On le voit, Montdidier tombé, la situation était plus que grave.

C'est alors que le général Pershing, commandant en chef des troupes américaines débarquées en France, vint trouver Foch pour lui dire : « Nous serions fiers que nos troupes fussent engagées dans la plus grande bataille de l'histoire. Infanterie, artillerie, aviation, tout ce que nous avons est à vous ; disposez-en. »

C'était la matérialisation de cette belle pensée d'un écrivain américain qui, au moment du départ des troupes des États-Unis pour l'Europe, avait lancé cette phrase où s'exprime la reconnaissance de tout un peuple : « La Fayette, nous voici ! »

*
* *

Nous avons dit que la situation était grave.

Les Allemands avaient, en effet, creusé dans notre front une « poche » immense ; mais, heureusement, la rapidité même de leur avance avait empêché leur artillerie lourde de les suivre, et von Hutier n'avait guère à sa disposition que les batteries de campagne de 77. L'aviation française et anglaise, d'autre part, affirmait sans cesse sa supériorité sur l'aviation allemande dans toutes les rencontres. L'espoir commençait à renaître.

Les Allemands avançaient, cependant, sans cesse sur les deux rives de la Somme et marchaient dans la direction d'Amiens. Les unités anglaises avaient été refoulées et le 18e corps avait dû se replier sur Moreuil, après avoir abandonné Roye. Amiens se trouvait ainsi très menacé.

Foch alors prit la décision suprême. Il se servit d'une ancienne ligne
qui barrait le plateau de Villers-Bretonneux. Le général Gough, rassem-
blant 2 500 hommes qu'il avait ramassés un peu partout, en confia le
commandement au général Carey. Celui-ci fit une résistance héroïque, qui
rappelle les plus belles pages de l'histoire militaire. Obligé d'abord de se
replier, il tient quand même ; sa troupe s'augmente de quelques unités,

Le portail de Notre-Dame de Paris protégé par des sacs à terre.

et il réussit ainsi à résister jusqu'à l'arrivée des renforts. Ainsi l'héroïque
général anglais justifia le mot de Lloyd George : « La division de Carey
a sauvé l'Angleterre. »

Le 26 mars, l'ennemi ne gagne que très peu de terrain : on sent qu'il
n'est plus en force et que la bataille faiblit.

Mais il reste la menace de Montdidier, occupé par les troupes de von
Hutier. Il faut à tout prix les empêcher de déborder la ville ; sans cela
ce serait la route de Paris ouverte aux armées du kaiser. Le général
boche a compris l'importance de l'opération et va la tenter en essayant
de s'emparer d'Amiens.

Depuis le 25 mars, le général Fayolle commande les armées qui
opèrent au sud de la Somme. Nos troupes s'introduisent au milieu des
divisions britanniques.

Le 28, von Hutier reprend nettement l'offensive et oblige le général

Debeney à reculer sur l'Avre, dans la direction du chemin de fer de Paris. Mais notre artillerie de tous calibres entre en jeu, nos aviateurs font des prodiges et, le soir, le général Fayolle avait la certitude de pouvoir résister efficacement.

La journée du 29 mars se passa en actions et en réactions locales, en attaques et en contre-attaques. C'étaient des coups d'essai lancés par l'ennemi en prévision de la grande poussée du lendemain.

Le 30 mars, en effet, von Hutier attaque sur toute l'étendue du front, de Noyon à Montdidier. Mais le plan de résistance de Foch se réalisait : le « mur » était dressé, et contre lui les hordes allemandes allaient venir se briser. A Lassigny, la division du général d'Ambly tenait la hauteur du Plessis-Plémont. Assaillie par trois divisions boches, elle dut d'abord fléchir un peu ; mais, dans un ressaut magnifique, elle rejeta les ennemis, leur prit 800 prisonniers, 50 mitrailleuses, et anéantit presque complètement la 7e division allemande.

***

Voyant qu'il n'y a plus rien à tenter de ce côté, l'ennemi va porter tout son effort vers l'ouest, sur la voie ferrée d'Amiens, afin de couper les communications franco-britanniques. C'est le général Debeney qui, à la tête de la 1re armée, doit assurer la résistance.

Le 30, l'ennemi ne lance pas moins de treize attaques contre nos positions ; toutes sont repoussées avec de grosses pertes, et les Anglais reprennent possession de Moreuil.

Mais von Hutier ne se tient pas pour battu. Devant l'insuccès de ses premiers assauts, il va jouer le grand jeu et faire donner la garde ; il lance à l'assaut la 1re division de la garde prussienne. Mais, le 31 mars, elle est repoussée par les baïonnettes de nos poilus, et, le 1er avril, le front était, suivant l'expression consacrée, « stabilisé. » Les Allemands devaient renoncer à enlever Amiens et à atteindre le chemin de fer de Paris.

Du 21 mars au 4 avril, Ludendorff avait, dans cette offensive gigantesque, perdu 250 000 hommes tués ou blessés.

Le général Foch pouvait donc dire, en recevant les correspondants de guerre des grands journaux : « Le Boche est endigué depuis le 25 ; le flot expire sur la grève. »

Mais quel terrain les Boches avaient conquis ! Ils s'étaient emparés d'un vaste triangle ayant un sommet près d'Arras, un second à Montdidier, un troisième à la Fère. Bapaume, Albert, Combles, Péronne, Ham,

Montdidier, Roye, Lassigny, Noyon, Chauny étaient entre leurs mains, et leur avance, en certains points, dépassait 60 kilomètres.

Tel était le bilan de l'offensive allemande de Picardie. Heureusement arrêtée par l'initiative de Foch, [elle eût pu, si elle ne fût venue se briser sur le mur réalisé par notre illustre homme de guerre, être le désastre qui aurait conduit les hordes allemandes jusque sous les murs de Paris.

Ils y comptaient bien, d'ailleurs.

Le 5 avril, l'armée allemande lança une attaque violente sur nos avant-postes, mais sans réussir à les faire reculer beaucoup. Le 24 avril, von Marwitz essaye une ruée dans la direction d'Amiens : 50 000 hommes s'élancent sur nos lignes ; les Anglais sont forcés d'évacuer Villers-Bretonneux, et nos troupes doivent abandonner Hangard. Mais, la nuit suivante, la division australienne du général Birdwood reprend Villers-Bretonneux, et la division marocaine chasse les Boches de Hangard qu'ils avaient, un moment, réussi à occuper.

La bataille de Picardie était finie, celle de la Lys allait commencer. Après l'attaque de mars, voici celle d'avril.

*
* *

Le grand état-major allemand, voyant l'insuccès de la tentative sur Amiens et la route de Paris fermée devant lui, décida de reporter son effort au nord, afin de faire tomber la ligne des Flandres.

Les Allemands n'avaient alors devant eux, au début de cette attaque, à laquelle ils consacraient 110 000 hommes, qu'une armée portugaise de 40 000 hommes.

L'action débuta, le 9 avril, par une préparation d'artillerie d'une grande violence, commencée dès le petit jour, à 6 heures du matin. Les colonnes allemandes s'élancèrent à l'assaut des lignes portugaises dont le centre fléchit ; cependant nos braves alliés du sud se ressaisirent bien vite et, avec l'ardeur des races latines, exécutèrent d'héroïques contre-attaques à la baïonnette. Mais le nombre devait l'emporter sur la valeur. L'ennemi força la ligne et réussit à passer la Lys dans la soirée.

En présence de ce premier succès, Ludendorff décide de profiter immédiatement de ses avantages. Le 10 avril, l'armée allemande attaque les renforts anglais commandés par le général Horne ; en même temps, l'armée du général Sixt von Arnim s'élance de l'autre côté pour encercler les troupes qui occupent le fameux « saillant d'Ypres ».

Le 11 avril, les deux armées allemandes cernent Armentières que nos alliés britanniques sont forcés d'abandonner, en se laissant faire 3 000 prisonniers et prendre 45 canons. Le 12 avril, le général boche Eberhardt atteint le pied du mont Kemmel et, au sud de la ligne d'attaque, Locon est enlevé.

En même temps, les efforts de l'ennemi, dont l'effectif se monte à 340 000 hommes, viennent se porter sur Hazebrouck, qui est l'objectif des généraux allemands. Le kaiser, escomptant la déroute des Anglais, s'était installé à Armentières.

*
* *

Le général Foch, pour parer à l'imminence du péril, décida de lancer contre les divisions allemandes, non seulement des troupes anglaises, mais aussi des troupes françaises. En moins de soixante heures, notre cavalerie arrive, ayant fait plus de 60 kilomètres par jour ; elle était suivie de deux divisions d'infanterie. Le 17 avril, l'armée anglaise du général Plumer évacue avec le plus grand ordre les positions conquises ; c'était un repli que, dans sa merveilleuse divination des desseins de l'ennemi, avait prescrit le général Foch.

Les Boches, de leur côté, poursuivaient leur tentative d'encerclement, suivant leur méthode classique. Leur plan était bien simple, et quelque peu « cousu de fil blanc » : ils se proposaient d'écraser l'armée belge avec 25 bataillons et 200 canons, d'atteindre le canal de l'Yser, puis de marcher sur Poperinghe.

Les Belges tiennent bon sous l'attaque allemande, contre laquelle ils se retournent à la baïonnette, enlevant à l'ennemi 700 prisonniers et 45 mitrailleuses. Mais les choses allaient moins bien sur les bords de la Lys : là les Anglais se voyaient contraints d'évacuer Neuve-Église dans la nuit du 14 au 15 avril ; puis ils durent encore évacuer Bailleul.

Une accalmie se produisit alors dans l'allure générale de la bataille. Mais les Allemands, sous cette tranquillité apparente, cachaient les préparatifs d'un coup décisif qui devait leur livrer le mont Kemmel, ce poste qui gardait tout l'ensemble des monts de Flandre. Ce fut l'armée de von Arnim qui reçut la mission de s'en emparer ; elle était forte de plus de 100 000 hommes.

Le 25 avril, après un long et violent bombardement, les Boches attaquèrent les troupes franco-britanniques chargées de la défense du mont Kemmel. Malgré une résistance héroïque des Anglais, ils forcèrent ceux-ci à évacuer Dranoutre et Wychstœte et cernèrent le 30e régiment français qui occupait la montagne, en nous faisant 6 500 prisonniers et nous prenant 220 mitrailleuses. Le lendemain, nous lançâmes plusieurs contre-attaques pour reprendre la montagne, mais ce fut en vain : les Boches s'y étaient consolidés et s'y cramponnaient énergiquement.

La conquête du mont Kemmel par l'ennemi était, pour celui-ci, un succès indéniable et pour nous un échec sérieux. Les Allemands tentèrent d'en profiter de leur mieux. Une attaque générale fut menée par l'armée de Sixt von Arnim contre les positions franco-britanniques en arrière du Kemmel ; mais les alliés tinrent bon, et, le 1er mai, la progression allemande pouvait être considérée comme arrêtée dans ce secteur.

Cependant, au 1er mai, notre situation n'était pas brillante. Après la poche formidable creusée dans nos lignes par l'offensive d'avril sur la Somme, voici qu'une nouvelle poche s'était formée sur la Lys, et l'avance de l'ennemi l'amenait presque sous les murs d'Hazebrouck. Pourtant, en dépit des pertes de terrain, en dépit des pertes d'hommes et de munitions, l'Entente pouvait reprendre courage. Les Allemands, en effet, avaient raté leur coup qui devait séparer les Français des Anglais en écrasant ces derniers. En outre, les Alliés avaient maintenant l'unité de commandement, et l'on peut dire que la nomination de Foch au poste de généralissime équivalait à une victoire. Enfin les Américains, en dépit des mines et des sous-marins, débarquaient à raison de 150 000 par mois.

Mais il fallait compter avec la « hâte d'en finir », qui était le sentiment dominant en Allemagne. Dans ce but, les armées du kaiser allaient donner un effort suprême : après l'offensive de mars et celle d'avril, nous allons voir se dessiner celle de mai, celle qui fut la plus dangereuse et qui amena les troupes allemandes à 75 kilomètres de Paris.

*
* *

Les premiers jours du mois de mai se passèrent dans un calme relatif. Ludendorff préparait, dans le plus grand secret, son attaque décisive, et cette attaque, il allait la lancer précisément contre celle de nos positions que tout le monde tenait pour imprenable, contre ce Chemin-des-Dames conquis au prix de tant d'héroïques efforts.

Au milieu du mois de mai, le général en chef des armées du kaiser disposait de 2 470 000 hommes, dont 800 000 étaient en arrière, autour de la frontière de Belgique, entre la Sambre, la source de l'Oise et la Meuse. Ces 800 000 hommes occupaient donc le nœud des chemins de fer qui descendent, en divergeant, vers la Seine et l'Ile - de - France.

Pendant ce temps-là, les tranchées françaises étaient en repos. Après les dures batailles de Picardie et des Flandres, les hommes avaient été envoyés dans un « secteur calme », et celui du Chemin-des-Dames semblait, par sa réputation d'inexpugnabilité, devoir mériter amplement ce qualificatif.

Combien les « théories », en matière de stratégie, sont trompeuses ! Combien les vérités « admises » sont vite devenues des erreurs ! Nous allions le voir au Chemin-des-Dames, au sujet duquel tous les écrivains militaires développaient à l'envi le thème de l'inviolabilité des fronts.

Ce fameux Chemin-des-Dames, que l'on considérait comme une citadelle imprenable, tant à cause de sa position topographique que par suite des défenses qui y avaient été accumulées, allait tomber sous le coup de bélier de l'attaque allemande, et sa chute allait amener la phase la plus redoutable de l'invasion ennemie.

Notre état-major, d'après les apparences, croyait que l'ennemi n'avait que 13 divisions entre Noyon et Reims, sur un front de 80 kilomètres. On pouvait donc s'estimer en sécurité en laissant derrière les lignes formidables du Chemin-des-Dames 4 divisions françaises et 4 divisions anglaises.

Mais Ludendorff savait que les troupes de la défense étaient fatiguées par les durs combats qu'elles avaient eu à soutenir. Aussi mit-il en jeu les moyens nécessaires pour les écraser d'un formidable coup de massue.

Contre les 8 divisions franco-britanniques, il dirigea 25 divisions d'attaque, soit, en tout, 300 000 hommes. Derrière ces 25 divisions, il y en avait 17 autres, qui devaient les suivre à trois jours d'intervalle.

Le plan du général allemand n'était pas compliqué : pendant que la masse principale des troupes d'assaut allait attaquer de front les lignes du Chemin-des-Dames, il tournerait cette position par l'est, à Juvincourt, pour prendre le plateau à revers et atteindre le plus tôt possible les ponts de l'Aisne. Ainsi le rempart qui protégeait l'Ile-de-France tomberait et la route de Paris serait ouverte.

La préparation se fit dans le plus grand mystère : les troupes arrivèrent des Ardennes uniquement par marches de nuit, se dissimulant, pendant le jour, dans les villages et dans les forêts. L'aviation elle-même, quelle que fût l'habileté de ses observateurs, était impuissante à en déceler la présence.

D'ailleurs, tout concourait à donner une impression de sécurité : peu ou pas d'avions boches au-dessus de nos lignes, peu ou pas d'actions d'artillerie ; aussi nos divisions ne s'attendaient-elles pas à l'attaque terrible qui allait les chasser de ces positions si chèrement achetées.

Le 27 mai, au petit jour, le tonnerre du bombardement se met à gronder. Entre 2 heures et 4 heures du matin, ce ne sont qu'obus explosifs, obus à gaz toxiques, se succédant avec une rapidité et une violence inouïes. C'était la préparation de l'attaque.

Celle-ci fut lancée à 3 heures 30 : l'infanterie allemande arrive, comme une trombe, sur nos divisions absolument surprises. La division anglaise, qui occupait le plateau de Californie, clef de la position, n'aperçut l'ennemi que quand il escaladait les pentes. Elle dut abandonner le plateau à 4 heures et demie. Au sud-est, la 50e et la 8e division sont littéralement submergées par le flot montant des assaillants. La 50e tient jusqu'à l'impossible, mais, après des pertes énormes, elle est obligée de se replier sur l'Aisne. Au sud de cette rivière, la 21e division anglaise et une division française résistent de leur mieux, mais l'attaque se poursuit avec des forces nouvelles qui arrivent à tout instant et qui emportent tout. Rien ne peut s'opposer à cette vague immense, et l'héroïsme des soldats, français ou anglais, jeunes « bleus » ou vieux « territoriaux », ne peut pas tenir tête à la poussée du nombre. A certains moments, nos poilus se battaient à 1 contre 8 ! Ce qui est vraiment miraculeux, c'est qu'ils aient pu résister aussi longtemps.

La ruée allemande se répand au sud du plateau ; les Boches arrivent aux ponts de l'Aisne que nos sapeurs n'ont pas eu le temps de couper et qu'ils traversent. D'ailleurs nous avions perdu Pinon, Chavignon, la Malmaison, Courtecon, Cerny.

Vers midi, le village de Vailly tombe entre les mains de l'ennemi. Jusqu'au soir, c'est une lutte sans merci qui amène des combats corps à corps. Notre division coloniale fait des prodiges, qui arrachent aux Anglais, qui combattent avec elle, des cris d'admiration. Mais que peut la valeur contre le nombre? Il faut céder. Trois bataillons français, cernés dans la forêt de Pinon, tiennent jusqu'au lendemain à 2 heures 30. Alors ils envoient un message par pigeon, avec ces mots plus grands, dans leur laconisme, qu'un long récit : *Les trois derniers hommes des trois bataillons viennent de se rendre !*

L'ennemi avait passé l'Aisne entre Vailly et Berry-au-Bac, et nos troupes étaient rejetées, en désordre, vers le sud. Le soir de cette première journée, les Boches dépassaient la Vesle, occupaient le Mont-Notre-Dame, ayant réalisé une avance de 18 kilomètres.

Les habitants de ces régions fuyaient en hâte leurs demeures dévastées, laissant entre les mains des Huns tout ce qu'ils possédaient. On était arrivé au 28 mai.

Ce jour-là, le kronprinz attaque par les deux extrémités de son front de bataille, à la fois au plateau de Laffaux et au massif de Saint-Thierry. Nos troupes résistent héroïquement, et le général des Vallières trouve une mort glorieuse au milieu de ses soldats. Mais toutes les hauteurs qui commandent Soissons sont désormais entre les mains de l'ennemi, qui conquiert du même coup Braisne et Fismes et commence l'attaque du plateau du Tardenois.

Les contingents français et anglais se battent coude à coude, « épaule contre épaule, » comme dit la légende écossaise. Pas un seul moment, le contact étroit entre les Alliés n'est rompu, et l'ennemi, au lieu de lancer, comme au 21 mars, des attaques divergentes sur des adversaires séparés, se voit forcé de grouper ses efforts pour une attaque unique contre une armée homogène. Et si nous sommes obligés de céder sous le nombre, du moins cédons-nous en demeurant en liaison constante et serrée avec nos braves alliés.

Dans les cavernes du Soissonnais.

Ceux-ci tenaient le plateau de Saint-Thierry ; mais ils se voient bientôt encerclés par le flot montant de leurs assaillants et doivent l'évacuer après soixante heures d'une résistance où les faits héroïques ne se comptent pas.

Cependant l'infanterie du kronprinz, continuant son avance accélérée, avait passé les deux rivières. Les Allemands disposaient de six mitrailleuses par compagnie et les hommes avaient en abondance des fusils-mitrailleurs. Nos troupes en retraite étaient arrosées d'une véritable pluie de balles. Nos avions signalaient l'arrivée de troupes venant renforcer les effectifs allemands de première ligne.

Dès lors la bataille devient acharnée : c'est une lutte sans trêve et sans merci. Malgré une résistance tenace du général Duchesne et de son armée, la pression ennemie s'exerce sur toute l'étendue du front, plus dure à chaque instant.

Soissons, bombardé à raison de 1 200 obus par jour, incendié de fond en comble, est enlevé par des troupes prussiennes, et la prise de la ville

Dans les cavernes du Soissonnais.

nous contraint de reculer sur la Crise, pendant que l'armée de von Bœhm brise nos lignes et nous enlève la position de Loupeigne.

Le lendemain, 29 mai, les Boches attaquaient Fère-en-Tardenois, après en avoir bombardé les maisons et mitraillé les habitants dans une incursion d'avions. Une division française essaye de défendre la position assaillie et, pendant plus de seize heures, elle combat avec l'intrépidité propre à nos poilus. Deux divisions allemandes viennent apporter leur appoint à l'attaque initiale. Une brillante contre-attaque des nôtres rejette un instant les assaillants ; mais il faut succomber sous le nombre et battre en retraite.

La prise de Fère-en-Tardenois avait permis aux Allemands de faire de nouveaux progrès. Le soir du 29, leur front atteignait Bétheny, au nord de Reims ; nous avions perdu près de 35 000 prisonniers ; de nombreux canons de tous calibres étaient aux mains de l'ennemi, qui s'était emparé, en même temps, de l'aérodrome de Magneux, comprenant 13 hangars et 20 aéroplanes, ainsi que des abondants dépôts de munitions de Soissons et de Fismes.

Le 30 mai, 42 divisions allemandes, représentant plus de 500 000 hommes, marchent vers la Marne, entre Soissons et Reims. En présence de cette masse d'ennemis, que pouvaient faire les quinze divisions françaises qui se trouvaient en ligne? Toute résistance tendant à arrêter l'avance boche était matériellement impossible, et la retraite, cette retraite si contraire à l'esprit de nos troupes, s'imposait cependant par mesure de prudence.

Le 30 mai, dans la soirée, nous sommes encore obligés de nous retirer sur le mont de Choisy, tandis que l'armée de von Bœhm atteint Jaulgonne. Pour la seconde fois les Allemands étaient sur la Marne !

Par ailleurs, ils s'emparent de Champvoisy et de Romigny et traversent la Vesle. Le chiffre des prisonniers qu'ils nous ont faits atteint 45 000 !

*
* *

La bataille durait depuis cinq jours déjà ; on était arrivé au 31 mai. Ce jour-là, le kronprinz changea nettement l'allure de son attaque. Celle-ci, en forme générale, était dirigée jusque-là du nord vers le sud, orientant sa marche face à l'ouest. Cette manœuvre était également exécutée plus au sud où, par les deux rives de l'Ourcq, les Allemands avançaient jusqu'aux hauteurs de Neuilly-Saint-Front. D'ailleurs, ayant atteint la Marne à Jaulgonne, ils s'étaient établis sur la rive droite de la rivière, entre Verneuil et Château-Thierry, réalisant ainsi une base de 25 kilomètres qui représentait la menace directe contre Paris.

C'est, en effet, la capitale de la France que les Huns cherchaient à encercler et à prendre ; c'est Paris qui devait couronner leurs efforts. Naturellement, le bombardement de la grande ville par avions et par canons à longue portée avait repris en même temps que l'offensive. Les rues de la grande cité se firent peu à peu désertes ; on avait commencé à évacuer vers le midi de la France les archives et les dépôts des grandes banques. Tous les musées avaient été vidés et leurs collections transportées en province. L'avance des Boches à Château-Thierry devenait inquiétante, et beaucoup de Parisiens quittaient la ville pour s'installer en province où l'on ne trouvait plus à se loger. On organisait des départs collectifs des enfants, des écoles que l'on cherchait à mettre à l'abri. En un mot, on prenait, — et très sagement d'ailleurs, — toutes les précautions que commandait la prudence. La gaieté française ne perd

jamais ses droits, et un dessin d'Albert Guillaume passait de mains en
mains, avec la légende suivante : « Ce n'est pas parce qu'on prend son
parapluie qu'il doit forcément pleuvoir. »

La bataille demeurait dure ; mais nos renforts arrivaient sans trêve, et
l'inégalité entre les forces opposées diminuait. Malgré cela, l'encerclement
de Reims se resserrait, et la ville n'était plus qu'un monceau de ruines.

Soldats français s'abritant dans des trous d'obus pendant un bombardement.

Le fort de la Pompelle était défendu par le général Gouraud et ses
troupes noires que les Boches essayèrent de déloger, mais en vain : ils
furent repoussés, et les Américains vinrent prendre position, coude à
coude avec nos hommes, sur la Marne, entre Verneuil et Château-Thierry.

Les Boches, ayant décidé leur conversion face à l'ouest, poussent tout
leur effort dans ce sens. Visiblement ils s'efforcent de réaliser l'avancée
sur Paris ; mais pour cela il leur faut posséder la forêt de Villers-Cotterets, qui protège de ses abris, impénétrables à l'observation des aviateurs
ennemis, la concentration de nos effectifs. La lutte va se concentrer
autour d'elle.

Les effectifs allemands tentent de déborder la forêt à la fois par le
sud et par le nord. Le 2 juin, après six jours de combats ininterrompus,
nos troupes se voient forcées, cédant sous la pression du nombre, de
laisser les Boches occuper le ravin de Hautebraye et le village ; mais, le

soir, une énergique contre-attaque nous rend le terrain perdu ; la lutte continue. L'ennemi paraît avoir « besoin de souffler ».

Son effort se porte sur Château-Thierry.

Le 1er juin, von Bœhm avait réussi à s'approcher des lisières de la grande forêt du Valois en s'emparant des villages de Faverolles, de Corcy et de Longpont. Une brillante contre-attaque de nos poilus nous avait rendu les trois villages.

La poussée que l'ennemi avait amorcée le long de la Marne est arrêtée également ; partout nos hommes combattent avec vigueur et enthousiasme ; ils sentent que l'adversaire commence à s'épuiser. Celui-ci, montrant un regain d'énergie, attaque avec violence, le 3 juin, les lisières de la forêt et nous fait 2 000 prisonniers. A Trœsnes, deux divisions de la garde prussienne tentent d'encercler le village ; elles échouent grâce au concours des Américains qui sont venus nous renforcer, ainsi que nos fidèles et braves alliés les Anglais, qui empêchent l'ennemi de s'établir dans la partie nord de Château-Thierry qu'il avait atteinte.

L'avance des Allemands était, certes, considérable, mais on les sentait vraiment à bout de souffle ; et, comme l'avait dit, sans ambages, Clemenceau devant les Chambres : « Le fléchissement est venu, énorme pour l'armée anglaise avec des pertes incroyables, redoutable et dangereux pour l'armée française. Nos effectifs s'épuisent, mais les Américains viennent pour la partie décisive : *il reste aux vivants à parachever l'œuvre magnifique des morts !* »

*
* *

Malgré la fatigue manifeste de leurs troupes, énervées de voir l'objectif de leurs attaques leur échapper éternellement, les Allemands ne renonçaient pas, cependant, à l'espoir d'atteindre Paris. Ils comptaient, une fois la capitale entre leurs mains, voir capituler la France.

Aussi rassemblaient-ils, dans tous les secteurs du front, tous leurs effectifs disponibles afin de les grouper en vue d'une grande et décisive bataille qui serait livrée sous Paris. Les batailles de Picardie et du Chemin-des-Dames leur avaient procuré une avance considérable, et fourni les deux mâchoires de l'étau qui devait encercler la capitale ; il ne s'agissait plus pour eux, dans un effort suprême, que de resserrer l'étau pour obtenir l'écrasement définitif de l'armée française.

Mais, pour cela, il leur fallait être maîtres des deux forêts de Compiègne et de Villers-Cotterets.

C'est par Compiègne que les Boches vont commencer leur attaque.

La 18e armée, celle de von Hutier, devait enlever Compiègne en quarante-huit heures, et il résulte de papiers trouvés sur des prisonniers qu'on avait fait briller aux yeux des soldats du kaiser l'espoir d'un pillage sans fin dans un pays où abondaient les châteaux et les riches demeures.

C'était toujours la « Kultur » allemande qui se manifestait !

D'ailleurs, l'ordre du jour adressé aux hommes au début de l'attaque disait sans détours : « Derrière le premier objectif, c'est Paris ! *Aus nach Paris !!!* »

Von Hutier disposait de 14 divisions, soit environ 170 000 hommes, sur 35 kilomètres, entre le sud de Montdidier et le sud de Noyon.

Le 9 juin, vers 1 heure du matin, un bombardement violent par obus à gaz asphyxiants est exécuté contre nos lignes, en avant et en arrière. A 4 heures 30, l'infanterie allemande part en colonnes serrées à l'attaque générale, surtout dans la partie centrale, le long de la rivière du Matz.

Nos troupes cèdent encore, mais très peu à la fois. Ce n'est plus le coup de surprise du 27 mai : elles subissent une poussée à laquelle elles sont préparées. Notre aile droite recule et laisse l'ennemi escalader les premières pentes du massif de Lassigny. C'est là que notre fléchissement est le plus grand.

Les Allemands essayent aussitôt d'exploiter ce succès ; ils gagnent le bois de Ressons, le sud de Cuvilly, s'emparent du plateau de Bellinglise et réussissent, au prix de lourdes pertes, à pénétrer dans le bois de Thiescourt.

On était arrivé au 10 juin, et cette journée devait marquer, par la réussite victorieuse de l'offensive du général Mangin, le début des heures réparatrices qui allaient commencer et se terminer par la victoire.

* * *

Dès le matin, von Hutier avait reçu en renfort de nouvelles divisions ; il les lance à l'assaut, d'une part le long du Matz, d'autre part, sur le plateau de Belloy. Nous résistons ferme sur ce plateau que nous n'abandonnons qu'après avoir infligé aux assaillants des pertes sanglantes.

Mais, à droite de la ligne d'attaque, le plateau de Lassigny tombait définitivement aux mains des Boches.

Les héroïques cavaliers qui défendaient le Plémont avaient, la veille, été attaqués quatorze fois ; ils sont obligés de céder sous le nombre, et l'ennemi peut ainsi forcer nos lignes l'une après l'autre. Nous sommes obligés de nous replier sur le cours inférieur du Matz.

Ribécourt est aux mains des Allemands ; des combats corps à corps se livrent dans les rues de Machemont et de Béthancourt.

Pour ne pas nous exposer à un encerclement complet, il nous faut reculer encore. L'ordre est donné aux divisions de se replier sur Bailly et Tracy-le-Val, en avant de la forêt de Laigue. Notre ligne, dès lors, s'appuie à gauche sur l'Oise, à droite sur le plateau de Moulin-sous-Touvent.

Mais là vont s'arrêter les succès de von Hutier. Certes, la journée avait bien commencé pour lui, mais elle va mal finir.

Les Allemands avaient réussi à nous rejeter sur la petite rivière l'Aronde. Mais c'était le général Mangin qui défendait la rivière. Le brillant « colonial » allait montrer aux Boches de quoi étaient capables nos troupes sous les ordres d'un chef tel que lui.

A tout prix il nous fallait reprendre Méry, tombé aux mains de l'ennemi qui pouvait s'en faire un observatoire et une position de commandement. A 5 heures, nos chasseurs atteignent les Vergers, enlèvent le village, et le soir, à 10 heures, un feu continu de notre artillerie massacrait les rassemblements boches, bien à l'arrière de leur front.

Cette brillante affaire surprend von Hutier, qui continue à s'avancer vers l'Aronde ; son avance est rejetée par nos troupes.

Le 11 juin arrive : c'est le jour de la contre-attaque.

Usant à merveille de ses admirables bataillons de tirailleurs sénégalais, Mangin lance son attaque de flanc sur un front de 12 kilomètres, entre Rubescourt et Saint-Maur.

Nos troupes noires, fières de combattre sous l'œil de leur chef qui les électrise, enlèvent le plateau du Frétoy, reprennent le bois de Genlis, le plateau de Belloy, font plus de 1 000 prisonniers et prennent 19 canons. C'était l'arrêt de l'offensive allemande.

Von Hutier dut comprendre, alors, qu'il lui serait impossible d'enlever Compiègne. Refoulé dans toutes ses tentatives, il se voyait cloué sur sa ligne, en attendant l'heure où il allait l'abandonner et battre en retraite.

*
* *

Mais le grand quartier général allemand ne pouvait pas s'avouer vaincu : il lui fallait, au moins, sinon une riposte, du moins une tentative de riposte.

C'est ce qui fut fait le 12 juin 1918.

Ce jour-là, les Boches attaquèrent à l'improviste entre les forêts de Villers-Cotterets et de Compiègne. Von Bœhm lance sur ce front de

Dans la bataille : La contre attaque française. — Dessin de J. Simont (d'après l'*Illustration*).

12 kilomètres, après un violent bombardement par obus à gaz asphyxiants, trois divisions en formations compactes. Il parvient, vers midi, à installer ses troupes à Laversine et à Cutry. L'état-major allemand avait l'espoir d'être, le lendemain, à Pierrefonds ; mais il lui fallut déchanter.

En réalité, il n'arriva qu'à Cœuvres, et encore au prix de pertes sanglantes. Le 13 et le 14 juin, il dut piétiner sur place, et le 15, une audacieuse contre-attaque nous rendait de nouveau maîtres de Cœuvres.

Médusé par notre résistance et notre contre-offensive, l'ennemi demeura presque inerte jusqu'au 25 juin. Nous profitâmes de sa stupéfaction pour pousser en avant, et le 28 juin nous pûmes reprendre le plateau de Cutry, faisant aux Boches 1 400 prisonniers et leur prenant 119 mitrailleuses. Du même coup, deux divisions allemandes étaient anéanties.

L'échec de von Hutier sur le Matz avait été suivi de l'échec de von Bœhm à Cœuvres. Von Below essaya, pour compenser les insuccès, de s'emparer de Reims en attaquant la ville de toutes les positions qui l'encerclaient par le nord.

A 6 heures du soir, le 18 juin, un bombardement effroyable fut lancé sur toutes les lignes françaises. Se croyant sûr de l'effet produit par ses obus asphyxiants, l'ennemi lance trois divisions sur nos positions. Arrêté par la résistance de nos héroïques troupes coloniales, il est repoussé avec de grosses pertes et se voit obligé de regagner ses positions de départ.

C'est sur ce troisième échec que se termina la campagne du printemps de 1918.

Certes, elle avait donné à l'ennemi des avantages de terrain sérieux, mais elle nous avait donné, par contre, l'unité de commandement ; elle avait épuisé l'ardeur offensive des Boches ; elle avait permis, grâce à la résistance de nos troupes, l'arrivée des Américains. Dans nos ports, plus d'un million de soldats des États-Unis avaient débarqué, pleins d'ardeur et d'enthousiasme : c'était la certitude de la victoire ; victoire dont l'arrêt de l'offensive allemande marquait la préface d'une façon irréfutable.

CHAPITRE XVII

LA CAMPAGNE D'ÉTÉ DE 1918. — LA MARCHE A LA VICTOIRE.

L'attaque des Allemands. — La faute de Ludendorff. — Toujours les visées sur Paris.
— 350 000 hommes autour de Reims. — Foch, Gouraud, Mangin. — L'attaque du
15 juillet. — Les ripostes du commandement français. — Les armées Mangin, Degoutte,
de Mitry, Berthelot. — Les Allemands repassent la Marne. — Ludendorff donne
l'ordre de battre en retraite. — 850 000 Boches en déroute. — Les attaques anglaises
dans le nord. — Sir Douglas Haig, Rawlison Byng et Horne. — Reprise de Bapaume.
— Chute du massif de Saint-Gobain. — Les Américains à Saint-Mihiel.

Nous laisserons de côté, pour le moment, les événements qui se sont
déroulés, en juin 1918, sur le front italien, ainsi que les admirables combats livrés dans la mer du Nord par la flotte anglaise, toujours digne
de ses plus héroïques traditions.

Nous allons, continuant le récit des opérations du printemps, passer à
celles qui se sont déroulées pendant l'été de 1918 et qui, grâce au génie
de Foch, amenèrent, par la défaite des « Huns », la victoire définitive des
armées de l'Entente.

A l'intérieur, les menées boches allaient leur train, mais étaient para-
lysées par les campagnes de Daudet et par l'énergie patriotique de Clemenceau. Au cours du mois de juillet 1918, l'ancien ministre Malvy, traduit
devant la Haute-Cour, se voyait condamné à cinq ans de bannissement.

C'est alors que l'état-major allemand commit la lourde faute, celle qui
devait amener la défaite des armées du kaiser, celle qui devait avoir
comme conséquence la chute de l'empire des Hohenzollern et la libération du monde civilisé.

Le commandement allemand voyait, en effet, de plus en plus la décision des opérations lui échapper. Chaque jour, 12 000 soldats américains
débarquaient en Europe. On essayait bien de cacher le fait aux soldats
boches, à qui on avait répété que, grâce aux invincibles sous-marins,
pas un Américain n'arriverait de ce côté de l'Atlantique ; ils avaient dû

se rendre à l'évidence en voyant les drapeaux étoilés devant eux, et leur moral s'en ressentait.

L'état-major allemand comprenait donc qu'il lui fallait en finir au plus vite, sous peine de n'en finir jamais.

Il était, d'ailleurs, un peu tard pour lui.

En effet, tandis que, au 21 mars, Ludendorff avait sur nous une supériorité numérique de 500 000 hommes, Foch, à sòn tour, dispose, en juillet, de 600 000 Américains bien entraînés, sans compter 600 000 autres qui s'instruisent dans les camps en France. Les chances ne sont donc plus du côté boche.

Dès lors, Ludendorff se demande de quel côté il va frapper le grand coup, celui qui, dans sa pensée, doit compléter l'anéantissement de la France, blessée, c'est certain, par les offensives de mars, de mai et de juin, mais cependant toujours debout, l'épée au poing, le regard vers l'ennemi.

*
* *

Depuis le 20 juin, les Allemands préparaient cette bataille suprême. Ils font des merveilles de camouflage pour dissimuler leurs intentions et tromper notre état-major sur leurs préparatifs. Mais Foch est là, il n'est pas de ceux que l'on puisse « mettre dedans » facilement.

Il lit dans le jeu de l'adversaire comme dans un alphabet. Il prépare ses divisions à l'action définitive dont il a, dans son esprit, arrêté déjà les grandes lignes et dont il va être le seul maître.

Vers le milieu du mois de juin, les Anglais font des attaques locales en Flandre, à Nieppe, à Locon, entre la Bassée et l'Ancre. Dans la région de Château-Thierry, Foch multiplie ses coups d'essai ; partout les troupes de l'Entente manifestent une initiative, que l'on avait dû trop souvent laisser prendre aux armées allemandes.

Le 28 juin, les Anglais attaquent la forêt de Nieppe et y font 400 prisonniers ; le 30, ils réalisent, près d'Albert, dans la Somme, un brillant coup de main. Le 3 juillet, les Australiens, ces « as » de l'armée britannique, s'emparent de Hamel et font un coup de filet de 1 500 Boches.

Au sud de l'Aisne, entre Ambleny et Montgobert, le général Mangin enlève Fosse-en-Haut, Laversine et Cutry, en faisant 1 500 prisonniers. Dès lors, nous donnions à l'ennemi l'impression que nous reprenions l'initiative de la guerre, que c'était nous qui devenions « chefs d'attaque ».

Le 8 juillet, nous dégagions la forêt de Retz par la prise de la ferme de Chavigny et du pays environnant. Pendant ce temps-là, les Américains avaient brillamment reçu le baptême du feu : le 25 juin, ils avaient enlevé le bois Belleau ; le 1er juillet, ils enlevaient le village de Vaulx, où ils faisaient 500 prisonniers.

Le 11 juillet, nos poilus enlevaient Longpont et Carcy ; le lendemain nous attaquions près d'Amiens et nous prenions Castel et les bois environnants.

L'ennemi « encaissait » les coups sans paraître s'en soucier. En réalité, il assurait la concentration de ses effectifs. Comme ses tentatives à l'ouest du front avaient échoué, il était manifeste qu'il allait porter son effort vers l'est et qu'il allait tenter le grand coup en Champagne.

***

Quelle était donc la pensée « de derrière la tête » qui guidait Ludendorff dans ses opérations ?

Il voulait évidemment, par une attaque en coup de hache, couper nos armées de l'est de celles de l'ouest. Alors il investissait Verdun d'une part et, de l'autre, il se retournait sur Paris, dont la conquête serait la fin de la guerre.

Pour réaliser cette conception stratégique, Ludendorff avait organisé trois armées.

La première devait opérer sur la Marne, sous les ordres de von Bœhm.

La seconde était placée sous le commandement de von Mudra, la troisième avait à sa tête von Einem ; ces deux dernières armées réunies sous le commandement suprême du kronprinz.

Au centre du champ de bataille était Reims, la ville martyre, dont les ruines fumantes, dont la cathédrale éventrée attestaient la férocité allemande. Ludendorff espérait tourner la ville par l'est et par l'ouest. Alors c'était la prise de Châlons et d'Épernay, c'est-à-dire la porte largement ouverte aux envahisseurs dans la direction de l'Ile-de-France.

Le 5 juillet, l'ennemi avait 340 000 hommes prêts à l'attaque : 170 000 à l'est de Reims et 170 000 à l'ouest. En outre, 350 000 hommes étaient massés en seconde ligne.

Pendant un mois, les Boches avaient tout préparé pour cette bataille suprême : leurs pionniers avaient réparé les routes, jeté des ponts sur tous les cours d'eau ; leurs artilleries avaient accumulé d'immenses dépôts de munitions. Tout cela se faisait la nuit ; le jour on ne voyait rien.

Mais nos grands chefs veillaient. Foch voyait clair dans le jeu de Ludendorff, malgré tous ses camouflages.

Le général Gouraud, le glorieux et héroïque mutilé des Dardanelles, l'une des gloires militaires les plus pures de cette guerre formidable, adressait, le 7 juillet, à ses troupes, l'ordre du jour suivant :

« Vous pouvez être attaqués d'un moment à l'autre. Vous sentez tous que jamais une bataille défensive n'aura été engagée dans des conditions plus favorables. Nous sommes prévenus et nous sommes sur nos gardes. Vous combattrez sur ce terrain que vous avez, par votre travail, transformé en une forteresse redoutable. Le bombardement sera terrible : vous le supporterez sans faiblir. L'assaut sera rude dans un nuage de poussière, de fumée, de gaz ; mais votre position et votre armement sont formidables. Cet assaut, vous le briserez, ET CE SERA UN BEAU JOUR ! »

Cette « forteresse » dont parlait l'héroïque général, c'était le secteur de Champagne, que ses poilus, par leurs terrassements, avaient transformé en une place d'armes jugée inexpugnable.

* *
*

Le 10 juillet, en raison même du silence de l'ennemi qui s'abstenait de répondre à nos attaques d'artillerie, on pouvait être assuré que l'attaque décidée par Ludendorff allait se produire à brève échéance.

Par des dires de prisonniers, habilement confessés par nos interprètes, on savait que, le 14 au matin, tous les hommes de l'armée allemande avaient reçu leurs vivres et que l'attaque allait être lancée.

En effet, le 15 juillet, à minuit, le bombardement commença, avec une violence inouïe.

A 4 heures 30, l'assaut des Allemands fut lancé sur toute la ligne. Partout nos troupes soutinrent le choc avec une fermeté admirable.

Le kaiser avait voulu assister à l'écrasement de ces Français abhorrés. Ayant à ses côtés Ludendorff et ses aides de camp, il se tenait sur le Blanc-Mont. Eh bien ! il put assister à l'écrasement de la garde, des Poméraniens, des Bavarois, qui furent réduits en bouillie par le tir de nos canons, lardés par les baïonnettes de nos poilus. Ce fut une « journée de Rosalie » autant qu'une « journée de 75 ».

Cette fois, c'était l'insuccès net pour les Boches.

Le kaiser put s'en convaincre, comme il s'en était convaincu en 1914, au « grand couronné » de Nancy, sauvé par le génie de notre grand, de notre immortel général de Castelnau.

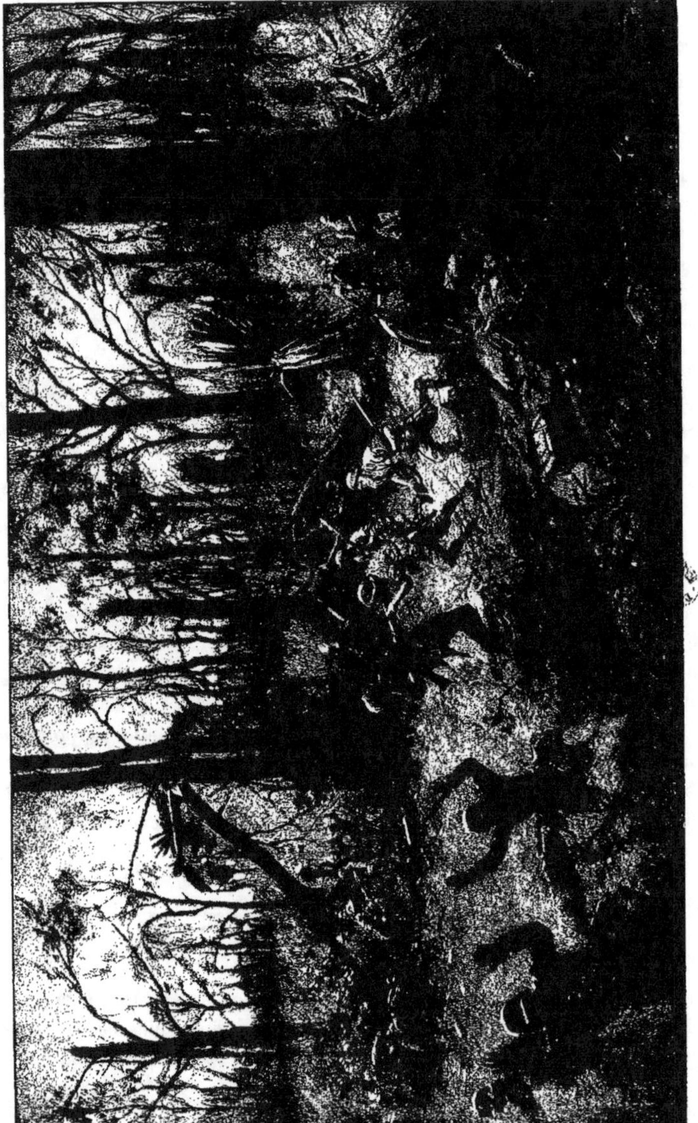

La brigade marine américaine au bois de Belleau — Dessin de Georges Scott (d'après *l'Illustration*).

Gouraud, dans toute cette affaire, n'avait perdu que 5 000 hommes ; von Einem en avait perdu plus de 40 000 !

Pendant que ce dernier recevait cette magistrale raclée, von Bœhm essayait de franchir la Marne et réussissait, grâce à la protection de sa puissante artillerie lourde, à jeter des ponts sur la rivière, entre Château-Thierry et Dormans. L'ennemi put passer sur la rive gauche, malgré la résistance des Américains, et réussit à atteindre Condé-en-Brie ; mais il avait subi des pertes énormes, et nous lui avions fait plus de 1 500 prisonniers.

Alors il tenta d'élargir ses positions, de « se donner de l'air ». Tout son effort se porta dans la direction d'Épernay, vers lequel il s'avançait à la fois sur les deux rives de la Marne. Après différentes alternatives de succès et d'insuccès, il réussit à atteindre Monvoisin, à 10 kilomètres d'Épernay.

Mais alors commencent nos contre-attaques.

Partout nos troupes marchent vivement de l'avant. Partout, sous la pression de nos poilus ainsi que sous celle des divisions italiennes qui sont venues combattre sur le front français, les Boches sont rejetés sur leurs lignes de départ. C'est l'arrêt de leur offensive, et bientôt le commencement de la nôtre.

*
* *

Jusqu'à présent, la manœuvre allemande n'avait abouti qu'à un échec ; nous allons voir cet échec se transformer en une défaite.

Pendant que les régiments allemands se faisaient anéantir en Champagne sous les yeux de Guillaume II, l'offensive française allait se dessiner et porter l'attaque au point faible du front ennemi, c'est-à-dire au sud de Soissons.

Ludendorff croyait nos troupes très affaiblies et espérait les contraindre ainsi à se masser autour de Paris, où il comptait les vaincre « par encerclement », suivant sa méthode ordinaire.

Mais Foch avait vu le défaut de la cuirasse et avait aussitôt conçu un plan magistral : pendant que les armées de Gouraud et de Berthelot tiendraient coûte que coûte en Champagne, les armées Mangin et Degoutte attaqueraient de flanc le front allemand en Tardenois.

L'heure était propice pour cette manœuvre audacieuse : des divisions françaises venaient d'être ramenées d'Italie ; l'armée anglaise s'était complètement refaite, et notre matériel était enfin de premier ordre.

Quant à Ludendorff, malgré sa réputation de grand homme de guerre, il semblait ne rien voir, et, dans son orgueil de général prussien persuadé de son invincibilité, il faisait croire à la presse allemande et croyait lui-même que l'armée française n'avait plus de réserves ; et cela, juste au moment où les divisions américaines se massaient à l'abri des forêts du Valois et où les régiments de Mangin s'apprêtaient à bondir sur l'ennemi confiant dans sa force légendaire.

A ce moment, les positions de nos troupes étaient les suivantes :

A l'ouest, le général Fayolle ; au centre, le général de Maistre ; à l'est, notre grand Castelnau.

Sous les ordres de Fayolle se trouvaient : la 1re armée, général Debeney, sur l'Avre ; la 3e armée, général Humbert ; la 10e armée, général Mangin, sur l'Ourcq, et la 6e armée, général Degoutte, entre l'Ourcq et la Marne.

Sous les ordres du général de Maistre : la 9e armée, général de Mitry, sur la Marne ; la 5e armée, général Berthelot, et la 4e armée, général Gouraud.

Enfin le général de Castelnau commandait la 2e armée, général Hirschauer ; la 8e, général Girard, et la 7e, général de Boissoudy.

En face des armées Mangin, Degoutte, de Mitry et Berthelot, se trouvait une vaste poche allemande, appuyée sur la Marne et défendue par les deux armées de von Bœhm et de von Mudra.

Quatre divisions américaines étaient réparties entre l'armée Mangin et l'armée Degoutte, brûlant du désir de se montrer dignes de leurs alliés.

* * *

Nous sommes au 18 juillet.

Tous les facteurs de la guerre : infanterie, artillerie, tanks Renault, étaient rassemblés en masses énormes, sous le couvert des arbres de la forêt de Retz. Un orage d'une violence exceptionnelle vient aider notre commandement à dissimuler ses derniers préparatifs.

Nous étions prêts !

Au petit jour, à 4 heures 30, un ouragan de projectiles vomis par nos canons s'abat dans la direction de l'est, sur les lignes allemandes, et aussitôt notre infanterie s'élance.

Elle franchit, au chant de la *Marseillaise*, les marécages de Savières et débouche sur le plateau au sud de Soissons, chassant les Boches devant ses baïonnettes.

Alors, nombreux et rapides, arrivent les petits tanks.

Les Allemands sont comme frappés de stupeur devant l'évolution rapide

de ces merveilleux engins, qui ont pris la tête de l'attaque. Leur artillerie, surprise, ne tire plus. Les Américains, en bras de chemise, foncent
sur l'ennemi à coups de baïonnette, et le général Mangin, de son poste de
commandement, peut suivre
la progression de la vic-
toire.

A 10 heures, nous occu-
pions Fontenoy, Vaux, Mer-
cin, Vierzy, Villers-Hélon.
Partout ce sont des colonnes
de prisonniers boches, piteux, que nos soldats chassent devant eux comme
du vil bétail. Et la cavalerie, retrouvant enfin l'occasion d'exercer son rôle,
part au galop à la poursuite
des Allemands qui s'enfuient
vers leurs lignes.

Entre l'Ourcq et la Marne,
l'armée du général Degoutte
progresse d'une façon continue. Les Américains s'emparent de Torcy en un
quart d'heure, puis de Belleau et de Givry.

C'est vraiment l'aurore
de la victoire. Le butin
devient, à chaque minute,
plus considérable, et nos
pertes sont légères.

Château-Thierry.

Les Boches, incontestablement surpris par notre attaque du 18, essayent
de réagir. Le 19, ils esquissent un mouvement de résistance ; mais il
leur faut reculer de Reims à Château-Thierry. Ludendorff est obligé,
pour parer à l'imminence du danger, de rappeler des effectifs des
Flandres et de renoncer à l'offensive qu'il y préparait.

Mais, à peine ces renforts sont-ils arrivés sur le terrain de la bataille,
qu'ils sont culbutés par Mangin et ses troupes noires, qui s'emparent de
Neuilly-Saint-Front. Degoutte s'empare de Livy-Clignon.

On le voit, la situation devenait de plus en plus grave pour l'armée
allemande.

**
*

On se souvient que von Bœhm avait, très imprudemment, fait franchir la Marne à quelques-unes de ses divisions qu'il avait installées sur la rive gauche ; il ne croyait pas possible une offensive de notre part et estimait en parfaite sécurité les effectifs qu'il avait placés au sud de la rivière.

Mais l'armée du général de Mitry n'attendait que l'ordre d'aller de l'avant. Du reste, la situation des divisions allemandes qu'il allait attaquer était précaire. Une seule route leur permettait de se ravitailler, et c'était manifestement trop peu. Cette route était battue par le feu de notre artillerie, et, dès le 17, les hommes n'avaient déjà plus de vivres en suffisance.

Sous l'attaque des troupes du général de Mitry, von Bœhm dut se résoudre à ordonner une retraite, qui prit bien vite les proportions d'une débâcle. Des divisions boches perdirent jusqu'à la moitié de leurs effectifs. Et, au lever du jour, le 20 juillet, le général de Mitry avait atteint les bords de la Marne et s'y établissait solidement.

Pendant la journée du 20, l'ennemi, qui s'est ressaisi, fait tête entre l'Aisne et la Marne ; mais, malgré les renforts qu'a reçus von Bœhm, celui-ci se voit encore forcé de reculer, d'autant plus que l'armée de Berthelot le pousse de l'autre côté.

En trois jours, nous avions fait 30 000 prisonniers et pris 400 canons. La France entière tressaillait d'allégresse ; elle sentait le vent de la victoire, et le monde entier vibrait avec elle.

Le 21 juillet va voir la continuation de notre avance victorieuse.

Les Américains se sont emparés du plateau d'Étrepilly, menaçant ainsi directement les troupes allemandes qui occupent encore Château-Thierry.

Sous cette menace, von Bœhm se décide à évacuer la ville. Il y laissait, d'ailleurs, la trace sinistre de son odieux passage : il avait fait détruire la maison natale de La Fontaine. Sans doute la gloire du grand fabuliste lui portait-elle ombrage et peut-être voulait-il se venger de l'homme qui, dans sa fable « le Loup et l'Agneau », avait si bien dépeint le caractère du Boche.

Le 21 juillet, dès le matin, les troupes du général Degoutte entraient dans Château-Thierry reconquis et rejetaient les Allemands à 7 kilomètres de la ville, sur Bézu et Mont-Saint-Père.

Devant la persistance de nos progrès, von Bœhm tente de réagir

Le général Pershing,
Commandant en chef des forces américaines en France.

encore une fois. Il jette dans la bataille 230 000 hommes, mais c'est en vain. Le ravitaillement de cette armée n'est plus possible.

Cependant il va s'accrocher à ses deux points d'appui suprêmes, Soissons et Oulcy-le-Château. Mais Foch donne à Mangin l'ordre d'attaquer. C'est ce qu'attendaient ses héroïques soldats, qui attaquent et qui triomphent.

Avec des contingents français, anglais, italiens, Berthelot enlève Bouilly et Sainte-Euphrasie. L'armée de von Mudra se trouve directement menacée. Le 23, l'armée von Bœhm lutte désespérément ; mais les tanks écrasent les Boches, et les avions franco-britanniques les arrosent de 450 tonnes de projectiles divers, pendant que les grands appareils anglais de bombardement vont semer la terreur dans les villes du Rhin qu'ils inondent de projectiles et dont ils incendient les édifices, particulièrement à Francfort.

Le 24 s'écoula sans grands événements ; mais, dans la journée du 25, nous reprenions Villemomble, Oulchy-la-Ville, Oulchy-le-Château et Cugny. Nous étions arrivés devant la grande plaine, la plaine propice aux belles opérations militaires, aux évolutions savantes de l'infanterie, la plaine qui prêtait sa grande nappe aux charges ardentes de la cavalerie, la plaine sans tranchées, sans fils de fer, sans blockhaus.

Sur cet admirable terrain, la science stratégique de nos chefs allait pouvoir utiliser largement la valeur de nos soldats.

*
* *

Notre poussée, en voie d'exécution, avait pour but de réduire à néant la poche que formait le front allemand dans nos lignes.

Depuis le 24, à midi, le général Degoutte avait pénétré dans la forêt de la Fère. Le général de Mitry s'était introduit dans la forêt de Ris, et le général Berthelot avait occupé, à côté de Vrigny, la cote 240.

Nos avions harcelaient les Boches, volant, avec une audace inouïe, à 25 mètres du sol et décimant l'ennemi par le tir incessant de leurs mitrailleuses. La forêt de Ris était devenue un cimetière d'Allemands.

Depuis quatre jours, Ludendorff, dont l'orgueil avait reçu la leçon méritée, sentait enfin le péril qui le menaçait. Devant les attaques de Mangin, devant la résistance inébranlable de Gouraud, devant l'insuccès piteux des tentatives du kronprinz, il comprend qu'il n'y a plus qu'une chose à faire : céder.

Aussi va-t-il donner l'ordre de battre en retraite.

Battre en retraite ! Pour les arrogants soldats de Guillaume II qui se vantaient de ne connaître que l'avance victorieuse ! Battre en retraite ! C'était évidemment le « commencement de la fin » !

Ludendorff commença par faire reculer ses moins bonnes troupes. Il ne conserva que la garde prussienne et un abondant effectif d'artillerie de campagne. Mais les colonnes en retraite étaient décimées par le tir incessant de nos canons et par l'arrosage de nos avions. Aussi cette retraite fut-elle désastreuse pour l'ennemi.

Le 26 juillet, l'armée du général Berthelot est à Reuil. La veille, Gouraud avait repris la fameuse « main de Massiges », capturant 200 mitrailleuses, 7 canons et 1 100 prisonniers. L'armée du général de Mitry avait repassé la Marne.

Quant à l'armée du général Mangin, elle était « l'arme au pied ».

Le 28 et le 29 juillet, les événements s'accentuent. Degoutte atteint les sources de l'Ourcq, s'empare de Fère-en-Tardenois et s'avance, au delà de la forêt de Ris, jusqu'à Champvoisy.

C'est alors que des actions violentes se déroulèrent autour de Fère-en-Tardenois.

Les contingents américains de l'armée Degoutte s'y montrèrent dignes des plus réputées unités des troupes de l'Entente ; ils obligèrent deux divisions de la garde prussienne et une division bavaroise à lâcher prise.

Dans sa retraite, l'ennemi abandonna une quantité énorme de munitions et d'approvisionnements de toute sorte et dut évacuer, le 29, Sergy et Rorchères. Cela permit à Mangin d'enlever le plateau d'Hartennes, pendant que, plus au nord, la 15e division écossaise, dont l'héroïsme força l'admiration des « coloniaux » eux-mêmes, enlevait le château et le parc de Buzancy.

Cela se passait le 30 juillet.

*
* *

A partir du 1er août, notre poussée s'accentue. Que dis-je, une poussée? C'est une chasse à coups de pied... quelque part.

Mangin s'attaque aux contreforts de la Crise ; Degoutte a pour objectif le couloir de Coulonges, entre Nesle et le Bois-Meunière ; de Mitry s'efforce d'atteindre Ville-en-Tardenois, et Berthelot s'élance vers la vallée de l'Ardre.

Ces attaques de nos troupes sont couronnées de succès.

Mangin enlève la cote 205 et atteint la source de la Crise. Degoutte, après avoir conquis Cierges et le Bois-Meunière, arrive à la source de l'Orillon. De Mitry pénètre dans le village de Romigny.

Et le lendemain, l'édifice boche commence à s'écrouler.

Le matin du 2 août, les Allemands se voyaient contraints d'évacuer Hartames. C'était le présage de la reprise de Soissons : la ville, cernée de toutes parts par nos régiments, tombe en notre pouvoir. A 6 heures du soir, le général Vuillemot y pénètre, à la tête de ses chasseurs, et en chasse les derniers Boches qui la souillaient de leur abjecte présence. Le

Ruines de Soissons.

soir, Mangin passe la Crise, Degoutte pénètre dans le bois de Dolel, et de Mitry prend Goussaucourt et Ville-en-Tardenois. Berthelot, en même temps, s'empare de Gueux et de Thillois.

Cette fois, la déconfiture allemande est certaine. Pour l'ennemi, c'est la défaite ; pour nous, c'est la victoire.

Nos brillants cavaliers, qui ont si longtemps et avec tant d'abnégation combattu « à pied », vont enfin retrouver leur rôle et harceler l'ennemi en fuite.

Celui-ci s'échappe vers la Vesle. Les Américains s'avancent sur Fismes, qui est enlevé le 4 août au soir. Après quoi, la Vesle est atteinte par nos troupes qui la franchissent, et Berthelot arrive aux abords de la Neuvillette.

Les Allemands sont définitivement battus. Les ordres de Foch avaient été exécutés scrupuleusement par les divisions françaises, anglaises, italiennes et américaines, dont la valeur s'égalait.

Chaque jour de ce mois d'août voyait débarquer en France 12 000 Américains, qui nous rendaient, en hommes et en matériel, bien au delà du chiffre de nos pertes. Désormais nous étions certains du succès final.

Aussi, la France entière tressaillait d'allégresse et était-elle tout entière de cœur, à l'exception de quelques socialistes « sans-patrie » aux gages de l'ennemi, avec le Président Poincaré, qui disait, le 6 août, au général Foch, en lui remettant le bâton de maréchal :

« Paris dégagé, Soissons et Château-Thierry reconquis de haute lutte, plus de 200 villages délivrés, 35 000 prisonniers, 700 canons capturés, les espoirs de l'ennemi écroulés, les glorieuses armées alliées jetées, d'un seul élan victorieux, des rives de la Marne aux rives de l'Aisne, tels sont les résultats d'une manœuvre aussi admirablement conçue par le haut commandement que superbement exécutée par des chefs incomparables. »

Cette défaite allemande abattit le moral de la nation de proie, moral soutenu à coups de mensonges par de fausses et tendancieuses nouvelles. Les journaux boches ne cachaient pas leur déconvenue et commençaient à trahir l'angoisse qui étreignait le peuple allemand tout entier.

*
* *

Les Allemands n'avaient pas engagé moins de 850 000 hommes dans cette « bataille du Tardenois », qui se terminait pour eux par une déroute complète.

Depuis plus de quatre mois, ils avaient usé leurs meilleurs effectifs, épuisé leurs réserves.

Leurs armées, affaiblies, avaient besoin de subir une refonte complète. Mais ils avaient un espoir : tenir jusqu'à l'arrivée de 450 000 conscrits de la classe 20 qui rendraient à l'armée les effectifs que lui avaient enlevés nos victoires.

Mais Foch ne leur donna pas le temps d'attendre ces renforts.

Victorieux dans le Tardenois, le maréchal ne va pas laisser un instant de repos à l'ennemi harassé ; il a comblé la poche de la Marne, il va s'attaquer à celle du Santerre.

On a souvenir de l'offensive allemande d'août, en Picardie : la vague boche était venue s'éteindre au pied des collines qui s'étendent entre le chemin de fer de Paris à Amiens et l'Avre.

Foch, après avoir libéré, en Champagne, la voie ferrée de Paris à Nancy, allait maintenant libérer l'autre ligne, celle de Paris à Amiens.

Du reste, jamais les conditions n'avaient été meilleures. Le kronprinz Ruprecht de Bavière, un digne émule du sinistre kronprinz d'Allemagne, avait, comme nous l'avons dit, dû se démunir de 180 000 hommes qu'il avait envoyés au secours de son lamentable collègue. On pouvait donc « lui tomber sur le dos » avec la presque certitude de l'abattre.

Foch résolut de battre le fer pendant qu'il était chaud.

Péronne, après le départ des Allemands.

Il donna l'ordre aux armées françaises et britanniques, qui tenaient le front de l'Artois, de foncer sur l'ennemi l'une après l'autre, le centre d'abord, puis la droite, puis la gauche.

Voici quelles étaient les positions des deux adversaires.

Sur la rive ouest de l'Avre, le général Debeney dominait complètement l'ennemi. Von Hutier se trouvait adossé à la rivière et persistait à se maintenir dans cette si dangereuse situation, afin de conserver sous la menace de ses canons le chemin de fer de Paris.

En liaison avec von Hutier, l'armée de von Marwitz était en position sur la Luce ; mais, adossée à l'Ancre, ayant en face d'elle la valeureuse armée anglaise du général Rawlinson, elle n'était pas non plus dans une situation de tout repos.

Debeney, depuis le 23 juillet, avec le brillant concours de nos chars d'assaut, avait repris les villages de Mailly, de Sauvillières, d'Aubvillers, en faisant plus de 1 500 prisonniers.

Dans ces conditions, von Hutier dut se décider à se replier derrière l'Avre, en même temps que von Marwitz devait également se résoudre à repasser l'Ancre, afin de ne pas s'exposer à un désastre.

*
* *

Mais ce n'était, pour les deux généraux du kaiser, que « reculer pour mieux sauter ».

Le maréchal Foch avait placé les deux armées Debeney et Rawlinson sous le commandement suprême de sir Douglas Haig. Il s'agissait de surprendre l'ennemi : à cet effet, tous les mouvements préparatoires de troupes et de matériel furent faits la nuit, dans le plus grand secret.

. Français, Anglais, Australiens, Canadiens arrivèrent sur leurs positions d'attaque dans la nuit du 7 au 8 août, ayant rendu vaines, par l'habileté de leur camouflage, les observations des aviateurs allemands.

C'est sur la région du Santerre, vaste plateau couvert de cultures, qu'allaient se porter les efforts de nos troupes. 70 000 hommes de l'armée de von Marwitz y étaient postés entre l'Ancre et la Luce, et 35 000 hommes de l'armée von Hutier entre la Luce et Braches.

Ce front ennemi avait 34 kilomètres d'étendue : c'est lui qu'allaient attaquer les armées de Debeney et de Rawlinson. Ce dernier devait partir le premier, suivi à trois quarts d'heure d'intervalle par l'armée Debeney.

On n'avait prévu aucune préparation d'artillerie lourde avec bombardement préliminaire : l'infanterie avec ses tanks, les gros chars d'assaut, puis la cavalerie devaient marcher en avant, soutenus par une masse imposante d'artillerie de tous les calibres possibles.

Le 8 août, à 4 heures 30 du matin, le général Rawlinson commence l'attaque par une courte action d'artillerie de quelques minutes à peine, Alors des tanks, par centaines, se mettent en mouvement, encadrés par les masses d'infanterie qui partent à l'assaut.

Les Allemands sont surpris à tel point que leur artillerie même ne tente pas de réagir. Tous les régiments de von Marwitz sont culbutés par les Canadiens et les Australiens qui n'en font qu'une bouchée. C'est la débandade complète.

Quarante-cinq minutes plus tard, conformément aux ordres du maréchal sir Douglas Haig, l'armée française du général Debeney s'ébranle à son tour, s'avance entre la Luce et l'Avre jusqu'à Braches.

Alors la débandade tourne à la déroute.

Les Boches, surpris par les tanks, sont « cueillis » par nos poilus. Les cavaliers anglais pourchassent les fuyards jusqu'à Vauvilliers ; une de

Le maréchal Foch.

leurs brigades ramène 700 prisonniers, un hôpital de campagne et tout l'état-major d'une division. L'armée de Rawlinson a fait 7 000 prisonniers et pris 100 canons. Une seule division de l'armée Debeney a enlevé 1 000 hommes et pris 70 canons, n'ayant elle-même que 87 soldats tués.

Dans le feu de l'enthousiasme provoqué par le succès de cette offensive, les troupes poursuivent l'ennemi la baïonnette dans les reins. L'un après l'autre, sautent les dépôts de munitions allemands, atteints par les bombes que laissent tomber nos avions. Nos auto-mitrailleuses anéantissent des colonnes entières, et nos cavaliers ramassent une multitude de prisonniers.

A eux seuls, les Australiens capturent plus de 5 000 Boches.

Au cours de cette seconde journée, le maréchal Haig pouvait dénombrer 24 000 prisonniers, 300 canons (dont une *Bertha*), tout un parc de matériel et une quantité prodigieuse de munitions.

*
* *

Mais le génie du maréchal Foch n'a pas donné encore toute sa mesure : il va se manifester de nouveau dans la journée du 10 août.

Ce jour-là, Ludendorff, dans un effort suprême, a pris 60 000 hommes sur les réserves. La bataille s'étend vers le sud et gagne dans la direction de Montdidier, où la « poche » allemande est devenue, par suite de nos conquêtes sur ses flancs, un saillant aigu.

L'ennemi a l'intention de s'y défendre vigoureusement et, de fait, il se cramponne aux villages qui entourent la ville et qui doivent être emportés l'un après l'autre. Mais, pendant que la ville est attaquée par le nord, Debeney l'assaille à son tour par le sud ; elle tombe entre nos mains.

Pendant ce temps, exécutant une manœuvre géniale conçue par Foch, l'armée du général Humbert, à 4 heures et demie du matin, s'abattait comme une trombe sur le dos de l'armée allemande. Sans aucune préparation d'artillerie, elle s'avance, protégée par des feux de barrage.

Les Boches sont frappés de stupeur par cette attaque imprévue. Ils reculent partout. A 18 heures, plus de dix villages sont tombés entre nos mains. L'après-midi, la progression continue. L'aviation arrose les Allemands de projectiles ; elle en laisse tomber plus de 120 tonnes, en vingt-quatre heures, sur leurs colonnes et leurs dépôts.

Von Hutier et von Marwitz reçoivent alors de Ludendorff l'ordre de couvrir Lassigny, Roye et Chaulnes qui sont menacés. On leur envoie 52 000 hommes de renfort à cet effet.

22

Les 11, 12 et 13 août, des combats locaux ont lieu, dont les résultats se traduisent par une avance appréciable de nos soldats. Rawlinson dépasse Méricourt, s'empare de Proyart, résiste aux contre-attaques désespérées de von Hutier. Debeney, de son côté, s'avance sur Roye.

Le 13 août, l'armée allemande s'était vu faire 32 000 prisonniers dont 8 colonels et prendre 650 canons au cours de cette bataille du Santerre. Les Boches témoignent de leur ahurissement en renonçant à la « guerre de mouvements » et en s'enterrant dans leurs anciennes tranchées de Roye et de Lassigny. Mais peuvent-ils tenir contre les assauts répétés de nos poilus électrisés par la victoire ?

L'armée du général Humbert encercle cette forteresse que constitue le massif de Lassigny qui domine le pays. Elle déborde le bois des Loges, monte la côte, atteint Belval. En même temps, le général Rawlinson envoie ses régiments canadiens pour défendre Damery et Parvillers.

Humbert s'empare du massif de Ribécourt ; le 15 août, il enlève le plateau de l'Écouvillon ; puis le bois des Loges est pris par une attaque brillante, le 17 août. Dès lors, Roye est sous le feu de nos canons, et le massif de Lassigny ne peut tenir plus longtemps. Il tombe en notre pouvoir le 21 août au matin. Le soir, nous nous emparons du Plémont et de Thiescourt. Toutes les hauteurs étaient enfin à nous.

*
* *

Le front allemand était donc menacé à l'intérieur du demi-cercle qu'il dessinait. Mais Ludendorff pense pouvoir encore agir efficacement aux deux extrémités de ce demi-cercle.

Il occupe toujours des positions avantageuses, au nord entre les bords de l'Ancre et Bray-sur-Somme, au sud entre l'Oise et l'Aisne. Il croit donc possible d'organiser en toute sécurité son mouvement de repli, quand, tout à coup, devant les divisions allemandes qui, sous les ordres de von Eben, occupent les plateaux entre l'Aisne et l'Oise, apparaît une figure terrible pour les Boches : celle du général Mangin, de ce grand chef qui a l'habitude de les « rouler comme des lapins ».

Le 16 août, au matin, cet admirable « meneur d'hommes » fait attaquer Autrèches dont il s'empare en un rien de temps ; le 17, au soir, nouvel assaut de nos coloniaux qui font 12 000 prisonniers en ne perdant que 60 hommes. Le 19, dans la soirée, son armée tenait la ligne jalonnée par Bailly, Tracy-le-Val, Audignicourt, Nouvron et Fontenoy, prête à attaquer sur tout ce front.

« On les a ! »

Dessin de Georges Scott d'après *l'Illustration*.

Le 20 août, après une préparation d'artillerie, l'armée s'élance en avant, à 7 heures 10 du matin. A 9 heures, Tartiers était pris. Le ciel, d'abord couvert, s'est éclairci. Des essaims d'avions français bourdonnent au-dessus des lignes; pas un seul avion boche. Au cours de cette première journée, nous faisons 8 000 prisonniers.

Le lendemain, 21 août, l'attaque reprend de plus belle. Blérancourt est pris, et nous nous rendons maîtres des forêts de Carlepont et d'Ours-camps. Le 22, nos troupes repartent, inlassables ; elles renversent et mettent en déroute une division bavaroise et atteignent les bords de l'Oise. Le soir, l'armée Mangin avait pris Manicamp, Quierzy, et tenait Juvigny.

Alors l'ennemi « fait feu des quatre pieds ». Dans un effort suprême, il jette dans la lutte toutes ses réserves disponibles ; il lui faut, en effet, défendre le massif de Saint-Gobain. C'est pour lui une question de vie ou de mort.

Et, juste à ce moment, l'armée anglaise du général Byng attaque l'armée von Marwitz dans la direction de Bapaume. Le 21 août, à 4 heures du matin, les Néo-Zélandais partent à l'assaut et s'emparent aussitôt de trois villages. Mais ce n'était qu'une préface.

Le lendemain, 22 août, l'armée Rawlinson va entrer en jeu à son tour. Les Anglais passent l'Ancre, enlèvent Albert où ils font 700 pri-sonniers et étendent leur attaque à droite. Alors tombent entre les mains de nos alliés les villages de Garniécourt, Harmelincourt, Hénin, Arvillers. En deux jours, les armées Byng et Rawlinson ont fait 14 000 prison-niers et pris 60 canons.

Le 24, tous les effectifs britanniques sont en marche. Thiepval tombe, avec 500 prisonniers, aux mains des Anglais qui n'y perdent même pas un homme. Puis c'est le tour de Miraumont, de Pys, de Courcelette. Les Néo-Zélandais atteignent un faubourg de Bapaume.

En vain le prince Ruprecht de Bavière met-il en ligne les dernières réserves dont il dispose : une nouvelle armée anglaise, celle du général Horne, vient annuler cet effort. Les Britanniques, le 25 et le 26 août, débordent Bapaume au nord et occupent le faubourg sud de la ville.

Le 26 août, l'armée de Horne attaque sur la Scarpe et la Sensée avec une grande énergie. Les Canadiens et les Écossais s'y couvrent de gloire, et la fameuse « ligne Hindenburg » est entamée en plusieurs points. L'encerclement de Bapaume devient complet. Le 31 août, le général Byng entrait à Bapaume.

***

Depuis le 20 août, l'armée du général Debeney était en face des tranchées allemandes où l'ennemi s'était terré. Le général décida de s'emparer de Roye. Après avoir pris Fresnoy, le bois de la Croisette, Saint-Mard-les-Triot, il entra dans la ville le matin du 27 août.

Maintenant la retraite allemande, non plus le recul partiel des armées, mais la *retraite générale*, va commencer.

On va poursuivre et harceler sans cesse les Boches en retraite, sur terre et dans les airs, par l'artillerie et par les avions Chaulnes et Erchen sont pris ; tous les villages de la plaine du Santerre tombent en notre pouvoir. Le 28 août, à 5 heures du soir, l'armée Debeney borde la Somme, et von Hutier, laissant entre nos mains trois trains de munitions, réussit à fuir vers le canal Crozat.

L'armée Humbert s'élance, elle aussi, à la poursuite de l'ennemi. En vain celui-ci essaye-t-il de défendre Noyon ; le 27 août, nous nous emparons des faubourgs. L'ennemi se venge en inondant la cathédrale de projectiles qui font, au magnifique monument, d'incurables blessures. Mais la ville est enlevée par nos poilus qui y pénètrent le 30 août.

Le général Humbert, continuant ses opérations, attaque la ligne du canal du Nord, le 3 septembre au matin. Nos canons bombardent Grisolles pendant plusieurs heures. Le 4 septembre au matin, von Hutier est obligé de céder sur tout le front, et, à 10 heures, l'armée Humbert était sur la ligne allant de Salency à Frétoy-le-Château.

Le maréchal Pétain.

Le 5 septembre, dès le petit jour, les avant-gardes du général Debeney atteignent Falvy, Voyennes, Offoy, Emery et arrivent sur la route de

Ham à Péronne. Ham, ainsi débordé par le nord et par le sud, tombe entre nos mains le 6 septembre dans l'après-midi.

Guiscard est pris le 6 au matin par l'armée Humbert.

Ce jour du 6 septembre était l'anniversaire de la bataille de la Marne de 1914, et, à cette date, l'armée Humbert, depuis le 10 août, avait fait

Saint-Mihiel. — Pont de bateaux sur la Meuse.

6 500 prisonniers, pris 672 canons boches et repris 75 canons que nous avions perdus à l'offensive allemande du 21 mars.

Pendant que s'accomplissaient ces événements, le général Mangin avait accentué sa progression, en dépit de la résistance acharnée de l'ennemi. Le 29 août, il avait franchi l'Oise, le canal de l'Ailette et occupé Champs. Le 30, il culbutait l'armée de von Eben ; le 31, les Américains occupaient Crouy. Le 1er septembre, l'avance continuait sans arrêt, et le 4 on prenait Marizelle.

Attaquant face à l'est, l'intrépide général menaçait l'ennemi, précisément sur cette ligne du Chemin-des-Dames qui avait vu se dérouler des luttes si épiques. L'ennemi, en retraite sur toute sa ligne, est alors obligé de se replier sur la fameuse « ligne Hindenburg », et ce repli permet à Mangin de se relever vers le nord et de se former uniquement face à l'est. Notre audacieux « colonial » poursuit von Eben l'épée dans les reins. Le Boche s'enfuit ; mais Mangin attaque ses arrière-gardes, s'empare de la basse forêt de Coucy, occupe Folembray, Coucy-la-Ville, Voregny. A la date du 5 septembre, il avait repris plus de trente villages.

Dès le 4 septembre, l'ennemi avait compris l'impossibilité où il se trouvait de tenir des positions par trop directement menacées.

Déjà nos avions avaient remarqué et signalé des incendies intenses dans la vallée de la Vesle. A midi, nos troupes passaient la rivière. Le lendemain notre ligne s'étendait en bordure de l'Aisne, et les Américains atteignaient Villers-en-Prayères et Révillon.

De plus en plus la retraite générale s'imposait à l'armée allemande. Rien que depuis le 21 août, le général Byng avait capturé 18 000 hommes et plus de 100 canons, et, du 16 juillet au 31 août, les armées alliées avaient fait 130 000 prisonniers, pris 2 100 canons, 1 700 lance-mines, près de 4 000 mitrailleuses et des stocks importants de matériel et de munitions.

*
* *

Le 1er septembre, l'armée anglaise du général Byng avait enlevé Péronne aux troupes de von Marwitz. L'armée du général Horne poussait l'ennemi vers les marais d'Arleux. Les armées boches se repliaient sur la ligne Hindenburg, dont la « charnière » était Quéant. Ce fut à ce point important que s'attaquèrent les Britanniques dans la journée du 2 septembre.

Dès le matin, appuyés par les tanks et les autos-mitrailleuses, les Canadiens emportent le système défensif. Le général Fergusson, avec les Écossais et les soldats de marine, encercle Quéant par le sud.

Entouré de tous côtés, von Below est obligé d'évacuer la position à la tombée de la nuit. Dans cette journée du 2 septembre, nos alliés avaient fait 10 000 prisonniers. Partout le terrain était jonché de matériel abandonné dans une fuite précipitée.

La retraite générale des Allemands était maintenant un fait accompli. La ligne Hindenburg, leur grand refuge, était entamée.

Ludendorff ne pouvait plus maintenir longtemps ses troupes trop aventurées sur cette ligne dont les Alliés reprenaient chaque jour d'importantes parties ; des points stratégiques mêmes étaient en notre pouvoir, et le mont Kemmel était retombé, depuis le 31 août, entre nos mains.

Le 5 septembre, notre front était à peu près redressé. Il allait d'Ypres à Givenchy, en passant sous les murs d'Armentières.

Tandis que les armées allemandes étaient rejetées sur les lignes Hindenburg, dont les éléments portaient les noms sonores de Wotan, de Siegfried, de Donner, de tous les dieux de la mythologie germanique, l'armée américaine, commandée par le général Pershing, opérant à l'extrême droite du front des Alliés, se préparait à démolir le célèbre « saillant » de Saint-Mihiel, cette hernie que les positions allemandes formaient dans nos lignes sur le front de Lorraine.

Il fallait, pour cela, détruire les défenses de la face sud du saillant, et ensuite attaquer sa face ouest en descendant des Hauts-de-Meuse.

Les généraux allemands, en voyant les concentrations américaines s'opérer de ce côté, avaient compris le danger d'encerclement auquel ils étaient exposés et commencé à exécuter un mouvement de repli.

Mais le général Pershing, prévenu par ses aviateurs, prit les devants.

Le 12 septembre, après un bombardement de quatre heures, les divisions américaines, soutenues par des chars d'assaut, s'élancèrent à l'attaque.

A midi, Montsec, Thiaucourt, Pannes sont occupés par nos alliés. L'ennemi réussit à échapper au resserrement des deux mâchoires de l'étau grâce à l'appui de deux divisions autrichiennes qui couvrirent sa retraite. Et ce n'est pas une des moindres punitions de l'orgueil allemand, que d'avoir été obligé de faire appel à des soldats de cette nation de valets pour échapper à un désastre certain.

La progression des divisions américaines continua ainsi le 13, le 14 et le 15 : la « poche » était réduite. En trois jours, Pershing avait fait 15 000 prisonniers et avait pris plus de 200 canons.

CHAPITRE XVIII

LA DÉFAITE ALLEMANDE. — LA VICTOIRE.

L'ARMISTICE ET LA PAIX.

La rentrée en scène de l'armée belge. — Le roi Albert. — Les événements d'Orient
et d'Italie. — Les capitulations successives de la Bulgarie, de la Turquie, de l'Autriche. — L'Allemagne reste seule en face de l'Entente. — La débâcle des troupes
allemandes. — La reprise des villes du Nord. — La demande d'armistice. — L'armistice. — Les conditions de la paix. — Conclusion.

Nous avons vu les Américains s'emparer des positions allemandes qui
formaient le saillant de Saint-Mihiel. Le 18 septembre, les armées britanniques, en liaison avec celle du général Debeney, commencèrent, dans
le Nord, l'attaque des lignes Hindenburg. L'offensive réussit à merveille,
et von Marwitz y perdit 6 000 prisonniers.

Mais cette offensive partielle n'était qu'une préface à une attaque plus
importante qui allait se produire sur le front de l'Argonne.

Cette attaque eut lieu le 26 septembre.

Elle fut exécutée par l'armée Gouraud à gauche, et à droite par
l'armée américaine du général Liggett, contre les armées allemandes von
Gallwitz et von Mudra.

L'armée Gouraud, par son assaut irrésistible, surprit complètement le
commandement boche, malgré les vingt-deux divisions que celui-ci pouvait mettre en ligne pour sa défense. De son côté, à l'est de l'Argonne,
l'armée américaine faisait à l'ennemi plus de 8 000 prisonniers, lui
prenait 110 canons et continuait sa progression en descendant la Meuse
et en marchant sur Vouziers.

En même temps, à l'autre extrémité du front, on allait marcher sur
Courtrai, Cambrai et Saint-Quentin.

Sous les ordres de leur héroïque roi Albert, les Belges, soutenus par
l'armée anglaise Plumer, attaquent, le 28 septembre, l'armée de von Arnim.

En deux jours, la forêt d'Houthulst est enlevée, Ypres est dégagé ; les Belges arrivent aux abords de Roulers, les Anglais débordent la Lys.

Le 4 octobre, 40 kilomètres de longueur sur 4 de profondeur ont été reconquis. Les prisonniers sont nombreux, le butin est immense.

Les Britanniques continuent leur brillante avance, commencée le 27 septembre au matin. Ils enfoncent von Marwitz et von Below devant Cambrai qui, entourée de toutes parts, est évacuée par l'ennemi, qui laisse entre les mains de nos alliés 22 000 prisonniers et 300 canons.

Le maréchal Foch harcèle sans trêve les Allemands qui n'en peuvent plus. On sent la fin s'approcher. Les événements d'Orient vont la précipiter d'une façon victorieuse.

****

Sans empiéter sur le récit de la campagne heureuse des troupes de l'Entente dans les Balkans, campagne qui sera racontée plus au long dans un autre volume, disons simplement que le front de Salonique s'était enfin réveillé de son long sommeil. Le 15 septembre, la première ligne bulgare était enlevée. Le 18, nos troupes atteignaient la Cerna. Les jours suivants, la déroute ennemie s'accentua. Le 21 septembre, les troupes françaises, italiennes et grecques mènent la poursuite avec ardeur ; le 22, les Serbes franchissent le Vardar ; le 24, nos cavaliers entrent à Prilep ; le 26, c'étaient les Anglais qui occupaient Stroumitza. Le 29, Uskub tombait.

La déroute des soldats du roi félon Ferdinand était complète.

Le 29 septembre, des plénipotentiaires bulgares se présentaient au camp du général Franchet d'Espérey, et le lendemain, la capitulation de la Bulgarie était signée.

C'était la première pierre de l'édifice austro-boche qui s'écroulait ; le reste ne devait pas tarder à subir le même sort.

En effet, les succès de l'armée anglaise du général Allenby en Palestine d'une part, d'autre part la capitulation de la Bulgarie mettaient la Turquie dans l'impossibilité matérielle de continuer la lutte.

La Palestine était délivrée, la Syrie également, et une escadre française occupait le port de Beyrouth. Les Alliés avaient pris aux Turcs, du 19 septembre au 5 octobre, 78 000 prisonniers et 350 canons. Alep tombait le 25 octobre.

C'était la fin de la résistance turque.

Le 30 octobre, les plénipotentiaires ottomans signaient un armistice qui comportait le libre passage des flottes alliées jusqu'à la mer Noire, l'occupation des forts des Dardanelles et du Bosphore et le contrôle de tous les chemins de fer.

La seconde pierre de l'édifice des empires du Centre s'écroulait à son tour. Nous allons voir la chute de la troisième avec la victoire décisive des Italiens sur les Autrichiens.

Le 24 octobre, le généralissime italien Diaz commençait son offensive

MM. Clemenceau, Wilson et Lloyd Georges
arrivant à Versailles pour la signature du traité de paix avec l'Allemagne, le 28 juin 1919.

avec cinquante-sept divisions. Nous donnerons, dans un autre volume, le détail de ses opérations victorieuses, par lesquelles les Autrichiens furent mis en pleine déroute.

Entre le 27 octobre et le 3 novembre, les Autrichiens durent évacuer tous les territoires qu'ils occupaient ; les Italiens les poursuivirent chez eux, entrèrent à Trente et à Trieste, après avoir fait 300 000 prisonniers et pris 5 000 canons.

Le 3 novembre, les plénipotentiaires autrichiens signaient un armistice qui était simplement la capitulation de l'Empire des Habsbourg, et qui assurait à l'Italie la reddition de la flotte austro-hongroise ainsi que l'occupation de tous les territoires jugés indispensables.

En même temps le châtiment commençait : Vienne et Budapest étaient en pleine révolution, l'empereur Charles Ier était forcé de s'enfuir de sa capitale, vivant symbole de la lâcheté traditionnelle de ses soldats.

La troisième pierre de la pyramide ennemie s'était abattue à son tour.
Ce sera bientôt le tour de la quatrième.

*
* *

Voilà donc les Allemands seuls en face de l'Entente.

L'offensive des Alliés se continuait en octobre, avec une activité foudroyante, forçant l'ennemi à reculer sans cesse.

Le 3 octobre, Byng, Rawlinson et Debeney culbutent les Boches entre
Cambrai et Saint-Quentin. Le 10, le Cateau est pris.

Pendant ce temps, en Champagne, le kronprinz était forcé d'abandonner ses positions sous l'irrésistible poussée de Gouraud. Le 13, Mangin enlève la Fère et pénètre triomphalement dans la ville de Laon.

La bataille devient générale sur tout le front, sans discontinuité.
L'armée belge du roi Albert achève la libération du sol national. Le
17 ctobre, le dernier Allemand quittait Lille enfin lavé de sa longue
souillure, et les Belges entraient à Ostende. Le 18, l'armée du général
Birdwood entrait à Roubaix et à Tourcoing ; dans l'après-midi, les Belges
étaient à Bruges, pendant que les Boches, se sauvant comme des lièvres,
leur abandonnaient 18 000 prisonniers, 510 canons et 12 000 mitrailleuses.

La campagne d'avance continua, sans répit pour l'adversaire, jusqu'au
25 octobre. Ce jour-là, Hindenburg se sépare de Ludendorff, que remplace le général von Grœner. Le 26, Debeney pousse de l'avant et, le
27 au soir, ses divisions occupaient tout le plateau entre l'Oise et la
Serre.

Depuis le 15 juillet, les Alliés avaient fait 363 000 prisonniers, pris
6 200 canons et 39 000 mitrailleuses.

Le 1er novembre, le groupe d'armées du roi Albert revient à la charge
et atteint les bords de l'Escaut. Le 2, le général Currie et ses valeureux
Canadiens entrent à Valenciennes, pendant que, sur la Meuse, Gouraud
et Liggett, chassant devant eux l'ennemi en pleine débâcle, poursuivent
leur marche sur Sedan.

Le 4 novembre, ce fut la débandade. Les troupes franco-anglaises
enlèvent Landrecies, passent le canal, faisant 13 000 prisonniers et prenant
215 canons.

Le 5 novembre, notre victoire définitive se dessine de l'Escaut à la
Meuse. Le 6, Sedan est pris par l'armée américaine du général Liggett.

M. Clemenceau lisant son discours.

M. Dutasta remettant le traité de paix à M. Renner.

Le 8, Condé et Mézières tombaient. Le 9, c'était Tournai, Maubeuge qui revoyaient nos glorieux drapeaux.

C'était, cette fois, l'effondrement définitif des Allemands. Ceux-ci allaient être forcés de s'humilier et d'implorer merci.

***

Déjà, le 5 octobre, le prince Max de Bade, nommé chancelier à la place de Hertling, avait sollicité de l'Amérique la signature d'un armistice.

Le 6 novembre, à midi, une délégation quittait Berlin pour se rendre dans la forêt de Laigue, où elle devait se rencontrer avec le maréchal Foch, généralissime des troupes alliées, *seul qualifié pour accorder ou refuser l'armistice demandé.*

Le lendemain, les conditions leur en furent communiquées par le maréchal, qui leur donnait soixante-douze heures pour accepter ou refuser. Sans attendre, le 8 novembre, le kaiser et son digne héritier le kronprinz se réfugiaient en Hollande après l'abdication de l'empereur et la renonciation du kronprinz à tous ses droits au trône. La révolution s'abattait sur l'Allemagne.

Le 11 novembre, à 5 heures du matin, l'armistice était signé par les plénipotentiaires à Rethondes. La nouvelle en fut connue à Paris à 10 heures, et la capitale tressaillit d'une allégresse qu'elle n'avait jamais connue. Pendant trois jours, la population en délire parcourait les places et les boulevards, criant, chantant, agitant des drapeaux, pleurant de joie.

Les conditions de l'armistice étaient dures. En voici le résumé essentiel :

Évacuation, en quinze jours, de la Belgique, de la France, de l'Alsace-Lorraine. Les troupes boches qui n'auraient pas évacué dans ce délai seraient faites prisonnières.

Livraison de 2 500 canons lourds, de 2 500 canons de campagne, de 2 500 mitrailleuses, de 1 700 avions de chasse et de bombardement.

Évacuation, en trente et un jours, de toute la rive gauche du Rhin, où les Alliés devaient tenir garnison aux points stratégiques. Têtes de pont de 30 kilomètres de rayon et zone neutre de 10 kilomètres sur la rive droite du Rhin.

Livraison, en trente et un jours, de 5 000 locomotives et de 150 000 wagons, ainsi que de 5 000 camions automobiles. Tous les approvisionnements en charbon devaient être laissés sur place.

Retrait immédiat des troupes allemandes des territoires d'Autriche-Hongrie, de Turquie, de Roumanie, de Russie. Renonciation aux traités extorqués à Brest-Litowsk et à Bucarest. Évacuation de l'Afrique Orientale. Restitution de tous les prisonniers de guerre *sans réciprocité*.

Livraison aux Alliés de tous les sous-marins. Désarmement, en six jours, de 6 croiseurs de bataille, de 10 cuirassés d'escadre, de 8 croiseurs légers, de 50 destroyers. Maintien du blocus, les navires de commerce allemands restant sujets à capture. Évacuation des ports de la mer Noire. Restitution, sans réciprocité, de tous les navires de commerce alliés.

Durée de l'armistice fixée à trente-six jours avec faculté de prolongation.

*
* *

Ainsi finissait, par la capitulation honteuse du peuple le plus orgueilleux et le plus féroce du monde, la guerre la plus terrible qui ait jamais ensanglanté la terre.

Dès la fin de l'année 1918, une conférence de tous les États alliés se tint à Versailles pour la discussion des conditions de paix définitives. Le Président Wilson y vint en personne, pour en délibérer avec MM. Clemenceau et Lloyd George.

Les idées quelque peu utopistes du président américain alourdirent les délibérations de la Conférence dont les travaux traînèrent en longueur. Mais enfin, le 7 mai 1919, trois jours avant l'anniversaire du traité de Francfort, M. Clemenceau, — le *Père la Victoire*, comme l'appelaient les poilus, — assisté du maréchal Foch et entouré des chefs de tous les Gouvernements alliés, signifiait les conditions de la paix au comte de Brockdorf-Rantzau, chef de la délégation allemande, dans ce même palais de Versailles où, en 1871, Bismarck proclamait l'Empire allemand.

Le traité, tenant compte de la *Société des nations*, de ce rêve conçu par la philosophie nuageuse du Président Wilson, envisage les points de vue militaire, économique, financier. En voici les points essentiels.

Signature du traité avec la Bulgarie.

Signature du traité avec la Turquie.

RÉPARATIONS POUR LE PASSÉ

I. *Alsace-Lorraine.* — Nos deux provinces nous reviennent libres de toutes charges juridiques, financières ou économiques, quittes de toutes dettes publiques. Tous les biens d'Empire ou de la couronne (chemins de fer compris) sont transférés à la France, sans indemnité. La force hydraulique du Rhin nous est réservée. Tous les ponts du fleuve nous appartiennent. Le port de Kehl est uni à celui de Strasbourg, pour sept ans, sous l'administration d'un directeur français, nommé par la Commission internationale du Rhin.

II. *Bassin de la Sarre.* — Les populations de tradition française qui habitent le bassin de la Sarre sont soustraites, dès maintenant, aux vexations allemandes et peuvent nourrir l'espoir de devenir françaises, dans un délai de quinze ans, si le plébiscite prévu nous est favorable. Les mines du territoire en question, produisant par an 14 millions de tonnes de charbon, deviennent notre propriété.

III. *Restitutions diverses.* — Tous les animaux, outils, moyens de transport, valeurs, objets de toute nature, etc..., pris par l'ennemi et qui pourront être identifiés, nous seront rendus, ainsi que les espèces. Tous droits et propriétés français en Allemagne seront également restitués, ainsi que les drapeaux français pris par l'ennemi en 1870-71.

IV. *Réparations matérielles.* — Tous les dommages causés aux civils seront réparés intégralement. Le coût des pensions et allocations nous sera remboursé. Nos dépenses d'occupation seront à la charge de l'Allemagne. Les sommes dues par l'Allemagne seront payées d'après le barême de répartition, qui sera arrêté entre Alliés, en marks or, en bons (marks or), en valeurs allemandes à l'étranger, en animaux, outils, objets, en navires (construits ou à construire), en charbon, en produits chimiques, en câbles sous-marins. Dès à présent, l'Allemagne doit payer une provision de 20 milliards de marks or avant le 1er mai 1921, sur lesquels seront prélevés les frais d'occupation et de ravitaillement de l'Allemagne dans certaines conditions. Elle remettra, en outre, un acompte de 100 milliards de bons en marks or, dont la partie du payement ci-dessus, qui sera consacrée aux réparations, constituera le *premier remboursement.* Les fournitures de charbon, en plus des mines de la Sarre cédées en toute propriété, représentent des quantités variant, en dix ans, de 27 à 15 millions de tonnes, plus des dérivés. La France recevra également sa part du produit de la liquidation des intérêts allemands en Russie, Chine, Autriche-Hongrie, Turquie et Bulgarie. Elle encaissera intégralement le produit de cette liquidation, en ce qui touche les biens allemands sur son territoire et dans ses colonies.

Pour assurer le règlement des diverses créances, un privilège de premier rang est établi sur tous les biens et ressources de l'Empire et des États allemands.

Les nationaux français auront le droit d'obtenir, au taux du change d'avant-guerre, le payement de leurs créances antérieures à la guerre.

En ce qui concerne spécialement l'Alsace-Lorraine, la France reçoit, outre tous les biens et propriétés de l'Empire (sans indemnité), le montant des pensions civiles et militaires acquises au 11 novembre 1918.

Si, à un moment quelconque après la fin de l'occupation, l'Allemagne manquait à ses engagements financiers, la rive gauche du Rhin et les têtes de pont pourraient être réoccupées par les forces alliées et associées.

V. *Réparations morales.* — Guillaume II sera traduit devant un tribunal spécial. Les autres coupables, que les Alliés réclameront, devront leur être livrés, avec tous documents utiles en vue de leur mise en jugement.

SÉCURITÉS POUR L'AVENIR

I. *Sécurité agricole.* — Notre agriculture a désormais à sa disposition les sels de potasse d'Alsace, qui ont donné à l'agriculture allemande un si remarquable essor.

II. *Sécurités industrielles.* — Notre industrie détient pour l'avenir les deux éléments essentiels de prospérité qui ont fait la force de l'Allemagne : le charbon et le minerai, ainsi que d'autres avantages importants.

a) *Charbon.* — Notre déficit est presque complètement comblé, pour toute la période de reconstruction de nos mines, par la cession des mines de la Sarre et les fournitures obligatoires imposées à l'Allemagne.

b) *Minerai.* — Le bassin lorrain double notre production d'avant-guerre.

c) *Métallurgie.* — Notre production de fonte est doublée.

Sur l'Esplanade de Metz (décembre 1918). — Le maréchal Pétain et les chefs des armées alliées.
Derrière le maréchal Pétain, de gauche à droite : maréchal Joffre, maréchal Foch (derrière lui, le général Weygand), maréchal Douglas Haig, général américain Pershing, général belge Gillain, général italien Albricci.

d) *Textiles*. — L'industrie textile d'Alsace-Lorraine représente près du tiers de la capacité française d'avant-guerre.

III. *Sécurités commerciales*. — Notre commerce est libéré de l'emprise allemande : par la liquidation des biens et intérêts allemands en France ; par les mesures restrictives que nous avons le droit de prendre en Alsace-Lorraine ; par l'annulation des effets de la loi Delbruck, qui avait permis à tant d'Allemands de devenir citoyens français.

Des mesures transitoires viennent aider le commerce français, entre autres : franchise douanière, pendant cinq ans, pour les produits alsaciens-lorrains ; interdiction d'augmenter pendant six mois les droits de douane en vigueur avant la guerre, et, pendant trente autres mois, ceux de ces droits qui frappent les vins, huiles végétales, etc.

D'autres mesures, permanentes celles-là, nous assurent des garanties importantes : liberté de transit en Allemagne ; égalité de traitement avec les nationaux dans les ports allemands ; traitement de la nation la plus favorisée en matière douanière ; sauvegarde contre les mesures de concurrence déloyale ; protection des marques de fabrique et appellations ; droit d'exploiter, sous certaines conditions, les brevets allemands en France ; régime international du Rhin, sous le contrôle d'une commission dont la France nomme le président, et, éventuellement, de la Moselle ; cession par l'Allemagne d'une partie des remorqueurs, bateaux et installations fluviales de Rotterdam.

IV. *Sécurités ouvrières*. — La charte du travail garantit aux travailleurs français, aussi bien à l'étranger qu'à l'intérieur, le bénéfice de dispositions universellement admises désormais et placées, comme les autres clauses du traité, sous la sauvegarde de la Société des nations.

V. *Sécurités coloniales*. — Toutes les colonies de l'Allemagne ainsi que ses droits et concessions hors de l'Europe lui sont enlevés. L'Allemagne reconnaît, en ce qui la concerne, l'abrogation de l'acte d'Algésiras. L'hypothèque allemande sur le Maroc disparaît. Le mandat de la France s'appliquera, après accord entre les Alliés, à celles des colonies allemandes d'Afrique que nous occupons actuellement. Le traité relatif au Congo de 1911 est *ipso facto* abrogé.

VI. *Sécurités militaires*. — L'Allemagne est diminuée de 12 millions d'habitants. Des garanties diverses nous sont d'autre part assurées.

a) *Limitation des armements*. — Armée allemande de 100 000 hommes au plus, recrutés exclusivement par engagements volontaires pour douze ans ; suppression de toute aviation militaire ; réduction de la flotte à six cuirassés et six croiseurs d'un tonnage déterminé ; limitation du matériel de guerre et des usines qui le fabriquent ; suppression du grand état-major, des grandes manœuvres, des organes de mobilisation.

b) *Démilitarisation de la rive gauche du Rhin et de la rive droite jusqu'à 50 kilomètres du fleuve.* — Dans cette zone, pas de fortifications,

Fêtes de la Victoire, à Paris, le 14 juillet 1919.
Les maréchaux Foch et Joffre reçus à la Porte-Maillot par la municipalité parisienne
et le préfet de la Seine, M. Autrand.
Le Président du Conseil municipal prononce une allocution.

pas de forces militaires, pas de facilités matérielles de mobilisation : toute violation de ces clauses étant considérée comme un acte d'hostilité contre les signataires.

c) *Occupation.* — Pendant quinze ans, la rive gauche du Rhin et les têtes de pont seront occupées par des forces alliées et associées. Si l'Allemagne exécute fidèlement ses engagements, l'occupation sera réduite de cinq en cinq ans. Jusqu'à la fin de la quinzième année, seront occupés les têtes de pont de Mayence et de Kehl et tout le territoire de la rive gauche couvrant les frontières luxembourgeoise, belge et française. Si au bout de quinze ans les garanties contre une aggression non provoquée sont jugées insuffisantes, l'évacuation pourra être retardée. Si, avant ou après quinze ans, l'Allemagne manque à ses engagements,

Le défilé sous l'Arc de Triomphe de l'Étoile. — En tête, les maréchaux Foch et Joffre.

Le défilé Avenue des Champs-Élysées.

les forces alliées et associées auront le droit de réoccuper tout ou partie des territoires ci-dessus mentionnés.

d) *Investigation*. — Aussi longtemps que le présent traité sera en vigueur, l'Allemagne devra se prêter à toute investigation sur son statut militaire, qui sera jugée nécessaire par le Conseil de la Société des nations, votant à la majorité.

SÉCURITÉS POLITIQUES

a) *Clauses politiques diverses*. — La neutralité belge est abrogée. Le Luxembourg est libéré de la tutelle allemande. L'Autriche ne pourra s'unir à l'Allemagne sans l'approbation de la Société des nations. L'Allemagne reconnaît l'indépendance inaliénable de tous les États ou groupements formés sur le territoire de l'ancien empire russe et l'abrogation du traité de Brest-Litovsk, ainsi que de tous les accords passés par elle avec le gouvernement maximaliste. Elle reçonnaît également l'abrogation du traité de Bucarest. Ces clauses constituent des garanties non seulement pour les Russes fidèles à l'Entente, mais aussi pour les États nouveaux ou agrandis qui sont unis à la France : Pologne, Roumanie, Yougo-Slavie, Tchéco-Slovaquie.

b) *Société des nations*. — Bien que moins fortement armée que ne l'eût souhaitée le gouvernement français, la Société des nations, par la solidarité immédiate qu'elle crée entre les alliés de la guerre, par la publicité qu'elle impose aux traités, par les règles qu'elle fixe pour les armements, par la procédure qu'elle établit en cas de conflit entre les puissances, par le cadre nouveau qu'elle donne à la vie internationale, représente pour les nations pacifiques, comme la France, une haute sûreté qui peut et doit recevoir d'année en année de précieuses améliorations.

*
* *

Le traité de paix, on le voit, n'est pas un traité « à la Boche », qui aurait étranglé l'Allemagne : il laisse à nos ennemis, en leur ôtant le pouvoir de nuire, le moyen de payer leur dette par le travail.

Mais, en revanche, il laisse subsister au passif de la France des charges *qui exigeront chez nous le retour au labeur, à la discipline, au respect des lois.*

Après la détente et les troubles consécutifs à la grande secousse, la nation a plus que jamais besoin de faire appel aux antiques et traditionnelles vertus de notre race : le *travail* et l'*épargne*.

A ce prix seul, les lendemains de la victoire seront dignes de ceux qui l'ont héroïquement remportée. Suivant la belle parole de Clemenceau : « C'est aux vivants à parachever l'œuvre magnifique des morts. » Sinon, par la stérilité, par le danger des luttes de classes entretenues par l'argent allemand, par le désordre démagogique qui en résulterait, nous deviendrions fatalement des « vainqueurs vaincus ».

Il n'est pas de clauses d'occupation ou de servitudes militaires prolongées qui puissent, dans quinze ans, nous protéger contre ce péril. Malgré des défauts inévitables, malgré des lacunes que l'on peut regretter, le traité de paix peut être l'instrument définitif de notre grandeur. Mais les éléments de cet essor sont entre nos mains.

Si, dans la concorde et la justice sociales, la France sait instituer un régime où la compétence et la responsabilité soient, enfin, les colonnes de l'édifice politique, où les persécutions religieuses prennent fin pour faire place à la tolérance la plus large et au respect des croyances, le traité de Versailles lui assure le plus magnifique avenir.

Sinon, si elle ne déploie pas ces vertus nécessaires et ne réalise point ces réformes indispensables, aucune stipulation même la plus stricte, vis-à-vis de l'Allemagne, ne saurait lui assurer la sécurité ou la prospérité à l'échéance des quinze années d'occupation.

Pour réaliser cette transformation de sa vie nationale, que la France ressaisie se tourne vers Dieu, le seul maître de son avenir. Il la conduira dans la voie de ses destinées glorieuses, à l'ombre du signe de la Rédemption, et de nouveau, dans la suite des siècles, notre belle et chère patrie démontrera la justesse éternelle du vieil adage : « GESTA DEI PER FRANCOS ».

FIN

TABLE DES MATIÈRES

Chapitre I. — La guerre de positions.   7
    —   II. — Dans les Flandres et en Artois.   23
    —   III. — Souchez et le Labyrinthe   45
    —   IV. — Les opérations en Champagne.   63
    —   V. — Les Éparges. — Le bois Le Prêtre.   79
    —   VI. — En Alsace et sur les Vosges 103
    —   VII. — Les offensives d'automne en Champagne et en Artois. . . . 127
    —   VIII. — Verdun 147
    —   IX. — L'accentuation scientifique de la guerre. 183
    —   X. — La bataille de la Somme 201
    —   XI. — La retraite allemande du printemps de 1917 213
    —   XII. — Vimy et Craonne 227
    —   XIII. — Messines (7-8 juin 1917) 251
    —   XIV. — La campagne d'été et la bataille des Flandres (de juillet à
         septembre 1917) 261
    —   XV. — La campagne d'automne de 1917 et la trêve de l'hiver. . . 279
    —   XVI. — L'offensive allemande du printemps de 1918. 291
    —   XVII. — La campagne d'été de 1918. — La marche à la victoire. . 317
    —   XVIII. — La défaite allemande. — La victoire. — L'armistice et
         la paix. 347

38 799. — Tours, impr. Mame.